Antje Bühler

Kulturell bedingte Konflikte in deutsch-russischen Wirtschaftsverhandlungen

UN Psychologie

Antje Bühler

Kulturell bedingte Konflikte in deutsch-russischen Wirtschaftsverhandlungen

LINOS-Verlag

Die Deutsche Bibliothek – CIP-Einheitsaufnahme

Antje Bühler

Analyse kulturell bedingter Konflikte in Wirtschaftsverhandlungen zwischen Russen und Deutschen / Antje Bühler

- Grevenbroich: LINOS-Verlag, 2000

Zugl. Münster, Westf.-Wilhelmsuniv., Diss., 2000

ISBN 3-935222-02-5

D 6

LINOS-Verlag, Inh. Astrid Florack, Grevenbroich 2000

Druck
BOD Hamburg
Printed in Germany

Vorwort

An dieser Stelle möchte ich all denen meinen Dank aussprechen, die zum Entstehen dieser Arbeit beigetragen haben.

An erster Stelle möchte ich mich bei Frau Prof. Dr. Ursula Piontkowski bedanken. Frau Prof. Dr. Piontkowski hat nicht nur durch wertvolle Anregungen, Kritik, Begutachtung und Zeit zum Gelingen dieses Projektes beigetragen, sondern auch alle notwendigen und aufwendigen Schritte zur Durchführung dieser Arbeit unterstützt. Bei Herrn Prof. Dr. Wolfgang Keil bedanke ich mich speziell für die kurzfristige Übernahme des Zweitgutachtens.

Ohne folgende Personen und Institutionen wäre die Datenerhebung und der Forschungsaufenthalt in Rußland nicht möglich gewesen. Danken möchte ich daher der Deutschen Management Akademie Niedersachsen in Celle, Frau Dr. Hannelore Schmidt, Frau Prof. Dr. Wiktoria Jamschanowa, Herrn Dr. Wladimir Magun, Herrn Prof. Dr. Pjotr Schichirew, Herrn Igor Krasnopolsky, Frau Martina Schäfer vom Goethe Institut Moskau, den Außenhandelskammern in Petersburg und Moskau, insbesondere Frau Luzie Cames-Komov und Herrn Eduard Broide, sowie Herrn Wassilij Baltruschewitsch von der Arbeitsgemeinschaft industrieller Forschungsvereinigungen.

Nicht zu vergessen: Ohne die Petersburger Sektion von Memorial hätte ich meine Untersuchung in Rußland ohne Fragebögen und Wintermantel vornehmen müssen. Herzlichen Dank für den heldenhaften Kampf mit den russischen Zollbehörden!

Für Übersetzungen, Korrekturen, fachlich-konstruktive und auch freundschaftliche Gespräche im Laufe der Dissertation möchte ich mich bei Kollegen und Freunden bedanken: Uta Diegritz, Arnd Florack, Anette Rohmann, Nicole Endendyk, Karen Jahn, Alexander Gerlach, Ralph Kleyböcker, Inken Schröder, Matthias Nückles, Alexej Nazarenko und Stefanie Theis.

Ganz herzlich danken möchte ich meinen Eltern, die trotz "Bangen" stets mein Interesse an der weiten Welt gefördert haben. Herzlichen Dank auch meiner Schwester Silja, meinem Freund Jugdeep und meinen Freunden, die in dieser Zeit zurückstehen mußten.

Bedanken möchte ich mich auch bei all meinen russischen Freunden und fleißigen E-Mail-Schreibern, ohne die der russische Winter wesentlich kälter gewesen wäre.

Münster, Oktober 1999

Antje Bühler

Inhaltsverzeichnis

Tabellenverzeichnis

Abbildungsverzeichnis

1 Einleitung und Übersicht

Verhandlungen mit russischen Geschäftsleuten - dieses Thema löst zahlreiche Assoziationen aus: Mafia, Kriminalität, Korruption, Chaos und natürlich das Trinken unglaublich großer Mengen Wodka. In der Regel sind diese Assoziationen negativ. Nicht nur im westlichen Ausland, sondern auch unter den Russen selbst, die die neue Gesellschaftsschicht als die neuen Russen bezeichnen, genießen russische Geschäftsleute häufig einen schlechten Ruf. Gleichzeitig werden gerade auf diese Gesellschaftsschicht große Hoffnungen gesetzt: Gerade von ihr erhoffen sich In- und Ausland eine wirtschaftliche Stabilisierung Rußlands (Saslawskaja, 1999). Verhandeln mit Deutschen, das wird in Rußland verbunden mit Fleißigkeit, Sparsamkeit, Ordnung, Pedanterie, Rationalität und Seriosität (Cholopova & Lebedeva, 1994). Somit erscheinen der russische und der deutsche Geschäftsmann als zwei Antipoden. Was passiert, wenn diese Antipoden aufeinander treffen? Sind russische und deutsche Geschäftsleute tatsächlich so unterschiedlich? Wie sehen sie sich selbst? Wie sehen sie sich gegenseitig?

Bisher existieren kaum systematische kulturvergleichende Studien im Bereich von Wirtschaftsverhandlungen, erst recht nicht über deutsch-russische Wirtschaftsverhandlungen und die gegenseitige Wahrnehmung der russischen und deutschen Geschäftsleute. Dies ist ein Anlaß, die kulturellen Unterschiede und auch die gegenseitigen Stereotype, mit denen deutsche und russische Verhandlungsführer in deutsch-russischen Wirtschaftsverhandlungen konfrontiert werden, systematisch zu untersuchen. Hier soll jedoch über eine bloße Betrachtung der kulturellen Unterschiede und Gemeinsamkeiten und der gegenseitigen Stereotype hinaus die Relevanz der Kenntnis der kulturellen Eigenarten und Stereotype analysiert werden. Obwohl es schon zu einem Gemeinplatz geworden ist, daß die Kenntnis kultureller Unterschiede einen Erfolgsfaktor in der internationalen Zusammenarbeit darstellt, ist diese Annahme bisher nicht systematisch überprüft worden. Vor dem Hintergrund sozialpsychologischer Theorien wie der Theorie der sozialen Identität (Tajfel & Turner, 1986) oder der Theorie der Selbstkategorisierung (Turner, Hogg, Oakes, Reicher & Wetherell, 1987) ist es nicht so selbstverständlich, daß die Kenntnis kultureller Unterschiede Konflikte reduziert und einen Erfolg in der Zusammenarbeit fördert, da nach der Theorie der Selbstkategorisierung und der Theorie der sozialen Identität eine Betonung der Unterschiede eher eine Verschlechterung der Beziehung zwischen den Gruppen nach sich zieht.

Auch die Annahme, es sei wichtig, die tatsächlichen kulturellen Unterschiede zu kennen und sich nicht durch Stereotype leiten zu lassen, ist vor dem Hintergrund der genannten sozialpsychologischen Theorien nicht so selbstverständlich, wie es auf den ersten Blick erscheinen mag. Schließlich definieren sich Personen nicht nur als Individuen sondern auch als Mitglieder von Gruppen. Somit sind für ihr Selbstbild nicht nur ihre individuellen Merkmale relevant, sondern auch die Merkmale, die den

Gruppen zugeschrieben werden, denen sie angehören, das heißt die Stereotype über die Gruppen.

Eine Klärung dieser aufgeworfenen Fragen ist nicht nur von theoretischem Interesse, sondern auch von praktischer Bedeutung. Eine Klärung der Fragen, wie bedeutsam die Kenntnis kultureller Unterschiede und Gemeinsamkeiten sowie die Berücksichtigung von Stereotypen in der internationalen Zusammenarbeit ist, ermöglicht Schlußfolgerungen in Hinblick auf die Auswahl und Weiterbildung von Führungskräften, die mit deutsch-russischen Wirtschaftsverhandlungen beauftragt werden. Sollte man eher bei der Auswahl darauf achten, daß die Personen die Gemeinsamkeiten zwischen dem eigenen und dem Zielland betonen? Sollte Zielsetzung von Seminaren darin bestehen, kulturelle Gemeinsamkeiten oder kulturelle Unterschiede zu vermitteln? Sollte zwischen der Vermittlung kultureller Unterschiede und Gemeinsamkeiten einerseits und der Vermittlung von Stereotypen getrennt werden? Ist die Vermittlung der Stereotype, die eine Kultur von sich selbst besitzt, sinnvoll?

Es ist zu erwarten, daß gezielte Auswahlen und Vorbereitungen auf Verhandlungen mit der Zielkultur einen Beitrag zu erfolgreicheren Verhandlungen leisten können. Erfolgreiche deutsch-russische Wirtschaftsverhandlungen dienen nicht nur der Erhöhung von Gewinn oder der Reduktion von Kosten, sondern können auch zur Verbesserung oder Stabilisierung der politischen Beziehungen beitragen (Pruitt & Carnevale, 1993).

Übersicht

Das Ziel dieser Arbeit besteht darin, Konfliktursachen in deutsch-russischen Wirtschaftsverhandlungen zu identifizieren und darauf aufbauend Faktoren zu formulieren, die die Vorhersage von Erfolg in Verhandlungen erlauben. Dabei wird davon ausgegangen, daß Konflikte reduziert und Verhandlungserfolg gefördert wird, wenn bestimmte Funktionen von Stereotypen erfüllt oder auch nicht erfüllt werden. Stereotypen werden in Anlehnung an Oakes, Haslam und Turner (1994) verstanden als das Set von Merkmalen, die einer Gruppe als charakteristisch zugeschrieben werden.

Im Zentrum soll die Analyse von drei Funktionen von Stereotypen stehen. Dazu gehören die Funktion, „soziale Identität herzustellen und aufrechtzuerhalten", sowie die Funktion, „Konsens über die Beziehung herzustellen und zu reflektieren", und zuletzt die Funktion, „das fremdkulturelle Verhandlungsverhalten vorherzusagen". Zu diesem Zweck soll die Stereotypenforschung mit der Verhandlungsforschung integriert werden.

Während bisher Stereotype in der Verhandlungsforschung als Mißerfolgsfaktoren im Sinne einer konflikteskalierenden Wirkung untersucht wurden, sollen Stereotype hier auch als mögliche Erfolgsfaktoren betrachtet werden. Durch eine Integration der Stereotypisierungs- und Verhandlungsforschung soll zudem ermöglicht werden, die kontextuelle Bedeutung von Stereotypen in interkulturellen Wirtschaftsverhandlungen zu bestimmen.

Teil 1: Theorie

Die vorliegende Arbeit gliedert sich in einen theoretischen Teil und eine empirische Untersuchung. Der theoretische Teil besteht aus drei Abschnitten: Der erste Abschnitt beschäftigt sich mit der Bestimmung kulturell bedingter Konflikte in interkulturellen Verhandlungen in Abgrenzung zu Konflikten, die jeder Wirtschaftsverhandlung zugrundeliegen. Bei der Analyse der Ursachen für kulturell bedingte Konflikte wird auf die fehlende Kenntnis kultureller Unterschiede, nationale Identifikation und Stereotype fokussiert. Aus dieser Analyse werden die Funktionen von Stereotypen abgeleitet, die Prozeß und Ergebnis von interkulturellen Wirtschaftsverhandlungen beeinflussen.

Der zweite Abschnitt behandelt die drei Funktionen von Stereotypen vor dem Hintergrund sozialpsychologischer Theorien. Es wird den Fragen nachgegangen, wie Stereotypen die drei oben genannten Funktionen erfüllen und wie sich die Erfüllung dieser Funktionen auf den „wahrgenommenen Konflikt" und den wahrgenommenen Verhandlungserfolg" auswirkt. Dabei wird sowohl die Funktion von Stereotypen, „soziale Identität herzustellen und aufrechtzuerhalten", und die Funktion, „Konsens in bezug auf die Intergruppenbeziehungen herzustellen oder zu reflektieren", unter Bezug auf die Theorie der Selbstkategorisierung analysiert (Turner et al., 1987). Inwiefern Stereotype der Funktion dienen, „das Verhalten des fremdkulturellen Verhandlungspartners vorherzusagen", wird vor dem Hintergrund unterschiedlicher Ansätze wie der Theorie der interkulturellen Kommunikationskompetenz (Gudykunst, 1993) oder der Theorie des Normen-Verstoßes von DeRidder & Tripathi (1992) erörtert. Darüber hinaus wird diskutiert, ob die Annahme einer solchen Funktion in der empirischen Psychologie überhaupt sinnvoll ist, da Annahmen dieser Art immer empirisch überprüfbar sein müssen. Inwiefern die Erfüllung der Stereotypisierungsfunktion, „fremdkulturelles Verhalten vorherzusagen", überprüfbar ist, wird unter Bezug auf die Diskussion der Validierbarkeit von Stereotypen (Judd & Park, 1993; Oakes, Haslam & Turner, 1994) und erkenntnistheoretische Kriterien erörtert.

Der dritte und letzte Abschnitt des theoretischen Teils widmet sich der Beschreibung und Erklärung von Verhandlungsverhalten sowie der Bestimmung von Verhandlungserfolg. Da nur bestimmte Stereotypisierungsdimensionen und bestimmtes fremdkulturelles Verhandlungsverhalten interessieren, wird das Konfliktmanagement-Gitter als Basis für die Ableitung von Dimensionen des Verhandlungsverhaltens und der Stereotypisierungsdimensionen beschrieben. Dies erlaubt eine systematische, ökonomische und erschöpfende Beschreibung des Verhandlungsverhaltens.

Da das Ziel dieser Untersuchungen darin besteht, Erfolgsfaktoren zu formulieren, werden zuletzt Kriterien für den Verhandlungserfolg (unter Bezug auf Underdal, 1991) vorgeschlagen.

Teil 2: Die Untersuchung

Wie bereits zuvor dargelegt besteht das Ziel der Untersuchung darin, Ursachen für „wahrgenommenen Konflikt" in deutsch-russischen Wirtschaftsverhandlungen zu identifizieren. Darauf aufbauend sollen Faktoren formuliert werden, die die Vorhersage von „wahrgenommenem Verhandlungserfolg" erlauben. Es wird angenommen, daß die Erfüllung unterschiedlicher Stereotypisierungsfunktionen den „wahrgenommenen Konflikt" reduziert und den wahrgenommenen Verhandlungserfolg fördert. Es sollen dabei folgende Funktionen von Stereotypen untersucht werden: die Funktion, „soziale Identität herzustellen und aufrechtzuerhalten", sowie die Funktion, „Konsens über die Beziehungsdefinition herzustellen und aufrechtzuerhalten", und die Funktion, „das von den fremdkulturellen Verhandlungsführern bevorzugte Verhandlungsverhalten vorherzusagen".

So werden im fünften Kapitel der Arbeit die Fragestellung präzisiert und die Hypothesen abgeleitet. Aus der Theorie der Selbstkategorisierung (Turner et al., 1987), der Theorie der sozialen Identität (Tajfel & Turner, 1986) und der Theorie der interkulturellen Kommunikationskompetenz (Gudykunst, 1993) wird abgeleitet, wie Stereotype die genannten Funktionen erfüllen. Aus der Integration dieser Theorien mit der Konflikt- und Verhandlungsforschung werden Hypothesen über die Zusammenhänge zwischen der Erfüllung der genannten Funktionen von Stereotypen einerseits und dem „wahrgenommenen Konflikt" und dem „wahrgenommenen Verhandlungserfolg" andererseits abgeleitet.

Im sechsten Kapitel wird die Methodik dargestellt. So wurde in einer Vorstudie die Methode der kritischen Ereignisse (Flanagan, 1954) angewandt, um konfliktreiche Verhandlungssequenzen zu identifizieren und die Bedeutung der theoretischen Kategorien im konkreten Kontext deutsch-russischer Wirtschaftsverhandlungen zu explorieren. Diese Vorstudie bildete eine Grundlage für die Hauptuntersuchung. In der Hauptuntersuchung wurde eine Fragebogenstudie unter Verwendung der Szenariotechnik durchgeführt. Sowohl für die Konstruktion des Szenarios als auch für die Operationalisierung der theoretischen Konstrukte wurde auf die Voruntersuchung zurückgegriffen.

Im siebten Kapitel dieser Arbeit werden die Ergebnisse dargestellt. Die Arbeit endet im letzten Kapitel mit der Diskussion und dem Ausblick, welche das vierte Kapitel des zweiten Teils der Arbeit bilden.

Wenn im folgenden von russischen Verhandlungsführern die Rede ist, sind damit nicht alle Einwohner der Russischen Föderation gemeint. Es muß in Rußland differenziert werden zwischen der ethnisch-nationalen Identität als Russe (russkij) und der staatlich-nationalen Identität als Rußländer (rossijskij). Aufgrund der großen Diversität von Ethnien, Sprachen, Religionen und Kulturen in der russischen Föderation und der geringen Identifikation mit der russischen Föderation als Staat (Andreewa, 1997, 1999; Gosman, 1993, 1997; Lewada, 1999; Jadow, 1999) soll hier eine Begrenzung auf die russische ethnisch-nationale Identität vorgenommen werden.

2 Der kulturell bedingte Konflikt in internationalen Wirtschaftsverhandlungen

Die Analyse kulturell bedingter Konflikte in deutsch-russischen Wirtschaftsverhandlungen hat zum Ziel, Ursachen für kulturell bedingte Konflikte zu identifizieren und Faktoren zu formulieren, die die Vorhersage von Verhandlungserfolg ermöglichen. Zuerst sollen daher kulturell bedingte Konflikte von Konflikten abgegrenzt werden, die jeder Wirtschaftsverhandlung zugrunde liegen.

Konflikte zeichnen sich nach Putnam und Poole (1987 zit. nach Thomas, 1992) durch drei zentrale Merkmale aus:

- die Interdependenz zwischen den Konfliktparteien (Struktur)
- Interaktion und Kommunikation (Prozeß) und
- die Wahrnehmung bedeutsamer Gegensätze oder Uneinigkeiten durch mindestens eine Partei (Konfliktthema).

Ein weiterer Aspekt ist, daß Konflikte Konsequenzen haben. Sie können gewinnbringend oder auch kostspielig für die Verhandlungsparteien sein (De Dreu & Van de Vliert, 1997; Thomas, 1992, Van de Vliert, 1997). Gerade an diesen Konsequenzen setzen Verhandlungen an: Sie haben zum Ziel, eine Übereinstimmung in bezug auf die wahrgenommenen Gegensätze zu erreichen, die für beide Parteien von Vorteil ist.

Daher sollen hier Konflikte verstanden werden als ein *Prozeß, der damit beginnt, daß sich mindestens eine Partei durch eine andere negativ beeinflußt fühlt, und zu gewinnbringenden oder kostspieligen Ergebnissen für eine oder beide Parteien führt* (vgl. auch Pruitt & Carnevale, 1993; Thomas, 1992; Van de Vliert, 1997).

Verhandlungen stellen danach den *Versuch dar, bei einem gegebenen Konflikt aufgrund eines gemeinsamen Entscheidungsprozesses zu einer Übereinkunft zu gelangen, die zu gewinnbringenden Ergebnissen für zumindest eine der beiden Parteien führt.*

Die Konflikt- und Verhandlungsforschung möchte dazu beitragen, daß die Verhandlungen für alle Beteiligten zu einem gewinnbringenden Ergebnis führen. In wirtschaftlichen Verhandlungen ist das Ziel eines gewinnbringenden Ergebnisses ganz wörtlich zu nehmen. Die Beziehung und somit die Interdependenz zwischen den Verhandlungsparteien ist in Wirtschaftsverhandlungen als komplementär zu charakterisieren, wie zum Beispiel die Beziehung zwischen Käufer und Verkäufer. Der Konflikt- oder Verhandlungsgegenstand bezieht sich auf realistische Interessenkonflikte beim Kauf und Verkauf von Gütern und Diensten, den Transfer von Know-how, Agentur-Distributor-Beziehungen, Franchising-Verträge, Kooperationsabkommen, Fusionen, Akquisitionen, Joint Ventures oder gemeinsame Projekte (vgl. Dupont, 1991).

Die Ansätze der ökonomischen Verhandlungsforschung, die zu profitableren Wirtschaftsverhandlungen beitragen wollen, wie die Spieltheorie, gehen von einem rationalen Verhandlungsführer aus (Cross, 1991). Das Kriterium der Effizienz von Marktprozessen wird auf Verhandlungen übertragen. Das heißt, aufgrund mathematischer Berechnungen wird eine für beide Verhandlungsparteien optimale Lösung ermittelt.

Die Annahme, daß auf diese Weise pareto-optimale[1] Lösungen hervorgebracht werden können, ist jedoch so nicht haltbar, da die erforderliche Zeit und die erforderlichen Ressourcen für den Verhandlungsprozeß variieren können und die genauen Vorstellungen des Verhandlungspartners unbekannt sind und somit das Wissen um mögliche gemeinsame Übereinstimmungen unvollständig ist (Cross, 1991, Jönsson, 1979; vgl. Raiffa, 1991). Die Verhandlungsführer können folglich nicht sicher sein, mit welcher Wahrscheinlichkeit welcher Zug zu welchen Konsequenzen führt und welche Ergebnisse für den Verhandlungspartner wünschenswert und möglich sind. Hinzu kommt, daß die kognitive Kapazität der Verhandelnden begrenzt ist. Somit ist Unsicherheit ein zentrales Merkmal von Verhandlungen. An die Stelle von Wissen treten Vorstellungen, Erwartungen und Vorhersagen des Verhandlungsverhaltens der anderen Partei. Verhandlungsführer handeln nicht aufgrund der objektiven Gegebenheiten und Möglichkeiten, sondern aufgrund ihrer subjektiven Wahrnehmung. Diese Wahrnehmungen der beteiligten Verhandlungsparteien können sich durchaus widersprechen. Aus dem Aufeinanderprallen der unterschiedlichen Wahrnehmungen läßt sich das Verhandlungsverhalten und der Verhandlungsverlauf erklären (Jönsson, 1979).

Die Einschätzung des Verhandlungspartners wird durch unterschiedliche Faktoren beeinflußt, so zum Beispiel auch durch psychologische Prozesse, die aus der Gruppenzugehörigkeit resultieren.

Verhandlungsführer in Wirtschaftsverhandlungen vertreten unterschiedliche Unternehmen und somit auch unterschiedliche Gruppen. Häufig verhandeln sie zudem in Teams. Daher sollten Gruppenprozesse, die sowohl die Wahrnehmung als auch das Verhandlungsverhalten beeinflussen (z. B. Oakes, Haslam & Turner, 1994), ebenfalls näher betrachtet werden. Vor diesem Hintergrund wird auch plausibel, warum die Genauigkeit in der Einschätzung des Verhandlungspartners einen zentralen Erfolgsfaktor für Verhandlungen darstellt (Arunalchalam & Dilla, 1995; Thompson, 1990a, b; Thompson & De Harpport, 1994).

Stammen die Verhandlungspartner aus unterschiedlichen Kulturen, so wird die Einschätzung des fremdkulturellen Verhandlungspartners zusätzlich aufgrund von kulturellen Unterschieden, nationalen oder kulturellen Stereotypen und unterschiedlichen nationalen und kulturellen Identitäten beeinflußt (z. B. Adler & Graham, 1989; Faure & Rubin, 1993, Salacuse, 1993; Jönsson, 1979, 1990; Weiss, 1993). Daher sind in internationalen Wirtschaftsverhandlungen in Folge der gegenseitigen Einschätzung der Verhandlungspartner Beziehungskonflikte zu erwarten, die von den Konflikten

---

[1] Unter einer pareto-optimalen Lösung wird die Lösung verstanden, die keine gemeinsamen Verbesserungen einer gemeinsamen Problemlösung mehr zuläßt, sondern nur noch Verbesserungen einer Partei auf Kosten der anderen Partei.

zu trennen sind, die der ursprüngliche Auslöser für die Aufnahme der wirtschaftlichen Verhandlungen waren.

Gerade in internationalen Wirtschaftsverhandlungen spielt die Beziehung und das Vertrauen in den Verhandlungspartner[2] eine große Rolle, da weniger Sicherheitsgarantien bestehen als in intranationalen Verhandlungen:

- Das Risiko des Vertragsbruchs ist erhöht, weil entweder übergeordnete supranationale Institutionen, die die Vertragsumsetzung kontrollieren könnten, fehlen oder nicht den erforderlichen Einfluß besitzen (Cross, 1991; Thompson, 1996).
- In unterschiedlichen Nationen gelten unterschiedliche Gesetze; rechtliche Institutionen üben andere Funktionen aus (Dupont, 1991; Salacuse, 1988) und verfügen auch über einen unterschiedlichen Einfluß (Salacuse, 1988).
- Das Risiko asymmetrischer Verhandlungsergebnisse ist ebenfalls erhöht, weil sich die politischen, wirtschaftlichen und technologischen Beziehungen ständig verändern (Cross, 1991; Salacuse, 1988).

Salacuse (1998) rät sogar dazu, von dem Ziel eines Vertragsabschlusses abzurücken und stattdessen das Ziel zu verfolgen, langfristige Beziehungen aufzubauen.

Daher sollen die Faktoren, die die Beziehung und Beziehungskonflikte zwischen internationalen Verhandlungspartnern beeinflussen, wie kulturelle Unterschiede, nationale und kulturelle Identität und nationale und kulturelle Stereotype näher beleuchtet werden.

2.1 Kulturelle Unterschiede in Verhandlungen

Kultur soll hier verstanden werden als „[...] ein universelles, für eine Gesellschaft, Organisation und Gruppe aber sehr typisches Orientierungssystem. Dieses System wird aus spezifischen Symbolen gebildet und in der jeweiligen Gesellschaft tradiert. Es beeinflußt das Wahrnehmen, Denken, Werten und Handeln aller ihrer Mitglieder und definiert somit deren Zugehörigkeit zur Gesellschaft. Kultur als Orientierungssystem strukturiert ein für die sich der Gesellschaft zugehörig fühlende Individuen spezifisches Handlungsfeld und schafft damit Voraussetzungen zur Entwicklung eigenständiger Formen der Umweltbewältigung“ (Thomas, 1993, S. 380). Für dieses Verständnis von Kultur ist irrelevant, ob sich diese kulturellen Unterschiede durch Unterschiede in soziostrukturellen Bedingungen erklären lassen, wie zum Beispiel durch einen unterschiedlichen gesellschaftlichen Status, unterschiedliche Alterskohorten u.a.. Auch in dieser Arbeit ist nicht relevant, durch welche Faktoren sich kulturelle Unterschiede zwischen russischen und deutschen Verhandlungsführern erklären lassen, sondern welche Unterschiede sich im russischen und deutschen

---

[2] Vertrauen in Verhandlungen umfaßt nach Ross & Lacroix (1996) drei Überzeugungen:

1. daß der Verhandlungspartner kooperativ motiviert ist,
2. daß das Verhaltensmuster des Verhandlungspartners vorhersagbar ist und
3. daß der Verhandlungspartner auf eine Problemlösung ausgerichtet ist.

Verhandlungsverhalten in deutsch-russischen Wirtschaftsverhandlungen zeigen, unabhängig davon, ob sich diese auf soziostrukturelle Faktoren zurückführen lassen.

Hier soll zunächst der Frage nachgegangen werden, welche Rolle Kultur in Verhandlungen spielt. Im Anschluß daran soll der Forschungsstand zu Kulturunterschieden in Verhandlungen dargestellt werden, um schließlich ein Fazit zu ziehen, welche Faktoren für die Vorhersage von Erfolg in internationalen Verhandlungen benannt werden können und was in der Zukunft bei der Erforschung kultureller Unterschiede beachtet werden sollte.

2.1.1 Kontroverse um die Bedeutung kultureller Unterschiede in Verhandlungen

Verhandlungsforscher diskutieren kontrovers, welche Bedeutung der Erforschung kultureller Unterschiede in internationalen Verhandlungen zugeschrieben werden sollte. Die Positionen variieren von „[...] kulturelle Unterschiede haben die Bedeutung eines schlechten Frühstücks für die Verhandlungen" (Zartmann, 1993, S. 17) zu „Traditionelle amerikanische Verhandlungsansätze müssen in ihrer Gültigkeit für andere Kulturen völlig in Frage gestellt werden" (Cohen, 1993, S. 35ff.). Faure und Rubin (1993) übergehen diese „Entweder-Oder-Diskussion" und lassen sich von der Frage leiten, unter welchen Bedingungen und auf welche Weise Kultur Verhandlungen beeinflußt. Sie argumentieren, daß der Einfluß von Kultur auf den Verhandlungsprozeß auch davon abhängt, welche Aspekte durch kulturelle Unterschiede überhaupt betroffen sind. Wenn nur oberflächliche und technische Aspekte der Kommunikation betroffen sind, so gehen Faure und Rubin von einem geringen Einfluß der Kultur aus. Bei kommunikativen Mißverständnissen, die die Selbst- und Fremdwahrnehmung oder die Identität betreffen, schreiben Faure und Rubin der Variable Kultur dagegen einen wesentlich stärkeren Einfluß zu.

Kulturelle Unterschiede müssen jedoch keine Störvariable bilden. So betonen manche Forscher (z. B. Thomas, 1993) die Chancen und möglichen synergetischen Effekte interkultureller Arbeitsgruppen. Jehn (1997) zeigte, daß Wertunterschiede zwischen den Mitarbeitern zu größeren Konflikten in Arbeitsgruppen führen. Ob diese Konflikte produktiv oder unproduktiv waren, hing von der Qualität des Konfliktes ab. So sind kognitive Konflikte, die auf die Aufgabenerfüllung ausgerichtet sind und somit ein sachliches Thema zum Gegenstand haben, zu unterscheiden von affektiven Konflikten, die sich auf die Beziehung der Beteiligten beziehen. In den Untersuchungen Jehns war der Konflikt produktiv für die Arbeitsleistung, wenn er rein kognitiver Art war. Wenn kulturelle Wertunterschiede zu affektivem Konflikt führten, zeigte sich eine schädigende Wirkung. Folglich sind kulturelle Unterschiede nicht per se förderlich oder schädlich für eine effektive Zusammenarbeit, sondern es gibt mediierende Faktoren, die bestimmen, wie kulturelle Unterschiede Verhandlungen und Konfliktmanagement beeinflussen. Als ein solcher vermittelnder Erfolgsfaktor wird von Praktikern (z. B. Institut für Interkulturelles Management, Deutsche

Stiftung für Internationale Entwicklung) und Forschern (z. B. Thomas, 1996; Gudykunst, 1993) die Kenntnis kultureller Unterschiede favorisiert.

2.1.2 Kulturvergleichende Untersuchungen zu Verhandlungen

Hier soll ein kurzer Überblick über den Stand der interkulturellen und kulturvergleichenden Forschung und ihre Entwicklung in den letzten Jahren gegeben werden. Dabei werden Mängel kritisiert und darauf aufbauend neue innovative Ansätze dargestellt. Im Anschluß daran wird zusammenfassend erläutert, welche Aspekte in zukünftigen kulturvergleichenden Untersuchungen berücksichtigt werden sollten.

An bisherigen Studien sollen die folgenden Kritikpunkte dargelegt werden: der impressionistische Charakter der Berichte, die geringe Validität, die Konfundierung von Stereotypen mit kulturellen Unterschieden, die fehlende Theoriegeleitetheit und die Problematik der Erhebung von kulturellen Unterschieden in kulturell homogenen Kontexten.

Berry (1992, S. 347ff.) attestierte dem Großteil der Verhandlungsliteratur *impressionistischen* Charakter. Beschreibungen der fremdkulturellen Verhandlungskultur werden aus der Sicht von Diplomaten oder wirtschaftlichen Verhandlungsführern oder aufgrund ihrer Autobiographien und Berichte zusammengestellt und im Sinne eines spezifischen *Nationalcharakters* interpretiert (z.B. Pye, 1982, 1986; Solomon, 1987; Smith, 1989). Die bisher unbefriedigende Datengrundlage läßt sich in großem Maße auf den vertraulichen Charakter von Verhandlungen zurückführen. Auch die *Validität* der Aussagen ist fragwürdig. Systematische empirische Validierungen fehlen (Berry, 1992). *Konsistenzen* in Berichten, wie etwa zwischen Solomon (1987) und Pye (1982, 1986) über den chinesischen Verhandlungsstil, könnten auf die selben Informationsquellen zurückgeführt werden. Da die Beschreibungen der Verhandlungsstile unterschiedlicher Kulturen und die daraus abgeleiteten Verhaltenstips sich kaum unterscheiden, ist zudem die *diskriminante* Validität in Frage zu stellen (z. B. Pye, 1982, 1986 über den chinesischen Verhandlungsstil und Thayer & Weiss, 1987, über den japanischen Verhandlungsstil). Darüber hinaus sind die meisten Untersuchungen weder theoriegeleitet noch methodisch gut fundiert.

Wenn kulturelle Unterschiede in interkulturellen Überschneidungssituationen gemessen werden, so werden bis auf einige Ausnahmen (Cai, 1993; Drake, 1995; Fant & Grinsted, 1995) *wahrgenommene* Unterschiede im Verhandlungsstil erfragt. Auch wenn eine große Anzahl von Personen zu kulturellen Unterschieden befragt wurde und wenn die Berichte über kulturelle Unterschiede nicht selbstwertdienlich verzerrt sein sollten, so handelt es sich doch um die Erfassung wahrgenommener kultureller Unterschiede. Für die berichteten kulturellen Eigenheiten gilt, daß diese immer in Abhängigkeit vom Auge des Betrachters variieren (vgl. Rubin & Sander, 1991). Somit wird bei dieser Form der Befragung die Erhebung von *kulturellen Unterschieden mit* der Erhebung von *Stereotypen konfundiert.* Folglich können keine Aussagen über die kulturellen Eigenheiten des jeweiligen Verhandlungsverhaltens abgeleitet werden. Besondere Vorsicht gegenüber berichteten kulturellen Unterschieden oder Eigenheiten ist geboten, wenn man die Untersuchungen zur *Sozialen Identität* berücksichtigt. Nach der Theorie der sozialen Identität (Tajfel, 1978, 1981) sind Personen motiviert, ein positives Bild der eigenen Gruppe aufrechtzuerhalten. Unterschiedliche Strategien und Mechanismen können dazu dienen, ein positives Bild der eigenen Gruppe aufrechtzuerhalten. So wird der eigenen Gruppe, hier den eigenkulturellen Verhandlungsführern in stärkerem Maße positiv bewertete Verhaltensweisen zugeschrieben. Ein anderer Mechanismus besteht darin, unerwünschtes Verhalten von Gruppenmitgliedern durch äußere Umstände zu erklären, während unerwünschtes Verhalten von Mitgliedern der Fremdgruppe durch Persönlichkeitseigenschaften oder kulturelle Eigenheiten erklärt wird. Hingegen wird erwünschtes Verhalten von Mitgliedern der Eigengruppe auf interne Ursachen und positives Verhalten von Mitgliedern der Fremdgruppe auf externe Ursachen zurückgeführt. Empirische Belege für diese Zusammenhänge konnten in Laborstudien gefunden werden (Bond, Chiu & Wan, 1984; Bond, Hewstone, Wan & Chiu, 1985; Hewstone, Bond & Wan, 1983). Zwar existieren bisher noch keine zwingenden Belege, daß die Ergebnisse der Laborstudien auf internationale Wirtschaftsverhandlungen übertragen werden können, jedoch deuten Untersuchungen von Hendriks (zit. nach Poortinga & Hendriks, 1989) in diese Richtung. Hendriks fand in Interviews mit 40 professionellen Verhandlern heraus, daß diese

- die fremde Kultur und ihre Mitglieder negativer bewerteten als ihre eigene und
- in gescheiterten Verhandlungen Probleme zu einem wesentlich größeren Anteil (42 %) auf kulturelle Unterschiede zurückführten als in erfolgreichen Verhandlungen (23 %).

In Simulationen intranationaler Verhandlungen zeigte sich, daß selbstwertstützende Wahrnehmungen und Erklärungen nicht nur Folge von gescheiterten Verhandlungen sind, sondern daß selbstwertstützende Wahrnehmungen auch zur Eskalation der Verhandlung beitragen (De Dreu, Nauta & Van de Vliert, 1995). Die Untersuchungsergebnisse Hendriks, De Dreus et al. und vieler anderer indizieren, daß berichtete kulturelle Unterschiede mit großer Vorsicht für die Verhandlungsplanung zu genießen sind.

Ein weiterer Kritikpunkt Berrys und auch Pruitt und Carnevales (1993) setzt an der *fehlenden Theoriegeleitetheit* der Untersuchungen an. Die unzureichende Ableitung von Studien aus Theorien hat zur Folge, daß kulturelle Unterschiede oder Eigenheiten auf unterschiedlichen Abstraktionsebenen dargestellt werden und daß der Zusammenhang zwischen breiteren kulturellen Prinzipien, wie zum Beispiel Wertorientierungen, und den konkreten Verhaltensweisen unklar bleibt. Eine Bedingung für theoriegeleitete Untersuchungen besteht darin, die Theorie weiterzuentwickeln, indem Modelle zu kulturellen Wertdimensionen wie zum Beispiel von Bond (1988), Hofstede (1993), Ting-Toomey (1991) oder Triandis (1995) mit Modellen des Verhandlungsverhaltens integriert werden. In diesem Sinne sind in den letzten Jahren Fortschritte zu bemerken, sowohl in bezug auf die Theorieentwicklung (z. B. Chen,

Chen & Meindl, 1998) als auch in bezug auf neue Untersuchungen (Pearson & Stephan, 1998).

Zum Beispiel ist hier der innovative theoretische Ansatz für Verhandlungen innerhalb als auch zwischen den Organisationen von Chen, Chen & Meindl (1998) zu nennen. Chen, Chen & Meindl formulieren Faktoren, die in individualistischen und in kollektivistischen Kulturen Kooperation fördern. Aus unterschiedlichen instrumentellen und expressiven Motiven leiten sie sechs kontrastierende Kooperationsmechanismen für die zwei Kulturen ab. Bisher wurden dazu jedoch noch keine Untersuchungen durchgeführt.

Theoriegeleitete kulturvergleichende Untersuchungen von Verhandlungen wurden in den letzten Jahren ebenfalls vermehrt durchgeführt. Jedoch bezogen sich diese Untersuchungen nicht auf Wirtschaftsverhandlungen, sondern auf interpersonelle Konflikte im Privatleben und in Organisationen. In diesen Untersuchungen wurde aus den Dimensionen Individualismus-Kollektivismus (Triandis, 1995; Triandis et al., 1988, Triandis, McCusker & Hui, 1990) Verhandlungsverhalten in Anlehnung an das Dual Concern-Modell[3] theoretisch abgeleitet und empirisch untersucht (z. B. Leung, Bond, Carment et al., 1990; Trubisky, Ting-Toomey & Sung-Ling, 1991; Smith, Dugan, Peterson & Leung, 1998). Hofstedes Dimensionen Individualismus-Kollektivismus, Maskulinität-Femininität, Machtdistanz und Unsicherheitsvermeidung wurden ebenfalls in einen theoretischen Zusammenhang mit Verhandlungsverhalten gebracht und empirisch untersucht (z. B. Gabrieldis, Stephan, Ybarra, Dos Santos, Pearson & Villareal, 1997; Oudenhoven, Mechelse & De Dreu, 1998). Ein erster Ansatz, diese Logik auch auf die Untersuchung von Wirtschaftsverhandlungen auszuweiten, ist bei Pearson & Stephan (1998) zu finden. Sie untersuchten die Wahl von Verhandlungsstrategien in Abhängigkeit von Individualismus-Kollektivismus, der subjektiven Wichtigkeit der eigenen Ziele und Interessen und der subjektiven Wichtigkeit der Ziele und Interessen des Verhandlungspartners in zwei unterschiedlichen simulierten Verhandlungen. Bei einer der simulierten Verhandlungen handelte es sich um eine wirtschaftliche Verhandlung. Als Methode wurde ein Fragebogen einschließlich der Szenariotechnik eingesetzt. Die Stichprobe bestand jedoch aus Studenten und nicht aus erfahrenen Verhandlungsführern. In Studien hat sich gezeigt, daß Studenten anders verhandeln als erfahrene Verhandlungsführer (Thompson 1990a, b.) Die Übertragbarkeit der Ergebnisse auf reale Wirtschaftsverhandlungen bleibt somit noch unklar.

Zudem ist fraglich, ob sich die gefundenen Unterschiede zwischen Mexikanern und US-Amerikanern auch auf mexikanisch-amerikanische Wirtschaftsverhandlungen generalisieren lassen, da der Vergleich des Verhandlungsverhaltens anhand von

[3] Das Dual Concern Modell sagt unterschiedliche Formen des Konfliktverhaltens wie Zugeständnisse, Problemlösen, Kämpfen, Vermeiden oder auch Kompromisse aufgrund der subjektiven Wichtigkeit der eigenen Ziele und der subjektiven Wichtigkeit der Ziele des Verhandlungspartners voraus. Dieses Modell wird im Kapitel 4.1.2 „Das Konfliktmanagement-Gitter" (S. 54) genauer beschrieben.

kulturell homogenen Gruppen vorgenommen wurde (intrakultureller Vergleich). Untersuchungen konnten zeigen, daß Verhandlungsführer in kulturell homogenen Verhandlungen nicht das gleiche Verhalten zeigen wie in Verhandlungen, in denen die Verhandlungspartner aus einer anderen Kultur stammen (Adler & Graham, 1989, Berry, 1992; Chen, 1995; Drake, 1995; Fant & Grindsted, 1995; Graham & Andrews, 1987; Ulijn & Li, 1995; Weiss, 1994a, b). Die Schwierigkeit der Generalisierung von Kulturunterschieden, die in kulturell homogenen Gruppen untersucht wurden, auf kulturelle Unterschiede im Verhandlungsverhalten in internationalen Verhandlungen betrifft jedoch nicht nur die Studie von Pearson und Stephan, sondern eine große Anzahl weiterer Untersuchungen, in denen kulturelle Unterschiede in *intrakulturellen Kontexten* erhoben wurden, wie etwa in simulierten Käufer-Verkäufer-Verhandlungen (Campbell, Graham, Jolibert & Meissner, 1988; Graham, 1983; Graham, 1989; Graham, Kim, Lin & Robinson, 1988; Kjaerbeck, 1998). Die meisten Untersuchungen wurden jedoch mit dem Ziel durchgeführt, Verhandlungsverhalten für internationale Verhandlungen vorherzusagen. Das heißt, Verhandlungsführer, die in eine Verhandlung mit einem fremdkulturellen Verhandlungspartner gehen, sollen besser darauf vorbereitet sein, welches Verhandlungsverhalten sie erwartet.

Im folgenden soll anhand einiger Untersuchungen dargestellt werden, inwiefern sich kulturelle Unterschiede auch in *interkulturellen Verhandlungen* zeigen: Daß sich die in intrakulturellen Verhandlungen gefundenen Unterschiede des Verhandlungsstils in interkulturellen Verhandlungen nur teilweise zeigen, konnten Adler und Graham (1989) und Drake (1995) anhand repräsentativer Stichproben belegen. Fant & Grinsted (1995) erbrachten in einer explorativen Untersuchung Hinweise auf Strategien des Umgangs mit kulturellen Wertunterschieden wie der Behauptung der eigenen kulturellen Werte, der Anpassung an die Werte des fremdkulturellen Verhandlungsführers oder des Ignorierens der kulturellen Unterschiede. Ulijn & Li (1995) zeigten Anpassungen der Unterbrechungsgewohnheiten in einer authentischen Wirtschaftsverhandlung zwischen Chinesen und Finnen und in einer simulierten Verhandlung zwischen Chinesen und Niederländern. Francis (1991) konnte zudem zeigen, daß die Betonung der Unterschiede zwischen den Kulturen oder die Anpassung an den fremdkulturellen Verhandlungspartner auch das Verhandlungsergebnis beeinflussen. So erwies sich ein mittleres Maß der kulturellen Anpassung an den Verhandlungspartner am effektivsten.

Für die Vorhersage von kulturellen Unterschieden in interkulturellen Verhandlungen wäre es bedeutsam, die Faktoren zu kennen, die die Betonung der kulturellen Unterschiede oder die Anpassung an den fremdkulturellen Verhandlungspartner beeinflussen. Neben dem restringierenden Einfluß struktureller Bedingungen (Faure & Rubin, 1993, Drake, 1995) wird der funktionale Einsatz von kulturellen Unterschieden oder Gemeinsamkeiten für die soziale Identität als ein solcher wichtiger Faktor genannt (Adler & Graham, 1989; Salacuse, 1991; Turner et al., 1987). Soziale Identität soll hier in Anlehnung an Turner et al. als der Teil des Selbstkonzeptes verstanden werden, der aufgrund der Zugehörigkeit zu einer sozialen Gruppe abgeleitet wird und aufgrund des Vergleiches der eigenen Gruppe mit fremden Gruppen definiert wird. Wenn kulturelle Unterschiede funktional im Sinne der sozialen Identität eingesetzt werden, kann das bedeuten, daß kulturelle Unterschiede betont werden, um die Zugehörigkeit zu einer anderen kulturellen Gruppe zu demonstrieren (distinkte soziale Identität). Es kann jedoch auch bedeuten, daß kulturelle Unterschiede abgeschwächt oder kulturelle Gemeinsamkeiten betont werden, wenn die Verhandlungsführer die Zugehörigkeit zu einer gemeinsamen sozialen Gruppe demonstrieren wollen. In diesem Fall transformieren die Gruppenmitglieder ihre kognitiven Repräsentationen der Mitgliedschaft in unterschiedlichen Gruppen in eine inklusivere soziale Einheit und konstruieren auf diese Weise eine übergeordnete gemeinsame soziale Identität (Gaertner, Dovidio & Bachman, 1996). Wann welche Strategie gewählt wird, erklären die Theorie der sozialen Identität (Tajfel, 1978, 1981), die Theorie der Selbstkategorisierung (Turner et al., 1987) und auch das „Common Ingroup Identity Model" (Gaertner et al., 1996).

2.1.3 Fazit

Als *Fazit* des Kapitels läßt sich vorerst festhalten:

- Kulturelle Unterschiede sind nicht grundsätzlich Störfaktoren. Ob sie eine störende oder konstruktive Wirkung zeigen, hängt vom Umgang mit ihnen ab. Als Erfolgsfaktor wird angenommen, daß die Verhandlungsführer die kulturellen Unterschiede und Gemeinsamkeiten kennen.
- Bei der Erforschung kultureller Gemeinsamkeiten und Unterschiede im Verhandlungsverhalten sollten in Zukunft folgende Faktoren berücksichtigt werden: Es sollten Kulturvergleiche in dem interkulturellen Kontext durchgeführt werden, auf den später generalisiert werden soll. Dabei sollte das Motiv, in interkulturellen Interaktionen distinkte soziale Identitäten oder eine übergeordnete gemeinsame soziale Identität herzustellen und aufrechtzuerhalten, berücksichtigt werden.

2.2 Nationale und kulturelle Identität in internationalen Wirtschaftsverhandlungen

Nationale und kulturelle Identität werden hier als Formen der sozialen Identität verstanden, für die die gleichen Prozesse und Mechanismen gültig sind wie für die soziale Identität. Daher sollen hier zunächst unter Bezug auf die Theorie der Selbstkategorisierung (Turner et al., 1987) und der Theorie der sozialen Identität (Tajfel, 1978, 1981) grundlegende Begriffe und Mechanismen der Sozialen Identität dargestellt werden. In einem zweiten Schritt sollen Studien beschrieben werden, die belegen, wie die soziale Identität die Beziehung der Verhandlungsparteien, den Verhandlungsprozeß und das Verhandlungsergebnis beeinflussen. Soziale Identität übt jedoch nicht nur als externer Faktor Einfluß auf Verhandlungen aus, sie kann auch selbst zum Verhandlungsthema werden. Wie soziale Identität verhandelt wird und welchen Einfluß dies auf das Verhandlungsergebnis hat, ist Gegenstand des dritten Abschnitts. Aufgrund dieses Hintergrundes soll zuletzt ein Fazit für zukünftige Untersuchungen gezogen werden.

2.2.1 Die Theorie der sozialen Identität und die Theorie der Selbstkategorisierung

Sowohl in der Theorie der sozialen Identität (Tajfel & Turner, 1986) als auch in der Theorie der Selbstkategorisierung (Turner, Hogg, Oakes, Reicher & Wetherell, 1987) steht der Begriff der sozialen Identität im Mittelpunkt. Soziale Identität wird von Tajfel (1978) als der Teil des Selbstkonzeptes verstanden, der auf das *Wissen* über die Zugehörigkeit zu einer sozialen Gruppe oder Gruppen (kognitive Komponente) und auf den Wert und die *emotionale* Bedeutung der Gruppenmitgliedschaft (emotionale Komponente) zurückzuführen ist. Turner (1982) hingegen betrachtet nur die kognitive Komponente der sozialen Identität. Für Turner ergibt sich die soziale Identität aus der Summe der sozialen Identifikationen, wobei er soziale Identifikation als den Prozeß definiert, in dem ein Individuum den eigenen Platz als auch den Platz anderer Personen in einem System sozialer Kategorien wahrnimmt und definiert.

Neben der sozialen Identität wird auch die Existenz der personalen Identität als ein Selbstkonzept angenommen, das aufgrund des Vergleiches der eigenen Person mit anderen Individuen abgeleitet wird. Welches Konzept relevant ist, hängt von der Kategorisierung als Individuum oder als Gruppenmitglied ab. So gehen beide Theorien davon aus, daß Wahrnehmung und Verhalten auf einem Kontinuum zwischen den zwei Polen interpersonal und intergruppal variiert. Interpersonales Verhalten und interpersonale Wahrnehmung ist durch eine große Variabilität zwischen den Personen gekennzeichnet. Personen werden aufgrund ihrer individuellen Merkmale beurteilt und behandelt. Intergruppales Verhalten und intergruppale Wahrnehmung der Gruppenmitglieder läßt sich hingegen als äußerst gleichförmig charakterisieren. Personen werden nicht aufgrund ihrer individuellen Merkmale, sondern aufgrund der Merkmale, die der Gruppe zugeschrieben werden, wahrgenommen, beurteilt und behandelt. Somit erwarten Tajfel und Turner, daß sich individuelles Verhalten und individuelle Wahrnehmung systematisch von gruppalem Verhalten und gruppaler Wahrnehmung unterscheiden.

Die Theorien der Sozialen Identität und der Selbstkategorisierung können als komplementär zueinander betrachtet werden: Die *Theorie der sozialen Identität* betrachtet das Verhalten zwischen Gruppen oder Gruppenmitgliedern im Sinne von Strategien zur Erlangung positiver sozialer Identität. Hingegen beschreibt und erklärt die *Theorie der Selbstkategorisierung*, aufgrund welcher kognitiven Prozesse Individuen in der Lage sind, zum einen mehrere Personen als Gruppe und einzelne Personen einschließlich sich selbst als Gruppenmitglieder wahrzunehmen und zum anderen auch als Gruppe oder Gruppenmitglied zu handeln.

Die *Theorie der sozialen Identität* (Tajfel & Turner, 1987) geht davon aus, daß Personen bestrebt sind, über eine positive Abhebung ihrer eigenen Gruppe von anderen Gruppen zu einer positiven sozialen Identität zu erlangen (positive Distinktheit). Es wird unterschieden zwischen Strategien sozialer Mobilität und sozialer Veränderung. Zu den Strategien der sozialen Veränderung gehört sowohl der soziale Wettbewerb als auch die Neudefinition von Dimensionen oder auch die Wahl anderer Vergleichsdimensionen oder Vergleichsgruppen. Welche Strategie gewählt wird, hängt von der wahrgenommenen Stabilität und Legitimität der Statusbeziehung der Gruppen ab und von der Permeabilität der Gruppengrenzen. Werden die Beziehungen als instabil oder illegitim wahrgenommenen, werden Strategien gewählt, um die eigene Gruppe von anderen Gruppen positiv abzugrenzen. Dazu gehören der direkte soziale Wettbewerb, indem die Gruppenmitglieder Verhaltensweisen zeigen, die die Überlegenheit der eigenen Gruppe demonstrieren, oder die Neudefinition der Vergleichsgruppe oder der Vergleichsdimensionen. Wenn es leicht möglich ist, die eigene Gruppe zu verlassen und Mitglied der statushöheren Gruppe zu werden (Permeabilität), dann werden auch individuelle Strategien der Mobilität oder Assimilation gewählt. Die Statusbeziehung der Gruppen bleibt dabei unverändert.

In der *Theorie der Selbstkategorisierung* unterscheiden Turner et al. (1987) unterschiedliche Abstraktionsebenen, auf denen das Selbst kategorisiert werden kann, wie die interpersonale Ebene, auf der sich Personen als Individuen kategorisieren, die intergruppale Ebene, auf der sich Personen als Mitglied einer bestimmten sozialen Kategorie in Abgrenzung zu anderen sozialen Kategorien definieren, und die Ebene der Interspezies, auf der sich Personen als Mitglieder einer übergeordneten gemeinsamen Gruppe wie der Menschheit definieren. Wie sich Personen kategorisieren, hängt vom situativen Kontext ab. Dieser ist bestimmt durch die Verfügbarkeit einer Kategorie und ihre situative Passung, das heißt inwiefern die Merkmale, die der Kategorie zugeordnet werden, auch in der aktuellen Situation gegeben sind. Folgen jeder Kategorisierung sind die Betonung der Ähnlichkeiten innerhalb der Kategorie und die Betonung von Unterschieden zwischen den Kategorien. Aus diesen allgemeinen Aussagen leiten Turner et al. auch Aussagen über spezifische soziale Prozesse wie die Diskriminierung von Fremdgruppen, Kooperation und sozialen Einfluß ab.

In *beiden Theorien* wird die Kategorisierung als Gruppenmitglied als Bedingung für Diskriminierung zwischen den Gruppen angesehen. Daher werden alternative Kategorisierungen, wie die Kategorisierung als Individuum, die Kategorisierung der Mitglieder unterschiedlicher Gruppen als Mitglieder einer gemeinsamen Gruppe (Kategorisierung auf einer übergeordneten gemeinsamen Inklusionsebene) und Kreuzkategorisierungen[4] (und somit multipler sozialer Identitäten) als Bedingungen angesehen, die Diskriminierung reduzieren und Kooperation zwischen den Gruppenmitgliedern, wie hier den russischen und deutschen Verhandlungsführern, fördern können.

[4] Unter überkreuzten Kategorien werden Kategorien verstanden, die sich überschneiden wie zum Beispiel Beruf und Geschlecht. In diesem Fall könnte zwischen weiblichen und männlichen Lehrern und weiblichen und männlichen Professoren unterschieden werden (s. 2.2.3 Möglichkeiten, die Diskriminierung des fremdkulturellen Verhandlungspartners abzuschwächen und die Kooperation zwischen den Verhandlungspartnern zu fördern, S. 17).

In Übertragung auf internationale Wirtschaftsverhandlungen soll *nationale oder kulturelle Identität* als eine Form der sozialen Identität in Anlehnung an Tajfel und Turner verstanden werden, als das Selbstkonzept, das eine Person aufgrund ihrer nationalen oder kulturellen Zugehörigkeit besitzt. Wenn Salacuse (1993) davon spricht, daß Kultur als Waffe, als Festung oder auch als Brücke eingesetzt werden kann, so würden Tajfel (1978, 1981) und Turner (1987; Oakes, Haslam & Turner, 1997) das gleiche Phänomen in Begriffen der Selbstkategorisierung oder in Begriffen der sozialen Identität interpretieren. In der Selbstkategorisierungs-Theorie kann Kultur als Dimension dienen, auf der eine gemeinsame soziale Identität oder auch unterschiedliche soziale Identitäten hergestellt werden können, indem Ähnlichkeiten oder Unterschiede betont werden (vgl. Kapitel 2.1.2 Kulturvergleichende Untersuchungen zu Verhandlungen, S. 9ff.). In Begriffen der Theorie der sozialen Identität kann Kultur als eine Dimension dienen, auf der die Gruppenmitglieder die Gruppen nicht nur voneinander abgrenzen, sondern gleichzeitig die Kultur der eigenen Gruppe gegenüber der Kultur der fremden Gruppe als überlegen bewerten.

Zunächst sollen Untersuchungen zum Einfluß distinkter sozialer Identität auf die Beziehung zwischen den Verhandlungsparteien berichtet werden, um im Anschluß daran den Einfluß einer übergeordneten gemeinsamen sozialen Identität und den Einfluß von überkreuzten Kategorisierungen und somit multiplen sozialen Identitäten zu berichten. Aufgrund fehlender Untersuchungen in internationalen Wirtschaftsverhandlungen werden Studien aus nichtwirtschaftlichen Kontexten und auch Laborexperimente herangezogen. Diese Untersuchungen sind zwar nicht unmittelbar auf internationale Wirtschaftsverhandlungen übertragbar, sie geben jedoch Hinweise darauf, welche Rolle nationale oder auch kulturelle Identität in internationalen Wirtschaftsverhandlungen spielen könnte.

2.2.2 Der Einfluß distinkter sozialer Identitäten auf die Beziehung der Verhandlungsparteien und den Verhandlungsprozeß

Aufgrund fehlender Studien zu den Auswirkungen nationaler Identifikation in Wirtschaftsverhandlungen greife ich auch auf Studien zur nationalen Identität in politischen Verhandlungen und Laborstudien zur Rolle der Identifikationen mit Gruppen zurück. Dabei soll betrachtet werden, wie sich die Betonung gemeinsamer kultureller oder nationaler Identitäten auf den Konfliktprozeß, die Beziehungen der Verhandlungsparteien und die Aufgabenlösung auswirkt.

Nach Tajfel, Flament, Billig und Bundy (1971; Tajfel & Turner, 1986) werden Personen von Mitgliedern der eigenen Gruppe stärker angezogen als von Mitgliedern der Fremdgruppe. Personen nehmen Mitglieder der Eigengruppe positiver wahr und verhalten sich ihnen gegenüber kooperativer. Diese Annahme wird durch die Ergebnisse von Verhandlungsstudien gestützt (Brewer & Kramer, 1986; Kramer, 1991; Kramer, Pommerenke & Newton, 1993). Im Umgang mit Mitgliedern der eigenen Gruppe wird Versöhnung und Ausgleich („conciliation") und im Umgang mit Mitgliedern der Fremdgruppe Druck oder Zwang („coercion") als effektiver betrachtet.

In einer Studie von Keenan & Carnevale (1992, zit. nach Pruitt & Carnevale, 1993) machten Personen gegenüber Mitgliedern der eigenen Gruppe mehr Zugeständnisse und wählten mit größerer Wahrscheinlichkeit eine Problemlösestrategie als gegenüber Mitgliedern der Fremdgruppe. Graham (1985b) fand größere Kooperation in intrakulturellen Verhandlungen als in interkulturellen Verhandlungen.

Der folgende Abschnitt soll Möglichkeiten diskutieren, wie die Kooperation in internationalen und somit auch interkulturellen Verhandlungen erhöht werden kann.

2.2.3 Möglichkeiten, die Diskriminierung des fremdkulturellen Verhandlungspartners abzuschwächen und die Kooperation zwischen den Verhandlungspartnern zu fördern

Hier sollen zwei Versuche dargestellt werden, die Diskriminierung des fremdkulturellen Verhandlungspartners abzuschwächen und die Kooperation zwischen den Verhandlungspartnern zu erhöhen: die Einführung überkreuzter Kategorien und die Einführung einer übergeordneten gemeinsamen Inklusionsebene.

Von der Einführung *überkreuzter Kategorien* erhofften sich Forscher ebenfalls eine Reduktion von diskriminierendem Verhalten und Intergruppenkonflikten. Kategorien sind dann überkreuzt, wenn sie so angelegt werden, daß sie sich überschneiden. So kann zum Beispiel bei einer Überschneidung der Kategorien Beruf und Geschlecht zwischen weiblichen und männlichen Lehrern und weiblichen und männlichen Professoren unterschieden werden. Teilweise konnten Forscher auch zeigen, daß überkreuzte Kategorien diskriminierendes Verhalten reduzieren und Konflikte zwischen den Gruppen reduzieren (Deschamps, 1977; Deschamps & Doise, 1978). Wenn jedoch überkreuzte Kategorien zu einer doppelten Kategorisierung der Eigengruppe gegenüber einer doppelten Kategorisierung der Fremdgruppe führen, wie bei farbigen Frauen und weißen Männern, wurde hingegen eher eine Verstärkung der Abgrenzung von Eigen- und Fremdgruppe beobachtet (Brown & Turner, 1979; Vanbeselaere, 1991). Im Feld wird die Einführung von neuen Kategorien zudem komplexer, da Kategorien unterschiedlichen Status und unterschiedliche Bedeutung besitzen. Somit kann eine Kategorie die andere völlig dominieren. So zeigte sich in Feldstudien in Indien, in denen die Kategorien Klasse, Kaste und Religion (Hagendoorn & Henke, 1991) oder die Kategorien Religion, Nationalität und Sprache (Hewstone, Islam & Judd, 1993) gekreuzt wurden, daß die Kategorie Religion alle anderen Kategorien dominierte. Daher erweist sich die Einführung von überkreuzten Kategorien als problematisch, um positive Einstellungen gegenüber den fremdkulturellen Verhandlungspartnern und Kooperation in interkulturellen Verhandlungen zu fördern.

Eine andere Möglichkeit, die Abwertung der fremdkulturellen Verhandlungspartner zu reduzieren und die Kooperation zwischen Verhandlungsparteien aus unterschiedlichen Kulturen zu erhöhen, könnte darin bestehen, eine *Kategorisierung auf einer übergeordneten gemeinsamen Inklusionsebene* zu ermöglichen, die beide ursprünglichen Gruppen einschließt (vgl. common ingroup identity model von Gaertner, Dovidio,

Anastasio, Bachman & Rust, 1993; Gaertner Dovidio & Bachman, 1996; Gaertner, Mann, Murrel & Dovidio, 1989).

Diesen Effekt einer Kategorisierung auf einer gemeinsamen übergeordneten Inklusionsebene konnten Piontkowski und Öhlschlegel in Untersuchungen zur Kommunikation zwischen Ost- und Westdeutschen (1999) nachweisen. Zahlreiche Studien von Gaertner und Mitarbeitern bestätigen diesen Zusammenhang (Dovidio et al., 1998; Gaertner et al., 1996, 1993, 1989).

In Verhandlungen können formelle Rollen und Beziehungen, die die Gruppengrenzen überschreiten, eine solche übergeordnete gemeinsame soziale Identität schaffen. Eine Rolle definiert die Verhaltensweisen eines Menschen, die von ihm aufgrund seiner Position im sozialen Gefüge, wie etwa des Vaters in der Familie oder des Projektleiters in einem Unternehmen erwartet werden. Wird durch die Position im Unternehmen die Zuständigkeit für unterschiedliche Gruppen definiert, die dem Überleben des Unternehmens als Ganzem dienen, kann eine Kategorisierung als Mitarbeiter des Unternehmens und nicht nur als Mitarbeiter einer Arbeitseinheit gefördert werden. So konnten Friedman und Gal (1992) und auch Pruitt und Rubin (1986) zeigen, daß formelle Rollen und Beziehungen, die Gruppengrenzen überschreiten, die Wahrscheinlichkeit erhöhen, daß die Verhandlungsführer die Verhandlung als ein zu lösendes Problem angehen und somit ein Verhandlungsergebnis erzielen, das beide Seiten zufriedenstellt.

Die Rolle von übergeordneten gemeinsamen Kategorien wird jedoch kontrovers diskutiert. Untersuchungen zu gemeinsamen Entscheidungsprozessen in der Zusammenarbeit unterschiedlicher Gruppen erbrachten widersprüchliche Ergebnisse zur Auswirkung der Einführung einer gemeinsamen sozialen Kategorie für unterschiedliche Gruppen auf die Beziehungen zwischen den Gruppen (Brown & Wade, 1987; Deschamps & Brown, 1983; Marcus-Newhall, Miller, Holtz & Brewer, 1993). In diesen Studien wurden Hypothesen, die aus der Theorie der sozialen Identität (Tajfel, 1978) und aus der Theorie der Selbstkategorisierung (Turner et al., 1987) in Konkurrenz zueinander getestet. In Anlehnung an die Theorie der Selbstkategorisierung sollte eine übergeordnete Kategorie zu einer Verbesserung der Beziehung zwischen den Mitgliedern unterschiedlicher Gruppen führen, während in Anlehnung an die Theorie der sozialen Identität die Einführung einer übergeordneten Kategorie die Distinktheit der bestehenden Gruppengrenzen bedrohe und daher zu einer Verschlechterung der Beziehung zwischen den Gruppen führen sollte. In den folgenden Untersuchungen wird auch wieder die Rolle als übergeordnete gemeinsame Inklusionsebene eingeführt.

Die Ergebnisse von Brown und Mitarbeitern unterstützen eher die aus der Sozialen Identitätstheorie abgeleitete Hypothese, während die Experimente Marcus-Newhalls et al. die Hypothese unterstützen, die aus der Theorie der Selbstkategorisierung abgeleitet wurde. So zeigten Deschamps und Brown (1983) in einem Experiment mit natürlichen Gruppen, daß sich bei einem gemeinsamen übergeordneten Ziel und einer expliziten distinkten Kategorisierung die Differenzierung zwischen den Gruppen erhöht. Ist die distinkte Kategorisierung nicht explizit, dann werden die Mitglieder der Fremdgruppe schlechter bewertet.

Die Untersuchung von Brown und Wade (1987) bestätigt die Annahme, daß bei einem übergeordneten Ziel und bei fehlender Rollendifferenzierung die Einstellung gegenüber der fremden Gruppe negativer ausfällt, als wenn den Gruppen unterschiedliche Rollen zugewiesen werden.

In der experimentellen Untersuchung Marcus-Newhall, Miller, Holtz & Brewer (1993) arbeiteten zwei künstlich gebildete Gruppen für ein gemeinsames übergeordnetes Ziel, entweder unter der Bedingung der Rollenkonvergenz oder Rollendivergenz. Ihr erstes Experiment bestätigt die Annahmen der Selbstkategorisierungs-Theorie, daß identische Rollen im Sinne einer gemeinsamen Kategorisierung zu einer positiveren Bewertung der Mitglieder der ursprünglichen Fremdgruppe führt. In ihrem zweiten Experiment konnten sie dieses Ergebnis unter den Bedingungen bestätigen, daß keine negative Einstellung gegenüber der Aufgabe hervorgerufen wird und die Möglichkeit zur Personalisierung der Gruppenmitglieder gegeben ist.

Die widersprüchlichen Ergebnisse lassen sich eventuell dadurch erklären, daß Brown et al. natürliche und Marcus-Newham et al. künstliche Kategorien für die Bildung der Ausgangsgruppen verwendet haben. Es ist anzunehmen, daß soziale Identitäten, die aufgrund von künstlichen Kategorien gebildet werden, durch die Einführung einer übergeordneten Kategorie, wie durch die Zuweisung einer gemeinsamen Aufgabe oder einer gemeinsamen Rolle, in geringerem Maße bedroht werden als natürliche, da künstliche Kategorien für die Kategorienmitglieder unbedeutender sind als natürliche Kategorien.

Die drei Untersuchungen haben jedoch gemeinsam, daß es sich bei ihnen um Laborstudien handelt. In diesen konnten die Probanden die gemeinsame Kategorie der Rolle nicht freiwillig wählen, sondern sie wurde ihnen auferlegt. Im Feld, wie in deutsch-russischen Wirtschaftsverhandlungen, ist es nicht so leicht möglich, übergeordnete Kategorien aufzuerlegen oder gar ursprüngliche Gruppengrenzen aufzulösen. Dies ist ein bedeutsamer Unterschied zwischen Labor- und Feldstudien, da anzunehmen ist, daß nur auferlegte Kategorisierungen zu einem Bedrohungsgefühl führen. Die „Kategorisierung auf einer übergeordneten Inklusionsebene“ würde wahrscheinlich nicht freiwillig gewählt, wenn die Person sich durch eine solche Kategorisierung bedroht fühlt. Daher ist zu erwarten, daß Personen, die sich freiwillig auf einer übergeordneten Inklusionsebene kategorisieren, wie russische und deutsche Verhandlungsführer zum Beispiel auf der Ebene Europa (Taylor, 1996), Mitglieder der (ursprünglichen) Fremdgruppe positiver wahrnehmen, als Personen, die sich nicht auf dieser übergeordneten Inklusionsebene kategorisieren.

2.2.4 Auswirkung der sozialen Identität auf die Leistung der Gruppen

Deschamps & Brown (1983) untersuchten in Ergänzung zum Einfluß von sozialer Kategorisierung auf die Beziehung zwischen den Gruppen auch die Auswirkung auf dic gemeinsame Leistung. In ihrer Untersuchung führten komplementäre Rollen, die die Kategorisierung verstärken, zwar zu besseren Beziehungen zwischen den Mitgliedern unterschiedlicher Gruppen als identische Rollen für die Mitglieder unterschiedlicher Gruppen. Die Leistung war jedoch höher, wenn den Mitgliedern unterschiedlicher Gruppen die selben Rollen vorgeschrieben wurden. Dies kann sowohl ein Hinweis darauf sein, daß sich die Betonung unterschiedlicher sozialer Identitäten auf die Intergruppenbeziehungen und die Leistung der Gruppen entgegengesetzt auswirkt, daß positive Beziehungen zwischen Gruppen nicht unbedingt mit einer besseren Leistung einhergehen und daß Konflikt und Wettbewerb zwischen den Gruppen die Produktivität fördern kann (vgl. auch Amason & Schweiger, 1997; Bornstein & Erev, 1997; Carnevale & Probst, 1997; Jehn, 1994, 1995, 1997).

Hier zeigen sich Hinweise, daß sich soziale Kategorisierungen und somit soziale Identität auch positiv auswirken kann, wie zum Beispiel auf die Produktivität. In der Regel wird bisher in der beschreibenden Verhandlungsliteratur jedoch eher der negative Einfluß von sozialer, also auch nationaler und kultureller Identität, auf die Verhandlungen behandelt: Abgrenzungsversuche zwischen den Gruppen und das Betonen unterschiedlicher sozialer, also auch nationaler und kultureller, Identitäten erschwere oder eskaliere sogar den Konflikt. (z. B. Faure & Rubin, 1993; Salacuse, 1993; Smyth, 1994) Berühren kulturelle Unterschiede zentrale Aspekte des Selbstkonzeptes, so entwickeln sich nach Faure und Rubin (1993) schwer zu bearbeitende Konflikte. Da das Ziel dieser Arbeit jedoch in der Formulierung von Faktoren besteht, die den Erfolg in Verhandlungen vorhersagen, soll im folgenden weiter der Frage nachgegangen werden, inwiefern soziale Identität den Erfolg von Verhandlungen positiv beeinflussen kann.

2.2.5 Verhandlungen über soziale Identität

Während bisher die Frage behandelt wurde, wie sich soziale Identität auf die Beziehung der Verhandlungspartner, den Verhandlungsprozeß und auch das Verhandlungsergebnis auswirken, soll nun das Augenmerk darauf gerichtet werden, wie soziale Identität verhandelt wird.

Verhandlungen über die Identität unterscheiden sich in bezug darauf, ob soziale Identität explizit oder implizit thematisiert wird (?). In wirtschaftlichen Verhandlungen werden im Gegensatz zu politischen Verhandlungen die soziale und auch nationale Identität nicht expliziter Verhandlungsgegenstand.

In der Verhandlungsliteratur, die sich auf politische Konflikte wie zum Beispiel in Nordirland bezieht (Buckley & Kenney, 1995), werden Bedrohung und Behauptung der nationalen Identität als eigenständiges Konfliktthema neben territorialen und wirtschaftlichen Interessen behandelt, und es werden Richtlinien und Maßnahmen zu einer erfolgreichen Verhandlung der nationalen oder kulturellen Identität entwickelt (Senghaas, 1992; Burton, 1986; Kelman, 1987, 1997; Ropers, 1995). In diesem Fall ist eine Übereinkunft über ihre nationale, ethnische oder kulturelle Identität als Kriterium für den Verhandlungserfolg zu bewerten, im Gegensatz zu wirtschaftlichen Verhandlungen, in denen die nationale Identität nicht als Verhandlungsthema betrachtet wird, für das eine Lösung gefunden werden muß. Daher ist anzunehmen, daß die nationale Identität in internationalen Wirtschaftsverhandlungen eher indirekt verhandelt wird.

Auf welche Weise nationale Identität oder andere soziale Identitäten implizit verhandelt wird, beschreiben soziolinguistische Theorien wie die Speech-Accomodation-Theory (Giles, Mulac, Bradac & Bradac, 1987) in ihren unterschiedlichen Variationen (Gallois, Franklyn-Stokes, Giles & Coupland, 1988; Giles & Johnson, 1987; Gudykunst & Ting-Toomey, 1990) oder die Theorie ethnolinguistischer Vitalität (Bourhis, 1993; Landry & Bourhis, 1997). Personen grenzen sich von anderen Gruppen oder von einem Vertreter einer fremden Gruppe ab, indem sie die sprachlichen Unterschiede wie den Akzent betonen oder ihre eigene Sprache beibehalten, oder sie passen sich dem anderen an, indem sie die eigenen Charakteristika abschwächen und sich dem Sprachstil oder der Sprache des Kommunikationspartners anpassen (Bourhis, 1993; Landry & Bourhis, 1997; Jones et al., 1994; McNamara, 1987; Noels, Pon & Clément, 1992, 1996). Ob eher eine Abgrenzung oder eine Annäherung und Anpassung an den anderen bevorzugt wird, hängt von der angestrebten sozialen Identität und der Beziehung zum Kommunikationspartner bzw. seiner Gruppe ab. Erklärt werden diese Prozesse durch die Theorie sozialer Identität (Tajfel, 1978, 1981) oder die Theorie der Selbstkategorisierung (Turner et al., 1987), die mit soziolinguistischen Theorien zur Sprachkonvergenz integriert werden. Sprachdivergenz und Sprachkonvergenz können Status, soziale Orientierung und die Wahrnehmung sozialer Verhältnisse sowohl reflektieren als auch gestalten. Zahlreiche Studien belegen, wie Sprache soziale Identität und somit auch soziale Beziehungen reflektiert oder als Mittel eingesetzt wird, diese herzustellen, aufrechtzuerhalten oder zu verstärken (vgl. Öhlschlegel-Haubrock, 1998). Ein Beispiel aus internationalen Wirtschaftsverhandlungen kann ebenfalls im Sinne dieser Theorien interpretiert werden: So wurde Englisch lange Zeit als Verhandlungssprache in japanisch-amerikanischen Wirtschaftsverhandlungen akzeptiert. Mit wachsender wirtschaftlicher Stärke wehrt sich die japanische Seite dagegen, sich in der Sprache an den US-amerikanischen Verhandlungspartner anzupassen (Adler & Graham, 1989).

Nationale oder kulturelle Identität kann jedoch nicht nur über Sprache, sondern auch durch andere Mittel, wie zum Beispiel aufgrund von Managementgewohnheiten und Werten, hergestellt werden. In diesem Sinne kann die Tatsache interpretiert werden, daß der größte Teil der interkulturellen Untersuchungen den Vergleichen des Managements zwischen den USA und den sogenannten ostasiatischen „Tigerstaaten" gewidmet ist (vgl. Pearson & Stephan, 1998), wie auch die Dominanz von Managementgewohnheiten selbst. Mit wachsender wirtschaftlicher Unabhängigkeit Japans in den 80er Jahren begannen Japaner sich darüber zu beschweren, daß die US-Amerikaner die Gewohnheiten der Japaner ignorierten (Adler & Graham, 1989).

Wie über Werte soziale Identität in Verhandlungen hergestellt wird, beschreiben Fant und Grinsted (1995). In einer explorativen Studie untersuchten sie, wie ethnische Identität, kulturelle Unterschiede und Auto- und Heterostereotype in interkulturellen Verhandlungen zwischen dänischen Verhandlungsführern und solchen hispanischer Herkunft konstruiert werden. Autostereotype sind in diesem Kontext die Merkmale, durch die Dänen Dänen oder Hispanier Hispanier charakterisieren. Heterostereotype sind in diesem Kontext hingegen die Merkmale, durch die Dänen Hispanier und Hispanier Dänen charakterisieren. Sie gehen davon aus, daß zentrale Werte und Autostereotype konstitutiv für die eigene Identität sind und daß kulturelle Unterschiede in interkulturellen Begegnungen sichtbar werden und somit Auto- und Heterostereotype und auch die soziale Identität aktiviert wird. Sie demonstrieren mit dem Mittel der Diskursanalyse, wie Verhandlungsführer die Strategien der „Assertiveness“ (Selbstbehauptung und Abgrenzung), der Akkommodation und der Vermeidung als Reaktionen auf wahrgenommene kulturelle Wertunterschiede einsetzen. Fant und Grinsted selbst stellen jedoch keinen expliziten Zusammenhang zwischen sozialer Identität und der Wahl bestimmter Strategien her.

Bisher wurde in der Verhandlungsliteratur Divergenz oder Konvergenz von Verhandlungsverhalten noch nicht explizit als Funktion sozialer Identität untersucht.

Jedoch ist die Konvergenz von Verhandlungsverhalten unter dem Begriff des „Matching“ von Verhandlungsstrategien im Sinne der Reziprozitätsnorm ein gut untersuchtes Gebiet (Pruitt & Carnevale, 1993), wenn auch eher in bezug auf ihre strategische Funktionalität in Verhandlungen.[5] Eine Interpretation der Reziprozität

---

[5] Reziproke Reaktionen auf rhetorischem Druck wurden sowohl in Laborstudien (Kimmel, Pruitt, Magenau, Konar-Goldband & Carnevale, 1980; Michener, Vaske, Schleifer, Plazewski & Chapman, 1975; Pruitt & Lewis, 1975) als auch in internationalen Verhandlungen (Druckmann, 1986) aufgezeigt. Auch Problemlöseansätze folgten der Reziprozitätsnorm (Kabanoff & Van de Vliert, 1990; Kimmel et. al., 1980; Pruitt & Lewis, 1975).

Die Befolgung der Reziprozitätsnorm wurde in Abhängigkeit von unterschiedlichen Faktoren untersucht: der wahrgenommenen Verhandlungsmacht, der Verhandlungsstrategie und auch der Verhandlungsphase. Wird die eigene Verhandlungsmacht größer wahrgenommen, ist ein Mismatching von kooperativen Strategien wahrscheinlicher. Putnam und Jones (1982) stellten Reziprozität häufiger bei der Wahl integrativer als distributiver Strategien fest. Ob die Reziprozitätsnorm befolgt wird, hängt auch von der Verhandlungsphase ab. Zu Beginn und Ende der Verhandlungen wird auf Verhandlungsverhalten seltener auf reziproke Weise beantwortet/reagiert, während in der mittleren Verhandlungsphase die Verhandlungsstrategien aneinander angeglichen werden (Pruitt & Carnevale, 1993).

Bei der Funktionalität der Reziprozitätsnorm (für den Verhandlungserfolg) ist zu unterscheiden, ob auf Druck mit Gegendruck reagiert wird oder Kooperativität mit Kooperativität beantwortet wird. Wird Druck mit Gegendruck beantwortet, so kann dies funktional sein, um zu verhindern, daß der andere auf eigene Kosten gewinnt. Ein anfängliches Aufzeigen von Grenzen kann förderlich sein, um für beide Seiten zu einer optimalen Lösung des Konfliktes zu gelangen. Es bringt jedoch auch die Gefahr der Konflikteskalation mit sich. Jedoch auch hier wurden kulturelle Unterschiede in der Effektivität von dominanten Verhandlungsverhalten bei US-Amerikanern und bei Norwegern gefunden (Shapiro & Rognes, 1996).

von Verhandlungsstrategien als Strategie oder Mechanismus, um soziale Identität herzustellen, erscheint jedoch problematisch. Während eine Erwiderung kooperativen Verhaltens durchaus im Dienste der Herstellung einer gemeinsamen sozialen Identität stehen kann, ist eine Erwiderung von Drohungen und Kampfverhalten gerade typisch im Fall bedrohter Identitäten, in denen eine gegenseitige Abgrenzung betont wird.[6]

Adler und Graham (1989) betrachten Konvergenz unterschiedlicher Verhandlungsstile in interkulturellen Verhandlungen als ein Phänomen der Akkulturation oder als Ausdruck der interpersonellen Interaktionsprinzipien der Interaktions-Synchronizität (Condon, 1968) und der Reziprozitätsnorm (Gouldner, 1960). Sie können zeigen, daß nicht alle kulturellen Unterschiede des Verhandlungsstils, die sich in intrakulturellen Verhandlungen zeigen, auch in interkulturellen Verhandlungen auftreten. Worauf diese Konvergenz zurückzuführen ist, wird durch diese Studie nicht aufgezeigt (noch nicht einmal, ob diese Konvergenz nicht nur zufälliger Art ist).

Wie die Verhandlungsparteien ihre soziale Identität „managen", bleibt nicht ohne Wirkung für den Verhandlungserfolg: Unter Rückbezug auf die Theorie der sozialen Identität (Tajfel & Turner, 1986) untersuchte Francis (1991), wie sich ein unterschiedliches Ausmaß von Sprachkonvergenz auf die wahrgenommene Attraktivität und wahrgenommene Effektivität von Verhandlungsführern auswirkt. So nahmen sie an, daß eine Überanpassung an die Fremdkultur von dem fremdkulturellen Verhandlungspartner als Bedrohung der sozialen Distinktheit erlebt wird und daher auch als ineffizienter für Verhandlungen bewertet wird. Studenten der Wirtschaftswissenschaften, die allesamt Arbeitserfahrung als Manager besaßen, beurteilten ein Szenario, in dem die Verhandlung zwischen einem japanischen oder koreanischen und einem amerikanischen Verhandlungsführer transkribiert wurde. Es existierten drei Formen von Szenarien. Diese variierten drei Stufen des Kommunikationsstils. Der Kommunikationsstil betraf sowohl die linguistische Anpassung, darunter die Sprachform, die

Antwortet ein Verhandlungsführer auf eine dominante Strategie mit Zugeständnissen, so verletzt er die Reziprozitätsnorm und riskiert einen Imageverlust, der ihn als den Schwächeren in der Verhandlung erscheinen läßt. Reagiert eine Verhandlungsführer auf ein kooperatives Angebot unkooperativ, so verletzt er die Reziprozitätsnorm und riskiert einen Vertrauensverlust und das Scheitern der Verhandlungen. Kooperatives Verhalten bringt immer das Risiko mit sich, ausgenützt zu werden (Pruitt & Carnevale, 1993).

[6] Jedoch ist Drohverhalten als eine distributive Strategie auf die Komplementarität des Reagierenden ausgerichtet, während Problemlösen als integrative Strategie auf die Symmetrie zwischen den Verhandlungspartnern abzielt. Zu unterscheiden ist bei der Konvergenz und Divergenz von Verhandlungsstrategien auch zwischen Wahrnehmung und tatsächlichem Verhalten in Konfliktsituationen: So zeigten DeDreu, Nauta & Van De Vliert (1995) in einer Untersuchung zu interpersonalen Verhandlungen, daß die Verhandlungsführer in der Wahrnehmung durchaus zwischen dem eigenen Verhandlungsverhalten und dem des anderen zu eigenen Gunsten differenzieren, während beide Parteien sich durch ein dominantes Kampfverhalten auszeichnen. Diese selbstwertstützenden Wahrnehmungen tragen zur Eskalation des Konfliktes bei.

Syntax und der Gebrauch von idiomatischen Ausdrücken, als auch das verwendete soziolinguistische Protokoll wie die Begrüßung, die Formalität und die Konventionen (z. B. die Anrede mit dem Vornamen). Francis konnte zeigen, daß die Probanden eine moderate Anpassung des Kommunikationsstils attraktiver einschätzten als eine vollständige oder gar keine Anpassung. Zudem beurteilten sie die Wahrscheinlichkeit, einen Vertrag abzuschließen, bei einer moderaten Anpassung am höchsten. Sie erklärte diese Ergebnisse dadurch, daß eine moderate Anpassung die soziale Identität weniger bedrohe als eine vollständige Anpassung an die andere Kultur.

2.2.6 Fazit

Die Herstellung und Aufrechterhaltung sozialer Identität ist nicht an sich negativ zu bewerten. Wenn sich die Mitglieder der Untergruppen in bezug auf eine gemeinsame übergeordnete Gruppenkategorie definieren, so sind „positive" Beziehungen zwischen den Mitgliedern der zwei unterschiedlichen Untergruppen zu erwarten.

Aufgrund des referierten Forschungsstandes zur Rolle nationaler Identität in internationalen Wirtschaftsverhandlungen erscheint es sinnvoll, den Einfluß nationaler Identität in diesem Kontext systematischer zu untersuchen. Daher soll hier der Frage nachgegangen werden, wie sich wahrgenommene Konvergenz und Divergenz des Verhandlungsverhaltens als Funktion (Folge) nationaler Identifikation auf das Verhandlungsergebnis auswirken.

2.3 Stereotype in internationalen Wirtschaftsverhandlungen

Die Literatur über internationale Wirtschaftsverhandlungen gibt kaum Auskunft über die Rolle von Stereotypen. Daher wird hier bei der Beantwortung der Frage, welche Rolle Stereotype in internationalen Wirtschaftsverhandlungen spielen, auf Literatur zur Rolle von Stereotypen in Verhandlungen und im Konfliktmanagement aus dem interpersonellen, intraorganisationalen und politischen Bereich zurückgegriffen. Stereotype sollen hier in Anlehnung an Oakes, Haslam und Turner (1994) definiert werden als die Merkmale, die einer Gruppe als charakteristisch zugeschrieben werden.

Das Ergebnis einer Interaktion hängt vom Verhalten beider Verhandlungsparteien ab. In ökonomischen Märkten sind die Parteien in der Regel positiv und negativ voneinander abhängig (mixed motive interdepence) (Messick & Brewer, 1985; Lopes, 1994). Kooperative Motive sind aufgrund einer positiven Zielabhängigkeit oder Interessenabhängigkeit gegeben, und kompetitive Motive aufgrund von gegensätzlichen Interessen. Diese „gemischten Motive" versetzen Verhandler in ein Dilemma (Kelley, 1966; Lax & Sebenius, 1986; Walton & McKersie, 1965): Sollen sie sich kooperativ oder kompetitiv verhalten? Kooperieren beide Parteien, gewinnen sie am meisten. Kooperiert eine Partei, zum Beispiel indem sie der anderen Partei wichtige Informationen anvertraut, und verhält sich die andere Partei kompetitiv, indem sie diese Informationen zum Schaden der anderen Partei ausnützt, so ist Kooperation eine wenig gewinnbringende Strategie. Es verlieren jedoch beide Parteien, wenn beide nur darauf ausgerichtet sind, Vorteile zu erringen.

Verhandlungsführer müssen sich unter Unsicherheit für eine kooperative oder kompetitive Strategie entscheiden, weil sie die Reaktion der anderen Verhandlungspartei nicht kennen und doch von ihr abhängig sind. Daher beeinflussen Erwartungen über das zukünftige Verhalten des Verhandlungspartners das eigene Verhalten. Wenn ein Verhandlungsführer erwartet, daß sich die andere Verhandlungspartei auch kooperativ verhält, verhält er sich ebenfalls eher kooperativ (Pruitt & Kimmel, 1977).

Vor dem Hintergrund dieser Darlegungen ist es plausibel, daß sich die genaue Einschätzung des Verhandlungspartners (judgmental accuracy) sich in empirischen Untersuchungen als zentraler Erfolgsfaktor in Verhandlungen erwiesen hat (Arunalacham & Dilla, 1995; Thompson, 1990a, b, Thompson & DeHarpport, 1994).

Die Einschätzung des Verhandlungspartners kann sich auf unterschiedliche Informationsquellen stützen: auf kooperative Erfahrungen mit der anderen Person aus früheren Verhandlungen oder auf Informationen anderer, daß der Verhandlungspartner moralisch und ehrlich sei (McClintock & Liebrand, 1988; Van Lange & Kuhlmann, 1994; Van Lange & Liebrand, 1989). Ist der Verhandlungspartner unbekannt, so ziehen Verhandlungsführer Stereotypen als Heuristiken heran, um das Verhalten der anderen Verhandlungspartei vorherzusagen und zu interpretieren (Jönsson, 1990). In der sozialen Interaktion werden Wahrnehmung und Verhalten häufig durch soziale Stereotypen beeinflußt (z. B. bei Brewer, 1988; Stroebe & Insko, 1989; Fiske & Neuberg, 1990; Leyens, Yzerbyt & Schadron, 1994; Oakes, Turner & Haslam, 1994). Es ist auch davon auszugehen, daß Verhandlungsführer in internationalen Verhandlungen verstärkt auf Stereotype zurückgreifen. In einer Situation der Beurteilungsunsicherheit müssen Verhandlungsführer über Verhandlungsstrategie und -verhalten entscheiden. Bei diesem Prozeß der Entscheidungsfindung ist das Selbst in starkem Maße beteiligt. Druck und Selbstbeteiligung fördern das Bedürfnis nach geschlossenen Gestalten („closure“) (Kruglanski & Webster, 1991; Webster & Kruglanski, 1998), pragmatischen Urteilen (Fiske, 1992, Neuberg & Fiske, 1987) und die Suche danach, Hypothesen zu bestätigen und nicht zu widerlegen (Gollwitzer, Heckhausen & Seller, 1990). Diese Bedingungen und daraus resultierenden Motive verstärken eine Entscheidungsfindung auf der Grundlage von stereotypen Erwartungen an den Verhandlungspartner.

In Laborstudien wurde gezeigt, daß Verhandlungsführer sich positiv verhielten, wenn das Stereotyp ein kooperatives Verhalten erwarten ließ, wie zum Beispiel bei Theologen, und sich kompetititv verhielten, wenn die Gruppenangehörigkeit ein kompetitives Verhalten indizierte, wie zum Beispiel bei Wirtschaftsstudenten (De Dreu, Yzerbyt & Leyens, 1995).

Auffallend ist, daß Stereotypen in der Verhandlungsliteratur[7] *meist negativ bewertet* werden. Sie werden in bezug auf ihren negativen, abwertenden Inhalt betrachtet, in bezug auf den invaliden Prozeß der Stereotypisierung und ihren schädlichen Einfluß auf den Verhandlungsprozeß und das Verhandlungsergebnis.

Der *Stereotypisierungsprozeß* wird in der Verhandlungsliteratur als fehlerhaft dargestellt (z.B. Lewicki, Saunders & Minton, eds., 1997). Informationen werden selektiv verarbeitet und Erinnerungen verzerrt (Donellon & Kolb, 1997; Rubin, 1991). Stereotypisierung wird als vereinfachende Informationsverarbeitung bewertet und auf begrenzte kognitive Kapazität zurückgeführt. Da Streß die kognitive Kapazität begrenzt, tritt Stereotypisierung besonders unter Beanspruchung auf (De Dreu et al., 1995; Bodenhausen, 1988, 1990). In Übereinstimmung mit der Charakterisierung des Stereotypisierungsprozesses als einer vereinfachenden Informationsverarbeitung wird dem *Inhalt von Stereotypen* auch ein vereinfachendes Bild der Realität zugeschrieben. Folglich werden Stereotypen durch Schwarz-Weiß-Denken und Extremurteile charakterisiert. Stereotype vereinfachen also nicht nur die Realität, sondern bewerteten sie auch. Extremurteile werden in der Form gefällt, daß der anderen Verhandlungspartei nur diabolische Eigenschaften und der eigenen Verhandlungspartei engelsgleiche Eigenschaften zugeschrieben werden (Blake & Mouton, 1962; Rubin, Pruitt & Kim, 1986, 1994; Struch & Schwartz, 1989). Dieses war zur Zeit des kalten Krieges sowohl für den Westen als auch für den Osten charakteristisch (Jönsson, 1979).

Insbesondere in konfliktären Situationen schreiben sich jeweils beide Parteien positive Eigenschaften und der anderen Partei negative Eigenschaften zu. Für dieses Phänomen prägte Bronfenbrenner (1961) den Begriff der „mirror images". Während der Zeit des kalten Krieges gingen die Bürger sowohl in der USA als auch in der Sowjetunion, bzw. im Westen und im Osten, von einem diabolischen Feindbild und einem engelsgleichen Selbstbild aus (mirror images, Bronfenbrenner, 1991; Frank, 1983, Sande, Goethals, Ferrari & Worth, 1989; White, 1983).

Auch in der neueren Konflikt- und Verhandlungsliteratur werden Stereotype als Abwertung der fremden Gruppe betrachtet (z. B. Donellon & Kolb, 1997). Nicht nur der Stereotypisierungsprozeß und der Inhalt von Stereotypen werden negativ bewertet, sondern auch ihr Einfluß auf den *Verhandlungsprozeß und das Ergebnis*. So werde die internationale und interkulturelle Kommunikation durch Stereotype und historische Analogien erschwert. Als Beleg führt Jönsson (1979) das Stereotyp von der sowjetischen Inflexibilität und Unehrlichkeit in den 70er Jahren an. Es liege im Verhandlungscharakter, daß negative Bilder von der anderen Verhandlungspartei hervorgerufen würden. Jönsson fordert Forschung, um die Fragen zu beantworten, warum der Verhandlungscharakter negative Bilder von der anderen Verhandlungspartei hervorrufe und was dagegen unternommen werden könne. Noch drastischer bewerten andere Autoren den Einfluß von Stereotypen in Verhandlungen: Wenn Verhand-

[7] Es werden hier keine Aussagen zum aktuellen Stand der Stereotypisierungsforschung gemacht, sondern darüber, wie Stereotypen in der Verhandlungsliteratur überwiegend bewertet werden.

lungsführer sich auf Stereotype stützen, vermeiden sie zunehmend, mit der anderen Partei zu kommunizieren (Coleman, 1957) und zeigten sich weniger empathisch (White, 1984). Negative Einstellungen gegenüber der anderen Verhandlungspartei und negative Wahrnehmungen fördern Nullsummen-Denken. Das heißt, ein Gewinn einer Verhandlungsseite wird immer als Verlust oder Niederlage der anderen Verhandlungsseite wahrgenommen. In der Folge werden auch mehrdeutige Handlungen schneller negativ bewertet und als bedrohlich wahrgenommen (Pruitt, 1965). Die Wahrnehmung, bedroht zu werden, senkt die Hemmschwelle, Vergeltungsschläge auszuführen (Rogers & Prentice-Dunn, 1981). Die Darstellung des Verhandlungspartners als Unmensch ohne Individualität rechtfertigt und fördert Maßnahmen, die der anderen Verhandlungspartei schaden (Burn & Oskamp, 1989; Koopman, Snyder & Jervis, 1989; Rubin, Pruitt & Kim, 1986, 1994). Der Konflikt eskaliert und eine Lösung des Konfliktes wird erschwert (Bodenhausen, 1988, 1990; De Dreu et al., 1995; Glasl, 1980, 1994; Rubin, Pruitt & Kim, 1986, 1994). Stereotypen werden auf diese Weise zu selbsterfüllenden Prophezeiungen (Rubin, 1991; Rubin, Kim & Peretz, 1990), da ein unfaires Verhandlungsverhalten auch mit größerer Wahrscheinlichkeit wieder Vergeltungsschläge hervorruft. Daher reflektieren Stereotype nicht nur konfliktäre Beziehungen, sondern tragen auch dazu bei, den Konflikt zu eskalieren (Burn & Oskamp, 1989; Koopman, Snyder & Jervis, 1989). Vor dem Hintergrund dieser Ausführungen erscheint es plausibel, daß die den Stereotypen zugeschriebene Änderungsresistenz als schwerwiegendes Problem betrachtet wird. (z. B. Baron, 1997; Donellon & Kolb, 1997).

2.3.1 Funktionen von Stereotypen

Im folgenden sollen in einem ersten Schritt die Funktionen, die Stereotypen in der *Verhandlungsforschung* zugeschrieben werden, mit den Funktionen verglichen werden, die Stereotypen in der *Stereotypenforschung* zugeschrieben werden. Das Ziel dieses Vergleichs besteht darin, aufzuzeigen, daß in der Verhandlungsforschung bisher nur ein kleiner Ausschnitt der möglichen Funktionen von Stereotypen betrachtet wurde, die Stereotypen in der Stereotypisierungsforschung zugeschrieben werden. In einem zweiten Schritt sollen die Funktionen von Stereotypen näher betrachtet werden, von denen aufgrund der bisherigen Darlegungen zu erwarten ist, daß sie die Identifikation von Konfliktursachen und von Faktoren zur Vorhersage des Verhandlungserfolges ermöglichen.

Vergleicht man die Funktionen von Stereotypen, die in der Verhandlungsforschung betrachtet werden, mit den Funktionen, die in der Stereotypenforschung berücksichtigt wird, so fällt auf, daß nur ein kleiner Ausschnitt beleuchtet wird. In der *Verhandlungsliteratur* werden Stereotypen die Funktion zugeschrieben,

- angesichts der komplexen Welt und unserer begrenzten kognitiven Kapazität Information zu vereinfachen im Dienste der kognitiven Ökonomie (Jönsson, 1990),

- den Selbstwert zu verteidigen und zu stützen (Lewicki et al., 1997),
- eigenes Verhalten zu rechtfertigen (Rubin, Pruitt & Kim, 1986, 1994).

Diese Funktionen von Stereotypen führen dazu, daß der Inhalt von Stereotypen die Fremdgruppe abwertet. Wenn man aufgrund dieser Stereotype das Verhandlungsverhalten des Verhandlungspartners vorhersagt, wirken Stereotype wie selbsterfüllende Prophezeiungen und eskalieren den Konflikt.

Diese Betrachtung von Stereotypen impliziert, daß Stereotypisierung nicht wünschenswert ist und individualisierte Information der Information über Gruppen vorzuziehen ist (vgl. auch Oakes, Haslam & Turner, 1994). Individualisierten Informationen wird größere Beurteilungsgenauigkeit zugestanden. Da diese als einer der zentralen Erfolgsfaktoren in Verhandlungen bewertet wird, werden Stereotype als schädlich für den Verhandlungserfolg bewertet und es wird nach Möglichkeiten gesucht, der Stereotypisierung entgegenzuwirken (z. B. Baron, 1997; Jönsson, 1990; De Dreu, Nauta & Van de Vliert, 1995).

In Abgrenzung zu den Funktionen, die Stereotypen in der Verhandlungsliteratur zugeschrieben werden, sollen nun die Funktionen betrachtet werden, die *Stereotypen in der Stereotypenforschung* zugeschrieben werden. In der Stereotypisierungsliteratur findet man eine wesentlich größere Bandbreite individuell und sozial bedeutsamer Funktionen von Stereotypen als in der Verhandlungsliteratur. Zu den *individuell bedeutsamen Funktionen* gehören:

- die Reduktion kognitiver Komplexität (Brewer, 1988; Fiske & Neuberg, 1990; Hamilton & Trollier, 1986),
- ein Zugewinn an Information (Bodenhausen, 1992; Leyens, Yzerbyt & Schadron, 1994; Oakes, Haslam & Turner, 1994),
- die effektive Planung des eigenen Verhaltens (Judd & Park, 1993; Leyens, Yzerbyt & Schadron, 1994; Ryan, Judd & Park, 1996),
- Aufrechterhalten und Schützen des eigenen Wertsystems (Katz, 1960; Tajfel, 1981b) und
- die Verteidigung des individuellen Selbstwertes (Fishman, 1956; Leyens, Yzerbyt & Schadron, 1994).

Zu den *sozial bedeutsamen Funktionen* von Stereotypen gehören:

- das Herstellen und die Reflektion der Beziehungen zwischen Gruppen (Oakes, Haslam & Turner, 1994; Turner et al., 1987)
- das Herstellen und Aufrechterhalten einer sozialen Identität, was sich auf die Abgrenzung von anderen Gruppen bezieht und keine Bewertung beinhaltet (Oakes, Haslam & Turner, 1994; Turner et al., 1987)
- das Herstellen und Aufrechterhalten einer positiven sozialen Identität, die die Abwertung der fremden Gruppe gegenüber der eigenen impliziert (Oakes, Haslam & Turner, 1994; Turner et al., 1987)
- das Liefern sozialer Erklärungen für Kategorisierungen und Intergruppenbeziehungen (Oakes, Haslam & Turner, 1994; Turner et al., 1987) und
- das Beachten sozialer Regeln (Leyens, Yzerbyt & Schadron, 1994).

Wie aus dieser Liste zu schließen ist, hängt die Bedeutung der Funktionen von Stereotypen auch von Ziel und Zweck der Interaktion ab. Nun sollen die Funktionen von Stereotypen näher betrachtet werden, von denen zu erwarten ist, daß sie für die Erreichung der Ziele in internationalen und somit auch deutsch-russischen Wirtschaftsverhandlungen bedeutsam sind.

Das heißt, es sollen die Funktionen von Stereotypen betrachtet werden, die es ermöglichen, Ursachen von kulturell bedingten Konflikten zu identifizieren und darauf aufbauend Faktoren zu formulieren, die das Erreichen der Verhandlungsziele, also des Verhandlungserfolges vorhersagen. In den bisherigen Ausführungen wurden drei Faktoren als Ursachen von kulturell bedingten Konflikten oder Bedingungen für Verhandlungserfolg genannt, die genaue Vorhersage des fremdkulturellen Verhandlungsverhaltens sowie das Management der sozialen Identität und das Management der Beziehungen der verschieden kulturellen Verhandlungsparteien. Dem Beziehungsmanagement ist aufgrund der unsicheren juristischen Situation ein besonderes Gewicht beizumessen. Daher ist davon auszugehen, daß folgende Funktionen von Stereotypen in internationalen und somit auch deutsch-russischen Wirtschaftsverhandlungen bedeutsam sind:

1. die effektive Planung des eigenen Verhaltens und somit der genauen Verhaltensvorhersage des fremdkulturellen Verhandlungspartners,
2. das Herstellen und Aufrechterhalten sozialer Identität und
3. das Herstellen und die Reflektion der Beziehungen zwischen Gruppen.

Zu 1.) Die effektive Planung des eigenen Verhaltens

Wenn Stereotype der Verhaltensplanung dienen, wie der Planung des Verhandlungsverhaltens in deutsch-russischen Wirtschaftsverhandlungen, werden sie zu diagnostischen Urteilen über Personen und Gruppen. Diagnostische Urteile über Personen oder Gruppen sollen deren Verhalten möglichst genau vorhersagen. Auf der Grundlage dieser Urteile (oder Stereotypen) planen einzelne Personen ihr Verhalten der beurteilten Person gegenüber. Je realistischer sie die andere Person einschätzen, desto effektiver können sie ihr Verhalten planen, so daß es der Erreichung eigener Ziele dient (Judd & Park, 1993; Ryan, Judd & Park, 1996).

In der Funktion der Verhaltensplanung reflektieren Stereotype die sogenannte „objektive" Realität (Judd & Park, 1993; Leyens, Yzerbyt & Schadron, 1994). Urteile über Personen können mit der Realität übereinstimmen. Das Gleiche gilt für stereotype Urteile als Urteile über die Merkmale von Gruppen.

Wie erfolgreich Stereotypen als Heuristiken sind, hängt dann davon ab, wie genau sie das Verhalten des fremdkulturellen Verhandlungspartners antizipieren. Die Wahrscheinlichkeit des Erfolges wächst, wenn die Stereotypen tatsächliche kulturelle Unterschiede und Gemeinsamkeiten reflektieren, das heißt, wenn das individuelle Fremdstereotyp des fremdkulturellen Verhandlungsverhaltens und das von den fremdkulturellen Verhandlungsführern bevorzugte Verhandlungsverhalten übereinstimmen. Bei diesem Verständnis von Stereotypen ist die Kenntnis kultureller Unterschiedc und Gemeinsamkeiten identisch mit dem Stereotyp, das die kulturellen Unterschiede und Gemeinsamkeiten reflektiert.

Zu 2.) Herstellen und Reflektieren von Beziehungen zwischen den Gruppen (sozialer Realität)

Soziale Realität ist die Wahrnehmung von der Welt, die als wahr und real angesehen wird, weil mehrere Personen, eine Gruppe oder auch Gruppen in Übereinstimmung miteinander sie als solche definieren. Der Begriff der sozialen Realität beinhaltet immer eine subjektive Betrachtungsweise und einen Konsens zwischen mehreren Personen über diese Betrachtungsweise. Im Gegensatz zum Begriff der sozialen Realität geht der Begriff der Realität oder der „objektiven" Realität davon aus, daß unabhängig von Personen Tatbestände festgestellt werden können.

Die Sichtweise der sozialen Welt ist durch die soziale Identität der Personen und ihre Beziehungen zu anderen Personen und Gruppen geprägt. Stereotype reflektieren die soziale Identität der Personen und ihre Beziehungen zu anderen. „Konsens oder Dissens über Beziehungsdefinitionen" spiegelt sich auch im Konsens und Dissens der Bilder wieder, die die Gruppen voneinander haben (Turner et al., 1987; Oakes, Haslam & Turner, 1994; 1997). Das heißt, wenn das individuelle Fremdstereotyp über das fremdkulturelle Verhandlungsverhalten mit dem fremdkulturellen Eigenstereotyp des eigenkulturellen Verhandlungsverhaltens übereinstimmt, dann ist Konsens gegeben.

Zu 3.) Herstellen und Aufrechterhalten sozialer Identität

Eine weitere Funktion von Stereotypen kann darin bestehen, soziale Identität herzustellen und aufrechtzuerhalten. Soziale Identität kann hergestellt und aufrecht erhalten werden, indem auf relevanten Vergleichsdimensionen die Ähnlichkeit zu den Mitgliedern der eigenen Gruppe und die Unterschiede zu Mitgliedern der anderen Gruppe betont werden.

Die Identifikation mit einer übergeordneten gemeinsamen Kategorie wurde bereits zuvor als Erfolgsfaktor für internationale Wirtschaftsverhandlungen eingeführt. Wenn sich die Mitglieder unterschiedlicher Gruppen auf einer übergeordneten Inklusionsebene kategorisieren, dann sollten sie die Ähnlichkeiten zwischen den Mitgliedern beider Gruppen betonen (Oakes, Haslam & Turner, 1994; Turner et al., 1987).

Zusammengefaßt sind die Konsequenzen von Stereotypen nicht immer als negativ zu bewerten. Im Gegensatz können ***Stereotypen*** auch ***als Erfolgsfaktoren*** in internationalen und somit deutsch-russischen Wirtschaftsverhandlungen dienen, und zwar dann,

- wenn sie kulturelle Unterschiede und Gemeinsamkeiten im Verhandlungsverhalten reflektieren,
- wenn ein Konsens in bezug auf das Selbst- und Fremdbild des fremdkulturellen Verhandlungsverhaltens herrscht und
- wenn sie die Ähnlichkeit im Verhandlungsverhalten zwischen den Verhandlungsführern der unterschiedlichen Nationen oder Kulturen betonen.

Hier wird schon ersichtlich, daß Widersprüche auftreten, wenn diese Funktionen gleichzeitig erfüllt werden sollen. Wie können Stereotypen gleichzeitig kulturelle Unterschiede reflektieren und Ähnlichkeiten im Verhandlungsverhalten betonen? Angenommen, das Selbstbild des eigenkulturellen Verhandlungsverhalten weicht vom tatsächlichen Verhandlungsverhalten ab, wie können Stereotype zugleich konsensual mit dem fremdkulturellen Eigenstereotyp und dem bevorzugten fremdkulturellen Verhandlungsverhalten übereinstimmen? Wie sehen die Stereotype in so einem Falle aus? Welchen Funktionen werden sie gerecht und welche Konsequenzen hat das für die kulturell bedingten Konflikte und den Verhandlungserfolg?

Wie Stereotype die drei Funktionen des Identitätsmanagements, des Beziehungsmanagements und der Verhaltensvorhersage erfüllen, soll genauer unter Rückbezug auf sozialpsychologische Theorien analysiert werden.

3 Sozialpsychologische Analyse der Funktionen von Stereotypen

In diesem Kapitel soll vor dem Hintergrund sozialpsychologischer Theorien unter besonderer Berücksichtigung der Theorie der Selbstkategorisierung (Turner et al., 1987) den Fragen nachgegangen werden, wie Stereotype die genannten Funktionen erfüllen, nämlich „soziale Identität herzustellen und aufrechtzuerhalten", „Konsens in bezug auf die Beziehungsdefinition herzustellen oder zu reflektieren" und das „Verhandlungsverhalten des Verhandlungspartners vorherzusagen".

Darüber hinaus soll der Frage nachgegangen werden, wie sich die Erfüllung der einzelnen Stereotypisierungsfunktionen auf den „wahrgenommenen Konflikt" und den „wahrgenommenen Verhandlungserfolg" in deutsch-russischen Wirtschaftsverhandlungen auswirkt.

3.1 Die Funktion, soziale Identität herzustellen und aufrechtzuerhalten

3.1.1 Wie kann über Stereotypisierung soziale Identität hergestellt und aufrecht erhalten werden?

Wie unter Kapitel 2.3.1 „Funktionen von Stereotypen" (S. 27ff) beschrieben, dienen Stereotype unter anderem der Funktion, soziale Identität herzustellen und aufrechtzuerhalten und Beziehungen zwischen der eigenen und anderen Gruppen zu definieren. Eine Theorie, die diese Prozesse erklärt, ist die Theorie der Selbstkategorisierung (Turner et al., 1987). Diese Theorie erklärt, wann unterschiedliche Selbstkonzepte (Identitäten), wie das personale und das soziale Selbstkonzept, wirksam werden und wie die Aktivierung unterschiedlicher Selbstkonzepte Wahrnehmung und Verhalten beeinflußt. Das Selbstkonzept versteht Turner et al. als eine Kategorisierung des Selbst, die auf unterschiedlichen Abstraktionsebenen, wie der interpersonalen, der intergruppalen und der Ebene der Interspezies, erfolgen kann. Auf welcher Ebene die Kategorisierung erfolgt, hängt von dem Zusammenwirken der folgenden Faktoren ab:

- wie gut diese Kategorie bei der Person generell verfügbar ist (chronische Akzessibilität),
- wie konsistent diese Kategorie die vorgefundenen Unterschiede abbildet (komparativer Fit)
- wie gut die vorgefundenen Unterschieden mit den Merkmalen übereinstimmen, die dieser Kategorie zugeordnet werden (normativer Fit).

Diese Annahme ist in der Literatur auch als Akzessibilitäts- x Fit-Hypothese (Oakes, 1987; Oakes, Turner & Haslam, 1991; Turner, 1985) bekannt. Je besser eine Kategorie verfügbar ist, desto geringer muß die Passung ausgeprägt sein, damit die Kategorie psychologisch wirksam wird. Dieser Sättigungseffekt wird in zahlreichen Untersuchungen von Blanz (1999) nachgewiesen. Da die Nationalität bei den meisten Personen eine hoch akzessible Kategorie ist, kann davon ausgegangen werden, daß sie unabhängig von der Stärke der Passung psychologisch wirksam wird (Blanz, 1999a, 1999b, 1999c), das heißt, daß Personen versuchen, nationale Identität (als eine Form der sozialen Identität) herzustellen und aufrechtzuerhalten. Ein Mittel, soziale Identität herzustellen und aufrechtzuerhalten, besteht darin, die eigene Gruppe von anderen Gruppen auf Merkmalsdimensionen abzugrenzen, die im gegebenen Kontext relevant sind. Das heißt, die Ähnlichkeiten innerhalb der Gruppe und die Unterschiede zwischen den Gruppen werden auf diesen Merkmalsdimensionen betont. Dies ist nichts anderes als ein Stereotypisierungsprozeß. Stereotypisierung ist definiert als die Zuordnung von Merkmalen zu Gruppen.

Nicht nur die fremde und die eigene Gruppe können Objekte der Stereotypisierung werden, sondern auch die eigene Person (Simon, Glässner-Bayerl & Stratenwerth, 1991; Simon & Massau, 1991). Ein deutscher Verhandlungsführer kann deutsche Verhandlungsführer allgemein als effizient wahrnehmen und die eigene Person insbesondere. Wenn ein deutscher Verhandlungsführer den deutschen Verhandlungsführern die Eigenschaft der Effizienz in starkem Maße zuschreibt und sich in ganz besonderem Maße, dann nimmt sich die Person zumindest in dieser Hinsicht als einen sehr prototypischen deutschen Verhandlungsführer wahr.

In der Regel wird das Ausmaß der Selbststereotypisierung - auch Prototypizität - über die wahrgenommene Ähnlichkeit zur eigenen Gruppe oder über das wahrgenommene Ausmaß der Unterschiede zur eigenen Gruppe bestimmt (Simon, Hastedt & Aufderheide, 1997; Spears, Doosje & Ellemers, 1997). Da hier jedoch zwei Vergleichsgruppen den Kontext definieren, die russischen und die deutschen Verhandlungsführer, sollen auch beide in den Vergleich einbezogen werden. Würde nur die eigene Gruppe als Vergleichsgruppe und somit als Bezugspunkt des Vergleiches dienen, erhielte man wenig aussagekräftige Maße: Ein geringer Abstand von der eigenen Gruppe könnte durch einen noch geringeren Abstand von der fremden Gruppe begleitet werden. Es wäre nicht plausibel zu behaupten, daß eine Person mit diesem Wahrnehmungsmuster sich als typisches Mitglied der eigenen Gruppe wahrnimmt. Daher soll hier die „wahrgenommene Prototypizität" eines Gruppenmitgliedes innerhalb einer Gruppe in Anlehnung an den Metakontrast (Oakes, Haslam & Turner, 1994, 98; 1989, S. 259-265) definiert werden: Die „wahrgenommene Prototypizität" bestimmt sich über die wahrgenommene Ähnlichkeit bzw. Unterschiedlichkeit zur Eigengruppe in Relation zu der wahrgenommenen Ähnlichkeit bzw. Unterschiedlichkeit zur Fremdgruppe.

Es ist anzunehmen, daß die Betonung von Unterschieden zwischen den Gruppen dann für den einzelnen Verhandlungsführer relevant ist, wenn sie auch für seine

Selbstdefinition bedeutsam ist, das heißt, wenn sich der einzelne Verhandlungsführer als prototypisch definiert.

Hier entsteht die Frage, welche Bedingungen gegeben sein müssen, damit sich ein Individuum als prototypisch für seine Gruppe wahrnimmt. Die Theorie der sozialen Identität und die Theorie der Selbstkategorisierung formulieren unterschiedliche Bedingungen. Während die Theorie der Selbstkategorisierung nur die kognitiven Prozesse betrachtet, schließt die Theorie der sozialen Identität auch emotional-motivationale Prozesse ein. Aufgrund dieser Voraussetzungen werden aus beiden Theorien auch unterschiedliche Schlußfolgerungen abgeleitet.

Nach der Theorie der Selbstkategorisierung (Turner et al., 1987; Oakes et al., 1994) ist zu erwarten, daß Unterschiede zwischen den Gruppen und Ähnlichkeiten innerhalb der Gruppen betont werden, wenn die Kategorie der Gruppe psychologisch wirksam (salient) wird. Eine Betonung der Ähnlichkeiten innerhalb der Gruppe (Ingroup-Homogenisierung) gehe mit einer Depersonalisierung einher. Nach Oakes, Haslam und Turner (1994, pp. 161) treten innerhalb des selben komparativen und normativen Kontextes Ingroup-Homogenisierung und Outgroup-Homogenisierung gleichzeitig auf. Das Phänomen der Outgroup-Homogenisierung ist in Wirklichkeit darauf zurückzuführen, daß bei der Einschätzung der Fremdgruppe automatisch eine Intergruppensituation salient werde, während die Einschätzung der Eigengruppe bei fehlendem Vergleich mit einer Fremdgruppe einen interpersonalen Vergleich salient mache.

Diese Annahme wird jedoch nicht von allen Forschern geteilt (Judd & Park, 1993; Linville, Salovey & Fischer, 1986; Park et al., 1991; Park & Rothbart, 1982; Ryan, Judd & Park, 1996; Simon, 1992, 1993). Inwiefern ein Gruppenmitglied dazu neigt, nicht nur um seine Mitgliedschaft in einer Gruppe zu wissen, sondern sich auch mit dieser Gruppe identifiziert, hängt nach der Theorie der sozialen Identität (Tajfel, 1978) nicht nur von kognitiven Prozessen ab, also dem Wissen um die Gruppenmitgliedschaft, sondern auch von emotional-motivationalen Prozessen ab, nämlich wie die Gruppe bewertet wird, welche Gefühle das Individuum mit der Gruppe verbindet und welche Strategien dem Individuum zur Verfügung stehen, positive personale oder soziale Identität herzustellen. Die Identifikation mit einer Gruppe wird als motivationale Voraussetzung dafür angesehen, daß sich ein Individuum auch als Gruppenmitglied stereotypisiert. (vgl. Ellemers, Spears & Doosje, 1995; Spears, Doosje & Ellemers, 1997; Doosje, Ellemers & Spears, 1995).

Aufgrund dieser widersprüchlichen theoretischen Aussagen und empirischen Befunde soll dieser Zusammenhang überprüft werden.

Überträgt man die Annahmen der Selbstkategorisierungstheorie auf deutsche und russische Verhandlungsführer, heißt das: Es ist zu erwarten, daß die nationale Kategorie psychologisch wirksam (salient) wird, da Nationalität neben Geschlecht und Rasse zu den am besten verfügbaren Kategorien gehört. Sicherlich gibt es jedoch interindividuelle Unterschiede in der Verfügbarkeit dieser Kategorie. Wird die Zugehörigkeit zur russischen oder zur deutschen Nationalität salient, so betonen die Verhandlungsführer Unterschiede zwischen deutschen und russischen Verhandlungsführern auf Dimensionen, die im Kontext von deutsch-russischen Wirtschaftsverhandlungen relevant sind. Eine Vergleichsdimension, die sich hier anbietet, ist der Verhandlungsstil. Dieser soll hier definiert werden als ein Set von Verhandlungszielen und Verhaltensweisen, die auf das Erreichen dieser Verhandlungsziele ausgerichtet sind (Verhandlungsstrategien). In Anlehnung an die Ausführungen zu Oakes et al. (1994) ist davon auszugehen, daß ein Verhandlungsführer, für den die nationale Kategorie bedeutsam ist, die Unterschiede im Verhandlungsstil zwischen Deutschen und Russen betont. Weiterhin ist von folgender Annahme auszugehen: Je stärker ein Verhandlungsführer die Unterschiede zwischen deutschem und russischem Verhandlungsstil betont, desto stärker sollte er seinen Verhandlungsstil auch als typisch deutsch charakterisieren.

Generell besteht jedoch auch die Möglichkeit, daß sich die deutschen und russischen Verhandlungsführer weniger mit ihrer nationalen Gruppe als mit einer übergeordneten Kategorie identifizieren, wie zum Beispiel der Kategorie Europäer oder Geschäftsleute. Aufgrund der komplementären Beziehung zwischen den Verhandlungspartnern bieten wirtschaftliche Verhandlungen grundsätzlich das Potential für übergeordnete gemeinsame Identifikationen der Verhandelnden (vgl. Dovodio, Validzic & Gaertner, 1998; Dupont, 1991; Hewstone & Brown, 1986). Bei einer Identifikation mit einer übergeordneten Kategorie wäre zu erwarten, daß die Verhandlungsführer die Unterschiede zwischen russischem und deutschem Verhandlungsstil weniger betonen und ihren individuellen Verhandlungsstil auch als weniger prototypisch wahrnehmen.

3.1.2 Konsequenzen der der Herstellung sozialer Identität über Stereotype für die wahrgenommene Konflikthaftigkeit und den wahrgenommenen Verhandlungserfolg

Mit zunehmender Identifikation mit der eigenen Nationalität sollte der individuelle Verhandlungsführer die Verhandlungssituation stärker als einen Wettbewerb und weniger als eine kooperative Aufgabe wahrnehmen. In einer Wettbewerbssituation werden die Gewinne der einen Partei als Verluste der anderen Partei betrachtet (Win-lose-Situation). Wettbewerbe sind somit konfliktäre Situationen. Bei abnehmender sozialer Identifikation, ob begleitet durch Individualisierung oder Identifikation mit einer übergeordneten gemeinsamen Kategorie, erhöht sich die Wahrscheinlichkeit, daß die Verhandlung als eine kooperative Aufgabe definiert wird und somit die Gewinne beider Parteien als vereinbar angesehen werden. In anderen Worten, beide Parteien können gewinnen (Win-Win-Situation). Wird eine Verhandlung als eine Win-Win-Situation definiert, steigt die Wahrscheinlichkeit eines maximalen gemeinsamen Profites. Daher kann angenommen werden, daß Verhandlungsführer deutsch-russische Verhandlungen umso konflikthafter und weniger erfolgreich wahrnehmen, je stärker sie die Unterschiede zwischen russischem und deutschem Verhandlungsstil betonen[8].

Nach den vorherigen Erläuterungen ist die „Betonung der Unterschiede" zwischen deutschen und russischen Verhandlungsführern umso bedeutsamer, je stärker sich die Verhandlungsführer mit der eigenen kulturellen oder nationalen Gruppe identifizieren und folglich je mehr sie sich als typisch für die eigene kulturelle Gruppe definieren. Daher ist zu erwarten, je typischer Verhandlungsführer ihren Verhandlungsstil für ihre eigene Kultur wahrnehmen, desto konflikthafter und weniger erfolgreich nehmen sie die deutsch-russischen Wirtschaftsverhandlungen wahr.

Bei der Suche nach Erfolgsfaktoren bietet sich vor dem Hintergrund der Mechanismen der sozialen Identität (Turner et al., 1987) die Identifikation mit einer gemeinsamen übergeordneten Gruppe an. Die Anzahl der Studien wächst, die belegen, daß die Identifikation mit einer übergeordneten gemeinsamen Kategorie die Bevorzugung der Eigengruppe (Ingroup Bias) und die Abgrenzung von der Fremdgruppe und auch ihre Abwertung reduziert (Dovidio et al., 1998; Gaertner et al., 1989; Gaertner et al., 1996; Piontkowski & Öhlschlegel, 1998). Bei der Identifikation mit einer übergeordneten Identität ist folglich weniger Konflikt und ein höherer Verhandlungserfolg in interkulturellen Verhandlungen zu erwarten.

Inwiefern eine verstärkte Diskrepanz in den individuellen Eigen- und Fremdstereotypen zu Konflikten führt, hängt auch davon ab, ob der fremdkulturelle Interaktionspartner die vorgenommene (Form der) Abgrenzung akzeptiert, in anderen Worten, ob das Fremdstereotyp des einen Interaktionspartners mit dem nationalen Eigenstereotyp des fremdkulturellen Interaktionspartners übereinstimmt. Die Rolle dieser Diskrepanz in Stereotypen soll im nächsten Kapitel erörtert werden, ebenfalls in Anlehnung an die Theorie der Selbstkategorisierung.

---

[8] Es existieren auch experimentelle Ergebnisse, daß der Wettbewerb zwischen Gruppen die Kooperation innerhalb der Gruppe erhöht, zu größerer Produktivität innerhalb der Gruppe führt und folglich auch den gemeinsamen Profit erhöht (Bornstein, Erev & Rosen, 1990; Erev, Bornstein & Galili, 1993; Bornstein & Ben-Yossef, 1994). Auf diesem Prinzip beruht der kommerzielle Wettbewerb zwischen Firmen. Jedoch bezieht sich dieser nicht auf die potentiellen Verhandlungspartner, sondern auf die Firmen, die sich gegeneinander durchsetzen müssen, zwischen denen keine komplementäre Beziehung besteht wie zwischen den Verhandlungspartnern.

Hier ist zudem unterschieden zwischen einer kooperativen Einstellung und kooperativem Verhalten. Auch nichtkooperatives Verhalten kann unter bestimmten Bedingungen erfolgreich sein. So kann Kampfverhalten dazu führen, daß nicht voreilig „faule" Kompromisse geschlossen werden. Kampfverhalten kann jedoch nur zu einer Erhöhung des integrativen Ergebnisses führen, wenn auf dieses Kampfverhalten Problemlösen folgt. Kampfverhalten birgt auch immer die Gefahr der Konflikteskalation mit der Konsequenz destruktiver Ergebnisse (vgl. Pruitt & Carnevale, 1993). Damit Kampfverhalten nicht zu destruktiven Ergebnissen führt, muß zunächst eine kooperative Orientierung gegeben sein.

3.2 Funktion, Konsens oder Dissens über die Beziehungsdefinition herzustellen und zu reflektieren

3.2.1 Wie können Stereotype eine Beziehung in Frage stellen?

Diskrepanzen zwischen Selbst- und Fremdwahrnehmung sind im Sinne Seibts (1987) eine Entwertung der Ich-Definition. Eine Entwertung der Ich-Definition stellt eine Beziehungsstörung dar. Dabei ist unbedeutend, ob in der gegenseitigen Definition eine Symmetrie oder Asymmetrie vorliegt. Wenn beide Interaktionspartner darin übereinstimmen, daß der eine überlegen und der andere unterlegen ist, dann besteht kein Konflikt. Nur wenn eine der beiden Parteien die Ich-Definition und somit die gegebene Beziehung nicht akzeptiert, dann besteht ein Konflikt. Seibt unterscheidet in seiner Konfliktdefinition nicht, ob bei einer Infragestellung der Ich-Definition die betreffende Person aufgewertet oder abgewertet wird.

Personen definieren sich jedoch nicht nur als Individuen, sondern sie definieren sich auch über ihre Zugehörigkeit in sozialen Gruppen. Das bedeutet, daß sie sich als Gruppenmitglied auch die Merkmale zuschreiben, durch die die Gruppenmitglieder die eigene Gruppe charakterisieren. Die Merkmale, durch die die Gruppenmitglieder ihre eigene Gruppe definieren, werden auch als Eigenstereotype oder Autostereotype bezeichnet. Eine Entwertung der Selbstdefinition ist somit nicht nur dann gegeben, wenn die individuellen gegenseitigen Wahrnehmungen nicht kongruent sind, sondern auch, wenn eine Person das Eigenstereotyp der Gruppe des anderen nicht teilt. Auch in diesem Fall liegt eine Beziehungsstörung vor. In Übereinstimmung mit Seibt (1987) sehen Oakes et al. (1994) inkongruente Selbst- und Fremdstereotype als einen Indikator für eine widersprüchliche Beziehungsdefinition an. Sie treten dann auf, wenn zumindest eine Gruppe nach einer Veränderung der Beziehung wie zum Beispiel des relativen Status, strebt. Umgekehrt ist eine Bestätigung der Ich-Du-Definition gegeben, wenn ein Konsens zwischen Eigen- und Fremdstereotypen gegeben ist.

In Verhandlungen treffen immer individuelle Verhandlungsführer mit ihren jeweiligen Stereotypen aufeinander. Die Stereotypen dieser realen Verhandlungspartner sind in deutsch-russischen Wirtschaftsverhandlungen schwierig oder sogar gar nicht zu erheben. In einem Vorgriff auf die Untersuchung sollen bei der Formulierung der Theorie empirische Schwierigkeiten vorweggenommen werden, da die Grenze des Machbaren auch die theoretischen Grenzen bestimmt, um bei der Formulierung von Hypothesen eine Überprüfbarkeit zu gewährleisten (Holzkamp, 1964). In diesem Sinne ist nicht nur zu berücksichtigen, daß internationale Wirtschaftsverhandlungen im allgemeinen einen sensiblen und vertraulichen Charakter besitzen (Berry, 1992), sondern zusätzlich die Besonderheiten der Zusammenarbeit mit russischen Unternehmen. So wollen viele russische Unternehmen nicht, daß ihre Zusammenarbeit mit westlichen Partnern bekannt wird, da diese eine verstärkte Kontrolle von Seiten des

Staates nach sich zieht, der sie zu entgehen versuchen. Dies äußert sich zum Beispiel auch darin, daß es zum Untersuchungszeitpunkt auf russischer Seite keine frei zugänglichen Informationen gab, welche russischen Unternehmen mit deutschen Unternehmen zusammenarbeiten. Zudem lehnen die russischen Verhandlungspartner Anfragen ihrer deutschen Verhandlungspartner ab, an einer Fragebogenuntersuchung teilzunehmen. Diese Informationen erhielt ich auf Anfragen bei unterschiedlichen Unternehmen und bei der deutschen Botschaft Moskau (Gust, persönliche Mitteilung Januar 1998). Auch zahlreiche spätere persönliche Erfahrungen bestätigen diese Schwierigkeiten. So zeigte sich in den späteren Erhebungen, daß auf Anfragen deutscher Verhandlungspartner, einen Fragebogen auszufüllen, die russischen Verhandlungspartner sehr skeptisch reagierten und eine Mitarbeit ablehnten. Aufgrund dieser Bedingungen ließ sich erst recht nicht erwarten, daß sich beide Verhandlungsparteien bereit erklären würden, ihre gegenseitigen Erwartungen und Wahrnehmungen offenzulegen. (Dr. Christian Zänker von der Delegation der Deutschen Wirtschaft in Moskau, persönliche Mitteilung, 16.09.1996; Dr. Erika Svedberg, schwedische Konflikt- und Verhandlungsforscherin, persönliche Mitteilung, Bonn, 17.06. 1997, Moskau, 8.12. 1997). Nichtsdestotrotz soll im folgenden eine Forschungsstrategie gefunden werden, die unter Berücksichtigung dieser Schwierigkeiten die Erreichung der Forschungsziele ermöglicht.

Die Erhebung der individuellen Eigen- und Fremdstereotype der zwei konkreten Verhandlungsparteien ist gar nicht notwendig, um kongruente oder inkongruente Beziehungsdefinitionen zwischen russischen und deutschen Verhandlungsführern zu bestimmen, wenn man berücksichtigt, daß innerhalb einer Gruppe, auch innerhalb einer Kultur in der Regel hohe Übereinstimmungen in bezug auf die Stereotype gegeben sind (z. B. Katz & Braly, 1933; Oakes, Haslam & Turner, 1994; Haslam, Turner, Oakes, McGarty et al., 1992; Stephan & Ageyev, 1993, 1994). Bestimmte Bedingungen können den Konsens über die Stereotypen verstärken oder abschwächen und zu einer Variation in der Übereinstimmung führen. So erhöhen die Existenz eines Intergruppenkontextes (Diab, 1962), die psychologische Gruppenmitgliedschaft und auch die Interaktion zwischen den Gruppenmitgliedern (Haslam, 1996, 1997, 1998; Oakes, Haslam & Turner, 1994, Turner, 1991) den Konsens innerhalb einer Gruppe über die Stereotypen. In deutsch-russischen Wirtschaftsverhandlungen ist ein Intergruppenkontext gegeben, der die psychologische Gruppenmitgliedschaft erhöht. Zudem ist auch Interaktion innerhalb der Gruppe der deutschen Verhandlungsführer sowie innerhalb der Gruppe der russischen Verhandlungsführer zu erwarten. Demzufolge ist davon auszugehen, daß ein hoher Konsens innerhalb der russischen und innerhalb der deutschen Verhandlungsführer über die Stereotype des russischen und des deutschen Verhandlungsverhaltens herrscht. Das heißt, die Stereotype über das eigenkulturelle Verhandlungsverhalten werden innerhalb einer Gruppe geteilt. Diese Stereotype sollen als nationale Stereotype des eigenkulturellen Verhandlungsverhaltens bezeichnet werden. Da ein Konsens über die nationalen Stereotypen des eigenkulturellen Verhandlungsverhaltens angenommen werden kann, ist es legitim, diese nationalen Stereotype aufgrund der Aggregierung individueller

Stereotype zu gewinnen. Dies ist jeweils für die russischen und die deutschen Verhandlungsführer möglich.

Da nationale Stereotype sozial geteilt werden, stellt nicht nur die Diskrepanz zwischen den individuellen Stereotypen der aktuellen Verhandlungspartner, sondern auch die Diskrepanz zwischen dem individuellen Fremdstereotyp und dem aggregierten fremdkulturellen Eigenstereotyp über das eigenkulturelle Verhandlungsverhalten Potential für eine Beziehungsstörung dar. Dabei hängt es von der kulturellen Perspektive der Verhandlungsführer ab, welches Stereotyp eigenkulturell und welches fremdkulturell ist. Aus der Sicht eines deutschen Verhandlungsführers ist das individuelle Fremdstereotyp das Stereotyp, das er über die russischen Verhandlungsführer hat, und das fremdkulturelle Eigenstereotyp ist das Stereotyp das die russischen Verhandlungsführer im allgemeinen von den russischen Verhandlungsführern besitzen. Hingegen ist das individuelle Fremdstereotyp aus der Sicht eines russischen Verhandlungsführers das Stereotyp, das er von den deutschen Verhandlungsführern besitzt, und das fremdkulturelle Eigenstereotyp ist das Stereotyp, das die deutschen Verhandlungsführer den deutschen Verhandlungsführern zuweisen.

3.2.2 Konsequenzen von „Konsens und Dissens zwischen individuellem Fremdstereotyp und fremdkulturellem Eigenstereotyp"

Fehlender „Konsens über die Beziehung zwischen Interaktionspartnern", hier zwischen einem deutschen und einem russischen Verhandlungsführer, stellt einen affektiven Konflikt dar. Die Diskrepanzen zwischen individuellem Fremdstereotyp und fremdkulturellem Eigenstereotyp indizieren ein Potential für affektiven Konflikt. Daher ist anzunehmen, daß mit einer wachsenden Diskrepanz zwischen individuellem Fremdstereotyp und fremdkulturellem Eigenstereotyp die deutsch-russischen Verhandlungen auch als konflikthafter wahrgenommen werden. Im Gegensatz zum kognitiven Konflikt, der performanzförderlich wirkt, verhindert affektiver Konflikt eine Konzentration auf sachliche Themen und somit eine effiziente und effektive Zusammenarbeit (Amason & Schweiger, 1997; Jehn, 1994, 1995, 1997). Wenn Beziehungsstörungen zudem den Interaktionspartnern nicht bewußt werden, wird die Lösung sachlicher und inhaltlicher Konflikte und somit die Zusammenarbeit und die Arbeitseffektivität zusätzlich erschwert (Seibt, 1987). Daher ist anzunehmen, daß sich Diskrepanzen zwischen individuellem Fremdstereotyp (in bezug auf das fremdkulturelle Verhandlungsverhalten) und aggregierten fremdkulturellem Eigenstereotyp (in bezug auf das eigenkulturelle Verhandlungsverhalten) auch negativ auf den Verhandlungserfolg und somit den „wahrgenommenen Verhandlungserfolg" auswirken. Umgekehrt formuliert, stellt „Konsens in bezug auf die Beziehung und somit in bezug auf die gegenseitigen Stereotype" ein Erfolgsfaktor dar.

3.3 Funktion der Prognose fremdkulturellen Verhandlungsverhaltens

3.3.1 Inwiefern können Stereotype als Heuristiken zur Vorhersage des Verhaltens des Interaktionspartners dienen?

Daß Stereotypen als Heuristiken zur Vorhersage des Verhaltens des Verhandlungspartners benützt werden, ist allgemeiner Konsens (z. B. Jönsson, 1979, De Dreu et al., 1995). Daß Stereotype als Heuristiken zur Vorhersage des Verhandlungsverhaltens des Verhandlungspartners dienen *sollten*, wird jedoch bezweifelt. Es wird davor gewarnt, Stereotype zur Verhaltensvorhersage zu verwenden, da sie unzulässige Verallgemeinerungen über kulturelle oder nationale Gruppen darstellten und zu selbsterfüllenden Prophezeiungen führten. Auf diese Weise trage Stereotype zur Konflikteskalation bei (Baron, 1997; Glasl, 1980; Jönsson, 1979).

Andererseits wird die Kenntnis kultureller Unterschiede und Gemeinsamkeiten als Erfolgsfaktor für die internationale und interkulturelle Zusammenarbeit und Kommunikation und somit auch für internationale Verhandlungen betrachtet (Bochner, 1982; Gudykunst, 1993; Thomas, 1993). Da hier Stereotype in Anlehnung an Oakes, Haslam & Turner (1994) verstanden werden als ein Set von Merkmalen, das einer Gruppe als charakteristisch zugeordnet wird, kann auch die Kenntnis von kulturellen Unterschieden und Gemeinsamkeiten als Stereotyp verstanden werden.

Die Frage muß demnach nicht heißen, ob Stereotype als Heuristiken zur Verhaltensvorhersage dienen sollten oder ob sie eher vermieden werden sollten, sondern unter welchen Bedingungen sollten Stereotype der Verhaltensvorhersage dienen. Stereotype sollten dann der Verhaltensvorhersage dienen, wenn sie das Verhalten des fremdkulturellen Verhandlungspartners genau vorhersagen können. Die Wahrscheinlichkeit der korrekten Verhaltensvorhersage ist dann erhöht, wenn Stereotype die gegebenen kulturellen Unterschiede und Gemeinsamkeiten reflektieren; das heißt, wenn die Stereotype die sogenannte objektive Realität reflektieren oder in anderen Worten wenn sie valide sind.[9] Wie läßt sich jedoch feststellen, ob die Inhalte valide sind? Manche Forscher stellen sogar in Frage, daß die Inhalte von Stereotypen validierbar sind und daß eine Validierung sinnvoll ist (z.B. Oakes, Haslam & Turner, 1994).

Sollte eine sinnvolle Validierung von Stereotypen nicht möglich sein, dann ist es sinnlos, die Kenntnis kultureller Unterschiede und Gemeinsamkeiten als einen Erfolgsfaktor interkultureller Kommunikation zu postulieren. Denn die Kenntnis kultureller Unterschiede und Gemeinsamkeiten kann auch als Stereotyp definiert wer-

[9] Wenn hier von der Validität von Stereotypen gesprochen wird, werden weder Aussagen über den Stereotypisierungsprozeß gemacht noch über die generelle Validität von Stereotypen (vgl. Oakes, Haslam & Turner, 1994), sondern über den konkreten Inhalt bestimmter Stereotypen.

den.[10] Auf den konkreten Fall zugespitzt heißt das, die Kenntnis kultureller Unterschiede und Gemeinsamkeiten des russischen und deutschen Verhandlungsverhaltens könnte nicht überprüft werden. Ist eine Bestimmung der Kenntnis kultureller Unterschiede und Gemeinsamkeiten nicht möglich, dann kann auch nicht überprüft werden, ob diese irgendeinen Einfluß auf die deutsch-russischen Verhandlungen haben.

Daher soll zunächst die Frage geklärt werden, ob Stereotype validiert werden können, bevor der Frage nachgegangen wird, inwiefern Stereotype in der Funktion, fremdkulturelles Verhandlungsverhalten vorherzusagen, als Erfolgsfaktor in deutsch-russischen Wirtschaftsverhandlungen dienen.

Bei der Beantwortung der Frage, ob Stereotype über das fremdkulturelle Verhandlungsverhalten validiert werden können, soll zunächst die sozialpsychologische Diskussion zur Validierbarkeit von Stereotypen herangezogen werden. Dabei soll auf die Auseinandersetzung zwischen Judd und Park (1993, Ryan, Judd & Park, 1996) und Oakes, Haslam und Turner (1994) fokussiert werden. Da Fragen nach der Validität und Validierbarkeit von Konstrukten auch immer wissenschaftstheoretische Fragen sind, soll danach ein wissenschaftstheoretischer Exkurs zur Diskussion dieser Frage eingeschoben werden.

3.3.1.1 Sozialpsychologische Diskussion zur Validierbarkeit von Stereotypen

Bei der Darstellung der Diskussion der Validierbarkeit von Stereotypen soll zunächst der Ansatz Judd und Parks (1993, Ryan, Judd & Park, 1996) zur Bestimmung von Stereotypengenauigkeit dargestellt werden und daraufhin die Kritik von Oakes, Haslam und Turner (1994) an diesem Ansatz. Die Diskussion soll auf diese beiden Positionen beschränkt bleiben, da in der Kontrastierung dieser Ansätze die zentralen Punkte zur Sprache kommen, die bei der Bestimmung der Validität konkreter Stereotypeninhalte berücksichtigt werden sollten.

Judd und Park (1993, Ryan, Judd & Park, 1996) betrachten Stereotypen als diagnostische Urteile über Personen oder Gruppen, die der weiteren effektiven Verhaltensplanung dienen.

Stereotypengenauigkeit bedeutet für sie, daß persönliche Überzeugungen mit den wahren Attributen einer Gruppe übereinstimmen. Übereinstimmungen oder Abweichungen können in drei Formen auftreten: Richtung, Streuung der Werte und Bewertung.

---

[10] Zur Wiederholung: Stereotype wurden in Anlehnung an Oakes, Haslam & Turner (1994) als die gesammelten Merkmale bezeichnet, die einer Gruppe als charakteristisch zugeschrieben werden. Die Kenntnis kultureller Unterschiede und Gemeinsamkeiten impliziert, daß den kulturellen Gruppen bestimmte Merkmale als charakteristisch zugeschrieben werden. Baron (1997) definieren Wissen über bestimmte Gruppen sogar explizit als Bestandteil von Stereotypen: „cognitive frameworks consisting of knowledge and beliefs about specific social groups“.

1. Die Richtung der Stereotypisierung bezieht sich auf die Frage, ob die Ausprägung eines Merkmals bei einer Gruppe im Vergleich zum wahren Wert überschätzt oder unterschätzt wird.
2. Die Streuung der Werte umfaßt die Aspekte des geschätzten prozentualen Anteils von Gruppenmitgliedern, die ein Merkmale besitzen, oder auf die minimale und maximale Ausprägung eines Merkmals (Range) in einer Gruppe. Wird die Streuung unterschätzt, tritt ein Homogenisierungseffekt auf, das heißt, die Ähnlichkeiten innerhalb der Gruppe werden überschätzt.
3. Die Bewertung bezieht sich auf die Positivität oder Negativität, die den Eigenschaften zugeschrieben wird.

Sie diskutieren unterschiedliche Informationsquellen als Kriterien für den wahren Wert und entwickeln ein Untersuchungsdesign, das „Full Accuracy Design" mit dem Ziel, Konfundierungen wie den „Response language Bias" (Verzerrungen aufgrund der vorgegebenen Reaktionsmöglichkeiten) und Stichprobenverzerrungen zu vermeiden.

Im folgenden möchte ich drei Punkte näher beleuchten, die Oakes et al. (1994) am Ansatz von Judd und Park (1993) kritisieren. Die drei Vorwürfe lauten:

1. Der Versuch von Judd und Park, die Validität des Stereotypeninhaltes auf ein empirisches Problem zu reduzieren, ist irreführend.
2. Akzentuierungseffekte in der Wahrnehmung als Ungenauigkeiten oder Fehler zu bewerten, ist unangemessen.
3. Die Frage des Kriteriums für die Validierung von Stereotypen ist ungelöst. Individuelle aggregierte Daten könnten nicht als Maß für die Gruppenrealität dienen.

Zum ersten Kritikpunkt: Judd und Park reduzieren die Frage nach der Validität von Stereotypen nicht auf ein empirisches Problem. Die Entwicklung einer Methodik zur Validierung von Stereotypen ergibt sich zwangsläufig aus der Funktion, die Judd und Park Stereotypen zuschreiben, nämlich die Vorhersage von Verhalten.

Zum zweiten Kritikpunkt: Die „Betonung der Unterschiede" zwischen den Gruppen und der Ähnlichkeiten innerhalb der Gruppen (Akzentuierung) können nach Oakes et al. (1994) nicht als ein Ausdruck der Überschätzung von Unterschieden und einer Unterschätzung der Streuung innerhalb der Gruppe und somit als Realitätsverzerrungen interpretiert werden. Dieser Akzentuierungseffekt reflektiert vielmehr die Realität sozialer Gruppen, das heißt er reflektiert die Kategorisierungsebene von Personen und auch die Beziehungen zwischen den Gruppen. Somit ist die Akzentuierung ein durchaus valides Maß für die Gruppenrealität.[11] Akzentuierung ist funk-

[11] Jedoch auch Turner et. al. (1987; Oakes et al., 1994) verzichten nicht vollständig auf die Annahme einer objektiven Realität. So gehen sie von einer Interaktion zwischen Person und (sozialer) Umgebung aus, wie sie in der Accessibility x Fit-Annahme postuliert wird. Fit impliziert jedoch ebenfalls eine Passung von theoretischen Kategorien mit dargebotenen „objektiven" Stimuli. Wenn sie davon ausgehen, daß Ähnlichkeiten innerhalb der Gruppe und Unterschiede zwischen den Gruppen betont werden, nehmen sie implizit an, daß objektive Ähnlichkeiten und Unterschiede existierenund daß diese betont aber nicht verdreht werden. Das heißt

tional, um soziale Identität und positive Distinktheit herzustellen und aufrechtzuerhalten. Auch ist die bessere Bewertung der eigenen Gruppe oder die Abwertung der anderen Gruppe gegenüber der einen funktional, um eine positive soziale Identität herzustellen und aufrechtzuerhalten. Jedoch ist zu unterscheiden, ob Unterschiede gegenüber dem angenommenen „wahren" Wert eine Akzentuierung von Unterschieden zwischen Gruppen und oder die Motivation, sich positiv gegenüber der anderen Gruppe abzugrenzen, reflektieren oder etwa Unwissenheit über kulturelle Unterschiede und Gemeinsamkeiten. Eine solche Differenzierung wäre sinnvoll.

Zum dritten Kritikpunkt: Aggregierte individuelle Daten sollten nach Oakes et al. (1994, 1997) nicht als Kriterium für die Validität von Stereotypen verwendet werden, da Personen, die sich als Individuen kategorisieren, anders wahrnehmen und sich anders verhalten als solche, die sich als Gruppenmitglieder kategorisieren. Die Kategorisierung ist abhängig von der Verfügbarkeit der Kategorie bei den einzelnen Personen und von der situativen Passung. Sicherlich variiert die Verfügbarkeit der nationalen Kategorie bei unterschiedlichen Personen, möglicherweise auch zwischen unterschiedlichen Kulturen oder Nationen, jedoch gilt sie als eine hoch verfügbare Kategorie. Die Verfügbarkeit der nationalen Kategorie kann möglicherweise auch ein Aspekt kultureller Unterschiede als ein Aspekt unterschiedlicher Ausprägungen auf der Individualismus-Kollektivismus-Dimension sein (Triandis, 1995).

Die situative Passung hingegen läßt sich konstant halten oder systematisch variieren, so daß systematische Einflüsse auf die Kategorisierung kontrolliert werden können. Vermutlich würden Oakes et al. auch unter der genauen Spezifizierung der Kontextbedingungen noch eine Konstanz des individuellen Verhaltens bzw. eine Konstanz in der Salienz der nationalen Kategorie in Frage stellen. Hier soll jedoch von einer größeren situativen Konstanz ausgegangen werden.

Fazit der sozialpsychologischen Diskussion zur Validierbarkeit von Stereotypen

Die Einwände von Oakes et al. zeigen wichtige kritische Punkte bei Versuchen auf, Stereotype zu validieren. Jedoch schließen diese Kritikpunkte nicht grundsätzlich eine Validierung aus, sondern es ist wichtig, daß diese kritischen Punkte bei der Validierung von Stereotypen berücksichtigt werden. Dies soll in der Untersuchung geschehen.

Ob eine Validierung von Stereotypen gerechtfertigt ist, hängt von der Funktion ab, die Stereotypen zugeschrieben wird. Wird Stereotypen die Funktion zugeschrieben, fremdkulturelles Verhalten vorherzusagen, ist eine Validierung des Inhaltes legitim. Welches Validierungskriterium gewählt wird, hängt von der Stereotypisierungfunktion ab, die untersucht wird.

Wird die Validität von Stereotypen in bezug auf ihre Funktion, fremdkulturelles Verhalten genau vorherzusagen, untersucht, dann sollten folgende Punkte berücksichtigt werden:

---

der Akzentuierungsprozeß verdreht nicht die Richtung der Aussagen. Er macht Information nur distinkter.

- die Differenzierung zwischen von „Beurteilungsfehlern", die durch die Motive, sich von der fremdkulturellen Gruppe abzugrenzen oder auch positiv abzugrenzen, verursacht werden, und „Beurteilungsfehlern", die auf Unwissenheit über kulturelle Unterschiede und Gemeinsamkeiten zurückzuführen sind.
- die Salienz des Intergruppenkontextes bei der Bestimmung des Kriteriums und bei der Einschätzung des fremdkulturellen Verhandlungsverhaltens.

Die Frage danach, welche Kriterien zur Validierung von Stereotypen angemessen sind, das heißt welche Kriterien als zufriedenstellend in bezug auf Repräsentanz und Relevanz der Kategorie „von den fremdkulturellen Verhandlungsführern bevorzugtes Verhandlungsverhalten" beurteilt werden können, bildet Bestandteil der Erkenntnistheorie. Daher soll an dieser Stelle ein erkenntnistheoretischer Exkurs zur Validierbarkeit und möglichen Validierungskriterien zur der Kategorie „von den fremdkulturellen Verhandlungsführern bevorzugtes Verhandlungsverhalten" eingeschoben werden.

3.3.1.2 Wissenschaftstheoretischer Exkurs: Validitätskriterien

Unterschiedliche wissenschaftstheoretische Positionen schlagen unterschiedliche Kriterien zur Beurteilung der Validität von Aussagen vor. Als die Wichtigsten sind hier zu nennen das Korrespondenzkriterium, das Kohärenzkriterium, das Pragmatikkriterium, die Wahrheitskriterien der Praxis und des Konsens (Breuer, 1977, Groeben & Westmeyer, 1975).

Keines der Kriterien kann als Letztinstanz dienen, um die Wahrheit, die Übereinstimmung von Aussage und ausgesagtem Sachverhalt, festzustellen. Das *Problem des Feststellens einer Übereinstimmung zwischen Aussage und ausgesagten Sachverhalt* bleibt *ungelöst.*

Groeben (1986, S. 102ff.) schlägt vor, die unterschiedlichen Kriterien parallel zu benutzen und differentielle methodologische Regeln zu ihrer Benutzung abzuleiten. In diesem Sinne bieten sich im Rahmen dieser Untersuchung aus theoretischen und pragmatischen Gründen die Kombination des Kohärenzkriteriums und des Pragmatikkriteriums an. Die Frage nach der Repräsentanz der theoretischen Kategorie „bevorzugtes kulturelles Verhandlungsverhalten" durch „aggregiertes individuell bevorzugtes Verhandlungsverhalten", das durch einen Fragebogen erhoben wird, ist eine definitorische und bezieht sich daher auf die logisch-analytische Wahrheit. Folglich kann diese Frage nur theoretisch geklärt werden (Kohärenz-Kriterium).

Die Frage nach der Relevanz erfordert die Einführung eines Außenkriteriums. Dieses Außenkriterium soll ermöglichen, die Effektivität und Nützlichkeit der empirischen Kategorie zu beurteilen (Pragmatikkriterium). Die Nützlichkeit der empirischen Kategorie läßt sich in bezug auf das Ziel der Untersuchung bestimmen. Das Ziel der Untersuchungen besteht darin, Ursachen für kulturell bedingte Konflikte zu identifizieren und darauf aufbauend Faktoren zu formulieren, die die Vorhersage von Verhandlungserfolg in deutsch-russischen Wirtschaftsverhandlungen ermöglichen. Demzufolge ist die empirische Kategorie „Aggregierung des von den fremdkulturellen Verhandlungsführern bevorzugten Verhandlungsverhaltens" dann effektiv und nützlich, wenn sie zur Aufklärung von Konflikt oder „wahrgenommenem Konflikt" und Verhandlungserfolg oder „wahrgenommenem Verhandlungserfolg" in deutsch-russischen Wirtschaftsverhandlungen beitragen kann. Somit bietet sich als Pragmatikkriterium der „wahrgenommene Konflikt" und der „wahrgenommene Verhandlungserfolg" an.[12]

Zur Beurteilung der logisch-analytischen Wahrheit soll auf ein System von Begriffen, Kategorien und Kriterien zurückgegriffen werden, das ermöglicht, die Übereinstimmung von theoretischen und empirischen Aussagen zu beurteilen. Ein solches Beurteilungssystem liefert Holzkamp (1964). Bei der Beurteilung der Frage, ob und wenn ja, wie die theoretische Kategorie „von den russischen (deutschen) Verhandlungsführern bevorzugtes Verhandlungsverhalten" zufriedenstellend durch die operationale Kategorie repräsentiert werden kann, werde ich mich auf das Beurteilungssystem Holzkamps stützen.

3.3.1.2.1 Theoretische Klärung der Repräsentanz (Holzkamp, 1964)

Holzkamp (1964) definiert Repräsentanz als den Aussagewert, den ein empirischer Satz für einen theoretischen Satz besitzt. Das Problem der Repräsentanz bestehe in der Vieldeutigkeit und Beliebigkeit der Zuordnung von theoretischen zu experimentellen Sätzen und von experimentellen zu theoretischen Sätzen. Die Repräsentanz wird erhöht, wenn ein theoretischer und empirischer Satz einander verbindlich zugeordnet werden können. Sämtliche Kategorien, die im theoretischen Satz auftauchen, sollten auch durch den empirischen Satz verbindlich abgebildet werden. Diese Kategorien können sich auf das zu untersuchende Subjekt beziehen (Subjekt-Repräsentanz), auf die zu repräsentierende Umgebung in der Untersuchung (Umgebungs-Repräsentanz) einschließlich der beteiligten Personen (Person-Repräsentanz) und auf die Handlungen und Erlebnisse des Subjektes (Handlungs- und Erlebnis-Repräsentanz). Es sind jedoch nur die Kategorien von Bedeutung, über die etwas im theoretischen Satz ausgesagt wird.

Die hier zu diskutierende erkenntnistheoretische Frage heißt, ob die Kategorie „von den fremdkulturellen Verhandlungsführern bevorzugtes Verhandlungsverhalten" validierbar ist. In Begriffen von Holzkamp lautet die Frage, wie verbindlich die theoretische Kategorie „von den fremdkulturellen Verhandlungsführern bevorzugtes Verhandlungsverhalten" durch die empirische Kategorie „aggregierte individuell bevorzugte Verhaltensintentionen" erfaßt werden kann. Diese Frage berührt zwei Formen der Repräsentanz, die Subjekt-Repräsentanz und die Erlebnis- und Handlungs-Repräsentanz. Die Frage, wie gut die aggregierten individuellen Daten die

[12] Von Groeben werden zusätzlich die Anwendung des Konsens- und Kohärenzkriteriums zur Überprüfung der Relevanz gefordert. Der Einsatz des Konsenskriteriums scheidet aus pragmatischen Gründen aus, da die hier verwendete Methode, eine Fragebogenuntersuchung, die Herstellung eines Konsens aufgrund von vorangegangenen Diskussionen nicht ermöglicht. Als Konsenskriterium können höchstens die aggregierten Eigenstereotypen der russischen oder deutschen Verhandlungsführer dienen.

betreffende kulturelle Gruppe repräsentieren, betrifft die Subjekt-Repräsentanz; während die Frage, wie gut die durch die Fragebogenmethode erhobenen Verhaltensintentionen dem von den deutschen oder russischen Verhandlungsführern bevorzugtem Verhandlungsverhalten entspricht, die Erlebnis- und Handlungs-Repräsentanz betrifft.

3.3.1.2.1.1 Subjekt-Repräsentanz

Die *Subjekt-Repräsentanz* kann aus der Perspektive des Forschers beurteilt werden. Unter Subjekt-Repräsentanz wird die Frage behandelt, wie gut die nach äußeren Kriterien klassifizierbaren Teilnehmer an der Untersuchung die im theoretischen Satz definierten Menschen repräsentieren. Die Frage danach, wie gut die aggregierten individuellen Daten die betreffende kulturelle Gruppe repräsentieren, ist eine Frage nach der Stichproben-Repräsentanz.

Diese ist gefordert, wenn über die untersuchten Personen Hier-und-Jetzt-Aussagen und nicht Allgemeinaussagen getroffen werden. Hier-und-Jetzt-Aussagen beziehen sich auf historisch-geographisch definierte Populationen, denen einen bestimmter (zu ermittelnder) wahrer Wert zugeschrieben wird. Hingegen sind empirisch-wissenschaftliche Allgemeinaussagen Behauptungen über nichtbegrenzte Klassen von Erscheinungen (Holzkamp, 1964). Da bei der Erfassung des deutschen und russischen Verhandlungsverhalten historisch-geographisch definierte Populationen interessieren, werden Hier-und-Jetzt-Aussagen überprüft. Somit müssen Anzahl der Versuchspersonen und die Zusammensetzung der Stichprobe repräsentativ für die untersuchte aktuelle Population sein.

3.3.1.2.1.2 Handlungs- und Erlebnis-Repräsentanz

Bei der Beurteilung der *Handlungs- und Erlebnis-Repräsentanz* geht es um die Frage, wie repräsentativ die im experimentellen Satz beschriebenen Handlungen und Erlebnisse für die im theoretischen Satz beschriebenen Handlungen und Erlebnisse sind. Neben der Forscherperspektive muß auch die Perspektive der Versuchspersonen berücksichtigt werden. Hier ist sicherzustellen, daß die Versuchsperson die Handlungen und Erlebnisse in dem vom Forscher intendierten Sinne versteht. An dieser Stelle ist auch zu klären, welche Möglichkeiten zur Erfassung des Verhandlungsverhaltens zur Verfügung stehen, da diese die Validierbarkeit bestimmter Konstrukte einschränken. So steht bei der Untersuchung des Verhandlungsverhaltens in deutsch-russischen Wirtschaftsverhandlungen nicht die Möglichkeit, das Verhandlungsverhalten zu erheben. Möglich ist jedoch, die Verhaltensintentionen über eine Befragung zu erfassen. Somit kann die ursprüngliche Frage, ob die Kategorie „bevorzugtes Verhandlungsverhalten" validiert werden kann, präzisiert werden. Die präzisierte Frage lautet, ob Erlebnis-Repräsentanz und Handlungs-Repräsentanz der empirischen Kategorie „bevorzugte Verhandlungsintentionen" für die theoretische Kategorie „bevorzugtes Verhandlungsverhalten" zufriedenstellend ist.

Eine Gewährleistung der *Erlebnis-Repräsentanz* erfordert, daß das Erleben des Probanden dem vom Forscher intendierten entspricht. Für eine Fragebogenuntersuchung gilt somit, daß die Befragten die Items eindeutig verstehen. Da sowohl russische als auch deutsche Verhandlungsführer befragt werden, sollte zudem gewähleistet werden, daß beide Gruppen die Fragen auf die gleiche Art und Weise verstehen. Zudem sollte das beschriebene und erfragte Verhandlungsverhalten für die deutschen und russischen Verhandlungsführer realitätsnah, relevant und verständlich sein. Daher sollte in einer Voruntersuchung sichergestellt werden, daß diese Kriterien erfüllt werden. Zur Klärung, mit welchen Methoden in dieser Untersuchung versucht wurde, eine größtmögliche Erlebnis-Repräsentanz sicherzustellen, ist auf den Methodenteil (Kapitel 6, S. 83) verwiesen.

Eine Annäherung an die maximale „*Handlungs-Repräsentanz* wäre gegeben, wenn das Verhandlungsverhalten direkt erhoben würde. Wie bereits zuvor dargelegt, ist das in diesem Fall nicht möglich. Im Rahmen dieser Untersuchung können die Verhaltensintentionen über Fragebogenitems erfaßt werden. Nach Holzkamps (1964, S. 229ff.) kann bei Reaktionen auf Fragebogenitems bestenfalls davon ausgegangen werden, daß „*spontane Äußerungen im Sinne von Urteilen*“ der Versuchsperson und keine „*für sich vollzogenen Stellungnahmen*“ oder „*Fakten*“ bzw. „*Ausdruck von Fakten*“ erhoben werden. Die Methode der Fragebogenuntersuchung bringt das Problem mit sich, daß der erhobene Meinungsausdruck nicht identisch mit der tatsächlichen Meinung ist. Diese Diskrepanz zwischen Meinung und Meinungsausdruck ist auf verzerrende Einflußfaktoren zurückzuführen, wie etwa soziale Erwünschtheit, Verdrängung von „Fakten“, die inkongruent mit dem Selbstbild sind, eine mehr oder weniger stark ausgeprägte Fähigkeit, das eigene Verhalten vorherzusagen, unterschiedliche Bezugssysteme oder auch unterschiedliche Grundlagen für das eigene Urteil wie das eigene Erleben oder die Rückmeldung anderer über das eigene Verhalten.

Somit ist auch bei der Erhebung des „aggregierten individuell bevorzugten Verhandlungsverhaltens der russischen oder deutschen Verhandlungsführer“ davon auszugehen, daß hier Urteile der Befragten erhoben werden. Folglich ist die Kategorie des empirischen Satzes „aggregiertes individuell bevorzugtes Verhandlungsverhalten“ nicht repräsentant für die Kategorie „kulturell vorherrschendes Verhandlungsverhalten der deutschen oder russischen Verhandlungsführer“.

Daher stellt sich die Frage, welche Relevanz die Erfassung des „aggregierten individuell bevorzugten Verhandlungsverhaltens“ besitzt. Die Relevanz läßt sich auch daran messen, wie hoch der Zusammenhang zwischen dem per Fragebogen erfaßten intendierten Verhandlungsverhalten und dem tatsächlich gezeigte Verhandlungsverhalten ist. Einen Lösungsansatz hierzu bieten Ajzen und Fishbein (1977) an.

Nach Ajzen und Fishbein kann man zwar nicht von globalen Einstellungen auf das konkrete Verhalten schließen. Werden die *Einstellungen und das Verhalten jedoch auf der gleichen Abstraktionsebene erfaßt*, so wird die Vorhersage des Verhaltens aufgrund der Einstellungen wesentlich präziser. Starke Zusammenhänge zwischen der erfaßten Einstellung und dem erfaßten Verhalten sind zu erwarten, wenn sie mit dem gleichen

Abstraktionsgrad erfaßt werden, d.h. wenn eine allgemeine Einstellung an einer Vielzahl von Handlungen überprüft wird, die diese Einstellung möglichst erschöpfend repräsentieren, oder wenn eine Einstellung zu einer spezifischen Handlung an dieser bestimmten Handlung überprüft wird. Wesentlich unproblematischer ist es, eine Übereinstimmung zwischen einer spezifischen Einstellung anhand einer einzelnen Handlung zu überprüfen, da die Zuordnung eindeutiger und der Interpretationsspielraum geringer ist. Dieses Prinzip, daß der Zusammenhang zwischen Einstellung und Verhalten steigt, wenn die Einstellung auf der gleichen Abstraktionsebene erfaßt wird wie das Verhalten, wird auch *Kompatibilitätsprinzip* oder Kongruenzprinzip genannt. Dieses Prinzip wird durch metaanalytische Studien belegt (Kim & Hunter, 1993; Kraus, 1995) und ist allgemein anerkannt (Eagley & Chaiken, 1993). Unter Stützung auf diese Forschungsergebnisse ist von einer bedeutsamen Übereinstimmung von „aggregierten individuell bevorzugten Verhandlungsverhalten in einem bestimmten Verhandlungskontext" und dem tatsächlich realisierten Verhandlungsverhalten in einem solchen Kontext auszugehen. Da es sich als vorteilhaft erwiesen hat, die Einstellung zu konkreten Einzelhandlungen zu erfassen, soll näher erläutert werden, wodurch eine einzelne Handlung definiert ist.

Damit man von einer *einzelnen Handlung* sprechen kann, muß diese nach Fishbein und Ajzen (1978) in bezug auf vier Dimensionen bestimmbar sein: 1. das Target, dem das Verhalten gilt, 2. die Handlung selbst, 3. der Kontext und 4. die Zeit. Im Fall der vorliegenden Untersuchung ist dies der Fall: Das Target ist der beschriebene Verhandlungspartner, die Handlung das zu spezifizierende Verhandlungsverhalten, der Kontext die beschriebene Verhandlungssituation. Der Zeitpunkt ist weniger relevant. Relevant ist nur, daß es sich um eine aktuelle Verhandlungssituation Ende der 90er Jahre des 20. Jahrhunderts handelt. Am bedeutsamsten hat sich die zweite Dimension erwiesen, die Einstellung gegenüber dem Verhalten selbst. Es ermöglicht eine bessere Verhaltensvorhersage als die Einstellung gegenüber dem Objekt (Eckes & Six, 1994).

Da die Einstellung gegenüber dem Verhalten und die Messung von Einstellung und Verhalten auf dem gleichen Abstraktionsniveau die wichtigsten Determinanten für eine präzise Verhaltensvorhersage darstellen, sollen die unterschiedlichen Abstraktionsniveaus näher definiert werden. Zur *Definition der* unterschiedlichen *Abstraktionsebenen*, auf denen Verhalten und auch die Einstellung zum Verhalten erfaßt werden kann, soll das linguistische Kategorienmodell Semins und Fiedlers (1991) herangezogen werden. Semin und Fiedler unterscheiden fünf Abstraktionsebenen, auf denen Handlungen erfaßt werden können:

1. Ebene: beschreibende Handlungsverben, zum Beispiel schieben,
2. Ebene: interpretative Handlungsverben, zum Beispiel helfen,
3. Ebene: Zustandshandlungsverben, zum Beispiel erschrecken,
4. Ebene: Zustandsverben, zum Beispiel lieben oder bewundern und
5. Ebene: reine Adjektive.

In der Regel wurden Stereotype bisher in Form von Adjektiven erhoben, was der höchsten Abstraktionsebene entspricht. Eine Validierung ist aufgrund der schwer begründbaren Auswahl multipler Handlungskriterien problematisch. Dieses Problem soll in dieser Untersuchung dadurch gelöst werden, daß die Stereotypen so konkret wie möglich erhoben werden. Ideal wäre daher, Verhandlungsverhalten auf der Ebene der beschreibenden Handlungsverben zu definieren. Dieses Abstraktionsniveau ermöglicht jedoch nicht, den Verhandlungsstil systematisch, erschöpfend und zugleich ökonomisch zu erheben. Berücksichtigt man diese Anforderungen, so ist das zweite Abstraktionsniveau der interpretativen Handlungsverben (wie zum Beispiel „helfen") zu bevorzugen.

3.3.1.3 Fazit der sozialpsychologischen und wissenschaftstheoretischen Diskussion

Eine Validierung von Stereotypen ist grundsätzlich möglich. Sie sollte in bezug auf zwei wissenschaftstheoretische Bewertungsmaßstäbe vorgenommen werden: die logisch-analytische Wahrheit und die Relevanz.

Eine Bewertung in bezug auf die logisch-analytische Wahrheit wurde bereits vorgenommen. Durch einen Rückbezug auf die logisch-analytische Wahrheit konnten Bedingungen aufgestellt werden, die bei ihrer Erfüllung eine Validierbarkeit von Stereotypen ermöglichen. Eine Aggregierung individueller Daten entspricht den Anforderungen an die Subjekt-Repräsentanz, wenn die Kriterien der repräsentativen Stichprobengröße und -zusammensetzung beachtet werden. Zwar können per Fragebogen erhobene Verhaltensintentionen keine Handlungs-Repräsentanz beanspruchen. Die Erhebung von Verhaltensintentionen anstelle von beobachtetem Verhandlungsverhalten kann jedoch dennoch relevant sein, wenn aufgrund der Erhebungsweise eine große Verhaltensnähe hergestellt werden kann. Die Verhaltensnähe kann dadurch vergrößert werden, indem die Verhaltensintentionen auf der Ebene der interpretativen Handlungsverben oder noch konkreter erhoben werden und indem der Verhandlungspartner und der Verhandlungskontext spezifiziert werden. Die Erlebnis-Repräsentanz muß aufgrund vorheriger kommunikativer Validierung des Fragebogens sichergestellt werden unter Einbezug von Methoden zur Sicherung der kulturellen Äquivalenz.

Welchen Wert diese Form der Validierung von Stereotypen besitzt, muß an einem Außenkriterium, dem Pragmatikkriterium des „wahrgenommenen Verhandlungserfolges", noch überprüft werden.

3.3.2 Konsequenzen für wahrgenommenen Konflikthaftigkeit und wahrgenommenen Verhandlungserfolg

Die genaue Einschätzung des Verhandlungspartners wird als zentraler Erfolgsfaktor in interpersonalen Verhandlungen angesehen (judgmental accuracy) (Arunalchalam & Dilla, 1995; Thompson, 1990a, b; Thompson & De Harpport, 1994). Wenn Erfahrungen fehlen, können Stereotype als Heuristiken der Verhaltensvorhersage dienen (Fussel & Krauss, 1992; Kraus & Fussell, 1991). Die Annahme, daß möglicherweise nicht nur die individuelle Einschätzung eines Interaktionspartners, sondern auch die Einschätzung einer Gruppe von Personen, also das Stereotyp dieser

Gruppe, die Effektivität von Kommunikation positiv beeinflußt, stimmt mit den Annahmen der Theorien interkultureller Kommunikation überein, wie zum Beispiel der Theorie Interkultureller Kommunikationseffektivität (Gudykunst, 1993) und der Theorie Interkultureller Kompetenz (Bochner, 1982), die sich an die Theorie Sozialer Kompetenz (Argyle, 1967) anlehnt oder auch der Ansatz der Normenverletzung (DeRidder & Tripathi, 1992). Zwar würden die Vertreter dieser Theorien nicht von Stereotypen sprechen, sondern von der Kenntnis kultureller Unterschiede, jedoch handelt es sich meiner Meinung nach bei der Kenntnis kultureller Unterschiede um Stereotype.

Verschiedene Forscher postulieren unterschiedliche Wirkmechanismen. DeRidder und Tripathi (1992) gehen davon aus, daß in unterschiedlichen Kulturen unterschiedliche Normen herrschen. Treffen Mitglieder aus Kulturen mit unterschiedlichen Normen aufeinander, so kommt es zu gegenseitigen Normverletzungen und somit zu Konflikten. Diese Konflikte können vermieden werden, wenn die Normen bekannt sind, indem zum einen eine Verletzung der Norm der anderen Kultur vermieden wird oder in dem die Verletzung der eigenkulturellen Normen vor dem Hintergrund des Wissens über die fremde Kultur reinterpretiert werden (vgl. auch Thomas, 1993, 1996 zu Kulturstandards). Überträgt man diese Überlegungen auf deutsch-russische Wirtschaftsverhandlungen, so ist anzunehmen, daß die Verhandlungsführer, die das fremdkulturelle Verhandlungsverhalten genauer prognostizieren, das heißt, deren individuelle Fremdstereotype besser mit dem bevorzugten fremdkulturellen Verhandlungsverhalten übereinstimmen, auch die Normen der fremden Kultur besser kennen. Folglich ist zu erwarten, daß die Verhandlungsführer mit einer höheren „Prognosegüte" auch in geringerem Maße Konflikte erleben.

Gudykunst (1993) hingegen geht davon aus, daß die Kommunikation mit fremdkulturellen Partnern Unsicherheit auslöst, sowohl kognitive als auch emotionale. Diese Unsicherheit reduziert die kommunikative Effektivität. Eine Möglichkeit, die Unsicherheit und Angst zu reduzieren, besteht darin, Kenntnisse über kulturelle Unterschiede und Gemeinsamkeiten zu erwerben. Folglich sollte die interkulturelle kommunikative Effektivität zunehmen. Kommunikative Effektivität bedeutet das Erreichen der angestrebten Ziele und somit auch Erfolg. In Wirtschaftsverhandlungen als einer spezifischen Form der strategischen Kommunikation ist es der Verhandlungserfolg, der in dem Abschluß eines Vertrages, der Gewinnmaximierung des Unternehmens usw. liegen kann. Daher ist anzunehmen, daß Stereotype, wenn sie kulturelle Unterschiede und Gemeinsamkeiten reflektieren, wenn sie also mit dem von den fremdkulturellen Verhandlungsführern bevorzugten Verhandlungsverhalten übereinstimmen, nicht nur als Heuristik zur Vorhersage des fremdkulturellen Verhandlungsverhaltens dienen, sondern daß sie auch eine sinnvolle Heuristik sind und den Verhandlungserfolg positiv beeinflussen können.

4 Indikatoren für Verhandlungsverhalten und wahrgenommenen Verhandlungserfolg

Im folgenden sollen Inhalte von Stereotypen und Kriterien für Verhandlungserfolg diskutiert und definiert werden. Diese sollen in der späteren Untersuchung als Indikatoren für die Stereotype und den Verhandlungserfolg dienen. Da die Stereotype und ihre Funktionen im Kontext von Wirtschaftsverhandlungen analysiert werden, soll der Stereotypisierungsinhalt auf Verhandlungsverhalten eingegrenzt werden.

4.1 Verhandlungsverhalten als Stereotypisierungsdimension: Taxonomie und kausales Modell

Bei der Beschreibung des Verhandlungsverhaltens soll auf ein Verhandlungsmodell zurückgegriffen werden, das dieses sowohl beschreibt als auch erklärt. Zunächst sollen Anforderungen an die Auswahl eines solchen Modells dargestellt werden, um danach ein passendes Modell auszuwählen und zu beschreiben. Als solches wurde das Konfliktmanagement-Gitter (Van de Vliert, 1997) ausgewählt. Zuletzt wird dieses Modell dahingehend betrachtet, inwiefern es die postulierten Anforderungen erfüllt.

4.1.1 Anforderungen an ein Modell des Verhandlungsverhaltens

Bisher wurden die Funktionen von Stereotypen analysiert. Neben der Funktion von Stereotypen, in internationalen Wirtschaftsverhandlungen „nationale Identität herzustellen und aufrechtzuerhalten" und „Konsens über die Beziehung der Verhandlungsparteien herzustellen oder zu reflektieren", wurde Stereotypen auch die Funktion zugeschrieben, „das Verhalten des fremdkulturellen Verhandlungspartners vorherzusagen".

Da für dieses Verhandlungsverhalten nicht beliebige Indikatoren gewählt werden sollen, sondern das Verhandlungsverhalten systematisch, möglichst erschöpfend und zugleich ökonomisch beschrieben werden soll, ist auf ein Modell des Verhandlungsverhaltens zurückzugreifen, das diese Anforderungen erfüllt.[13]

Zudem sollten die Dimensionen, die dieses Modell zur Stereotypisierung bereitstellt, sowohl für das Herstellen und Aufrechterhalten sozialer Identität als auch für die Definition der Beziehung zwischen den Gruppen relevant sein. Darüber hinaus sollen die Stereotype des fremdkulturellen Verhandlungsverhaltens anhand dieser Dimensionen validierbar sein.

---

[13] Vgl. die Kritik Berrys am Stand der kulturvergleichenden und interkulturellen Verhandlungsforschung im Kapitel „Kulturelle Unterschiede in internationalen Verhandlungen" (S. 9ff.) in dieser Arbeit.

Dieses Modell sollte nicht nur eine systematische, erschöpfende und ökonomische Beschreibung des relevanten Verhandlungsverhaltens bieten. Es sollte das Verhandlungverhalten auch erklären, vorhersagen und zudem ermöglichen, Interaktionen oder Verhandlungsprozesse abzubilden. Da es sich bei der Untersuchung deutsch-russischen Verhandlungsverhaltens um eine interkulturelle Untersuchung handelt, sollte das Verhandlungsmodell (und seine Aussagen) auch auf unterschiedliche Kulturen übertragbar und für diese relevant sein.

Ein Verhandlungsmodell, das diese Anforderungen erfüllt, ist das Dual-Concern-Modell bzw. das Konfliktmangement-Gitter von Blake und Mouton (1964, 1970).

Im folgenden soll das Modell vorgestellt werden. Darauf aufbauend soll geklärt werden, inwiefern es die obigen Anforderungen erfüllen kann.

4.1.2 Das Konfliktmanagement-Gitter

Das Konfliktmanagement-Gitter (Blake & Moutons, 1964, 1970) bezog sich ursprünglich auf Managementverhalten im allgemeinen einschließlich des Konfliktverhaltens von Managern im besonderen. Blake und Mouton nahmen an, daß zwei Faktoren das Konfliktverhalten beschreiben und erklären können: Interesse an Ergebnissen und Interesse am Menschen, von anderen Forschern (Bales & Slater, 1955; Halpin & Winer, 1952; Fiedler, 1978) auch als Aufgabenorientierung und Beziehungsorientierung bekannt. Diese zwei Dimensionen wurden von Konfliktforschern sowohl zur Beschreibung als auch zur Erklärung des Konfliktverhaltens als Persönlichkeitsvariable oder situationsabhängige Intentionen eingesetzt. Je nach Funktion der Dimensionen wurden sie von den Forschern auch unterschiedlich benannt. Thomas (1979) definiert in seinem taxonomischen Modell die Dimensionen als kooperative Orientierung (cooperativeness) und Durchsetzungsorientierung (Assertiveness) (zit. nach Thomas, 1992). Am häufigsten werden die zwei Dimensionen jedoch als „Subjektive Wichtigkeit der eigenen Ziele" (Concern for one's own goals) und „Subjektive Wichtigkeit der Ziele des anderen" (Concern for the other`s goals) benannt (z. B. Rahim, 1983a, b, 1992; Rubin, Pruitt & Kim, 1994; Thomas, 1992b), woher auch der Name des Dual Concern Modell stammt.

Van de Vliert (1997; vgl. auch Thomas, 1992) unterscheidet zwischen verschiedenen Anwendungsmöglichkeiten (Sichtweisen) des Konfliktmanagement-Gitters:

- der Typologie des Konfliktverhaltens oder Verhandlungsverhaltens,
- dem Modell, das das Verhalten auf einer übergeordneten Ebene beschreibt und systematisiert,
- der Theorie, die das Verhalten erklärt.

Van de Vliert (1997) ergänzt diese Sichtweisen noch durch eine Metatheorie, die komplexe Beschreibungen und Erklärungen auf der Grundlage des Konfliktmanagement-Gitters liefert. Diese ist für den Zweck der Untersuchung jedoch nicht bedeutsam.

Die drei genannten Perspektiven auf das Konfliktmanagement-Gitter, die Typologie des Verhandlungsverhaltens, sowie das Modell, das eine systematische Beschreibung des Verhaltens liefert, und die erklärende Theorie sollen im folgenden behandelt werden.

4.1.2.1 Typologie: Verhandlungsverhalten

Die Begriffe Konfliktverhalten, Verhandlungsverhalten und Verhandlungsstrategien werden in den unterschiedlichen Taxonomien und daher auch im folgenden synonym verwendet.

Es wurden unterschiedliche Typologien für Verhandlungsverhalten entwickelt.[14] Die vier- und fünfteilige Taxonomie wird zur Zeit in der Forschung präferiert, weil diese Taxonomien der Komplexität von Konfliktverhalten besser gerecht werden als eine geringere Anzahl von Typen. Sie haben sich für die Theoriebildung als sinnvoller herausgestellt, da sie sowohl die Charakterisierung, Erklärung und Vorhersage des Verhandlungsverhaltens aufgrund des Eigen- und Fremdinteresses (concern for self und concern for other) ermöglichen als auch die Antizipation von Konsequenzen des Verhaltens (Cahn, 1994; Pruitt & Carnevale, 1993; Rubin, Pruitt & Kim, 1994; Van de Vliert, 1997).

Als Vierteilung wird folgende vorgeschlagen:

1. *Vermeiden (auch Passivität)*: Nichtkonfrontation, indem sich die Partei zeitlich oder endgültig vom Konflikt zurückzieht.
2. *Anpassen (auch Zugeständnisse):* Nichtkonfrontation, indem die Forderungen der anderen Verhandlungspartei erfüllt werden oder ihre Meinung angenommen wird.
3. *Problemlösen (auch Zusammenarbeit)*: Versuch, eine Lösung zu finden, die die dem Konflikt zugrundeliegenden Interessen aller beteiligten Parteien vollständig zufriedenstellt.
4. *Kampfverhalten (auch Wettbewerb, „Contending")*: Versuch, sich gegen die andere Partei durchzusetzen, ob auf indirekte und versteckte Art oder offen und direkt.

Bei der fünfteiligen Typologie wird noch eine fünfte Strategie ergänzt: die *Suche nach einem Kompromiß*. Bei der Suche nach einem Kompromiß wird versucht, zu einer gemeinsamen Übereinkunft zu gelangen, werden Zugeständnisse gemacht, wenn auch der Partner zu Zugeständnissen bereit ist. Die Suche nach einem Kompromiß wird auch als eine Mischung aus den anderen vier Verhaltenskomponenten beschrie-

---

[14] Verhandlungsverhalten wurde dichotom, aber auch drei-, vier-, fünfteilig und differenzierter typologisert *Dichotom* wurde zwischen Kampf versus Flucht (Baxter, 1982; Cannon, 1929) oder zwischen Kooperation und Wettkampf (Axelrod, 1984; Deutsch, 1949, 1973; Pruitt & Kimmel, 1977; Tjosvold, 1988) unterschieden. Diese Differenzierung hat sich jedoch als nicht ausreichend herausgestellt, um die Bandbreite und Komplexität (abundance) menschlichen Konfliktverhaltens zu beschreiben (Daves & Holland, 1989; Ruble & Thomas, 1976; Sternberg & Dobson, 1987; Van de Vliert & Prein, 1989). Faktorenanalysen schlugen auch eine *dreiteilige* Typologie des Verhandlungsverhaltens vor (Bell-Blakeney, 1977; Fitzpatrick, 1989; Lawrence & Lorsch, 1967; Ross & DeWine, 1988; Schaap, Buunk & Kerkstra, 1988; Wieder-Hatfield, 1988; Wilson & Waltman, 1988), die im Sinne HORNEYs (1945) als Bewegung auf den anderen zu, vom anderen weg oder gegen den anderen interpretiert wurde.

ben: aus Vermeiden, Kämpfen, Zugeständnisse machen und Problemlösen. Die Ausprägung der einzelnen Komponenten kann jedoch von Fall zu Fall variieren. Da hier nur homogene Verhaltenskomponenten und somit die Extreme der Dimensionen des Verhandlungsverhaltens betrachtet werden sollen, wird das Kompromißverhalten aufgrund seines chamäleonhaften Charakters in der weiteren Beschreibung vernachlässigt.

Nachdem die erste Anwendungsmöglichkeit des Konfliktmanagement-Gitters, nämlich die Typologie des Verhandlungsverhaltens beschrieben wurde, sollen jetzt die zwei weiteren Anwendungsmöglichkeiten vorgestellt werden, nämlich das Modell, das die vierteilige Taxonomie des Verhandlungsverhaltens auf einer übergeordneten Ebene beschreibt, und die Theorie, die das Verhandlungsverhalten erklärt. Zunächst soll das Modell dargestellt werden.

4.1.2.1.1 Einzelne Verhaltenskomponenten oder konglomeriertes Verhandlungsverhalten?

Empirische Ergebnisse (Falbe & Yukl, 1992; Williams, 1983, 1993; Yukl, Falbe & Young Youn, 1993) belegen, daß eine Kombination von Verhaltenskomponenten effektiver ist, um die Verhandlungsziele zu erreichen, als die Favorisierung einer einzelnen Verhaltensweise wie zum Beispiel Problemlösen. Daher sollte dieses Verhalten auch angemessen beschrieben werden. Ein solch komplexes Verhandlungsverhalten läßt sich durch die relative Ausprägung der einzelnen Verhaltenskomponenten und die Zusammenhänge zwischen ihnen charakterisieren. So kann ein gleichzeitiges Auftreten von Vermeiden und Kampfverhalten sich in indirektem, nichtkonfrontativem Kampfverhalten zeigen oder in dem Einsatz von Vermeidungstaktiken, um Druck auszuüben wie bei der „Walk-away-Verhandlung" (vgl. Van de Vliert, 1997).

4.1.2.2 Modell: Beschreibung des Verhandlungsverhaltens in Hinsicht auf ihr distributives und integratives Potential

Bei einer anderen Perspektive auf das Verhandlungsverhalten lassen sich die Komponenten des Verhandlungsverhaltens auf ihr distributives und integratives Potential hin charakterisieren (auch in Thomas, 1992; Van de Vliert, 1997). Das Ziel von distributiven Verhaltensweisen besteht darin, das Gut zwischen den Verhandlungsparteien zu verteilen, während das Ziel von integrativen Verhaltensweisen darin besteht, die zu verteilende Summe insgesamt zu vergrößern. Zum besseren Verständnis sei das häufig zitierte Beispiel des Streits zweier Schwestern um eine Orange genannt. Das erste Mädchen möchte mit der Orangenschale einen Kuchen backen. Das zweite Mädchen möchte den Orangensaft auspressen. Setzen die Mädchen distributive Verhaltensweisen ein, versuchen sie den Anteil an der Orange für sich zu vergrößern. Wählen sie integrativen Verhaltensweisen, dann versuchen sie ihre Ziele optimal zu realisieren. Eine solche optimale Lösung wäre dann gegeben, wenn das eine Mädchen die Schale erhält und das andere das Innere der Orange.

Distributive Verhaltensweisen wählen Verhandlungsführer dann, wenn sie von einer konstanten, unveränderlichen Summe ausgehen, die zwischen den Verhandlungsparteien verteilt werden muß, während sie sich integrativ verhalten, wenn sie von einer variablen Summe ausgehen (Thomas, 1992; Van de Vliert, 1997).

Wenn das zu verhandelnde Gut als begrenzt wahrgenommen wird, also als konstante Summe, dann wird der Gewinn des einen als Verlust des anderen verstanden. Wird die zu verteilende Summe hingegen variabel wahrgenommen, so besteht die Möglichkeit, daß die Interessen aller beteiligten Verhandlungsparteien optimal zufriedengestellt werden. Wird das integrative Potential genutzt, wird in der Konfliktliteratur auch davon gesprochen daß der zu verteilende Kuchen vergrößert wird (Pruitt & Carnevale, 1993).

Die integrative Dimension verbindet die Verhandlungskomponenten Vermeiden und Problemlösen und die distributive Dimension verbindet die Verhandlungskomponenten Zugeständnisse machen und Kampfverhalten.[15]

Vermeidung des Konfliktes, Zugeständnisse und Kampfverhalten werden als Verhandlungsverhalten beschrieben, das von einer konstanten Summe ausgeht, wobei bei Zugeständnissen diese Summe zugunsten der anderen Verhandlungspartei verteilt wird und bei Kampfverhalten zugunsten der eigenen Partei. Wird der Konflikt vermieden, wird keine - wie auch immer geartete - Verteilung der zur Verfügung stehenden Summe angestrebt.

Das größte integrative Potential wird der Problemlösestrategie zugeschrieben, die auf eine „Vergrößerung des Kuchens" abzielt. Es wird versucht, die zugrunde liegenden Interessen optimal zufriedenzustellen. Dafür ist erforderlich, daß die Verhandlungsparteien ihre zugrundeliegenden Interessen offenlegen und daß sie von der Annahme ausgehen, daß der Gewinn der einen Partei nicht gleichzeitig zu einem Verlust für die andere Partei führt und daß beide Parteien gleichzeitig gewinnen können. Daher müssen vorher definierte Ziele möglicherweise umdefiniert werden. Damit eine solche zufriedenstellende Lösung gefunden wird, ist Kreativität erforderlich. Das Ziel ist nicht im vorhinein klar definiert, sondern wird erst entwickelt.

Die integrative Dimension repräsentiert somit die antizipierten Unterschiede in der Größe des gemeinsamen Profites. Sie wird auch als „Kooperation" (Deutsch, 1949, 1973), „Beziehungsdimension" (Hocker & Wilmot, 1985) oder das „Prinzip, Wert für alle zu schaffen" (Lax & Sebenius, 1986) bezeichnet. Die distributive Dimension repräsentiert die antizipierten Ergebnisse einer zu verteilenden konstanten Summe für die Konfliktparteien. Sie firmiert auch unter den Bezeichnungen „Wettbewerb" (Deutsch, 1949, 1973), „Nullsummen-Dimension" (Bacharach & Lawler, 1981; Zartmann, 1976) oder das „Prinzip, für jeden einzelnen Wert zu fordern" (Lax & Sebenius, 1986).

[15] Zwischen den zwei Dimensionen wurde theoretisch Unabhängigkeit angenommen (Blake & Mouton, 1964, 1970). Empirisch zeigte sich jedoch ein positiver Zusammenhang zwischen ihnen (Van de Vliert, 1997). Van de Vliert interpretierte das Ergebnis so, daß die Probanden die Verhaltensweisen Zugeständnisse und Vermeiden als überlappend wahrnahmen oder daß die Probanden einen Zusammenhang zwischen Zugeständnissen und Vermeiden wahrnahmen aufgrund ihrer gemeinsamen nichtkonfrontativen Komponente.

Für die Annahme, daß die integrative und die distributive Dimension den Komponenten des Verhandlungsverhaltens als beschreibende Struktur zugrunde liegen, wurden mehrfach *empirische Belege* erbracht. Diese sollen im Folgenden vorgestellt werden.

4.1.2.3 Validierung der integrativen und distributiven Dimension

In den Validierungsstudien wurde untersucht, inwiefern die unterschiedlichen Typen des Verhandlungsverhaltens durch die integrative und distributive Dimension beschrieben werden können. So konnte die integrative und distributive Dimension in einer Faktorenanalyse von Fragebogenitems, mit denen die fünf Typen des Verhandlungsverhaltens erfaßt wurden (Prein, 1976, zitiert nach Van de Vliert, 1997), sowie in einem vergleichenden Test der Beziehung zwischen den fünf Verhaltenskomponenten und aufgrund von multidimensionaler Skalierung einer größeren Bandbreite von Verhaltenskomponenten (Van de Vliert, 1997) nachgewiesen werden.

In seiner ersten Validierungsstudie testet Van de Vliert Hypothesen zu den relativen Zusammenhängen zwischen den fünf Typen des Verhandlungsverhaltens, die ihre Position auf der distributiven und integrativen Dimension reflektieren. Van de Vliert konnte die Existenz der integrativen Dimension bestätigen, da Vermeiden weniger weniger positiv mit Problemlösen korreliert als beide Verhaltenskomponenten Vermeiden und Problemlösen mit Zugeständnissen und Kämpfen korrelieren. Auch die Existenz der distributiven Dimension konnte Van de Vliert bestätigen, da Zugeständnisse weniger positiv mit Kämpfen korreliert als beide Verhaltenskomponenten mit Vermeiden und Problemlösen korrelieren. Die fünf Typen des Verhandlungsverhaltens wurden anhand fünf unterschiedlicher Untersuchungsinstrumente erhoben. Zu diesen gehören das Conflict Management Survey (CMS, Hall, 1969), das Organizational Communication Conflict Instrument (OCCI, Putnam & Wilson, 1982), Rahim's Organizational Conflict Inventory (ROCI, Rahim, 1983a, b), Management of Differences Exercise (MODE, Thomas & Kilman, 1974) und der Dutch Test of Conflict Handling (DUTCH, Janssen & Van de Vliert, 1996).

Die zweite Studie, eine Reanalyse der Daten von Sternberg et al. (Sternbergs & Dobson, 1987; Sternberg & Soriano, 1984) durch Van de Vliert stimmt mit den vorherigen Ergebnissen überein.

Insgesamt gesehen wird die Annahme, daß sich die den fünf Komponenten des Verhandlungsverhaltens zugrundeliegende Struktur durch eine distributive und eine integrative Dimension beschreiben läßt, bestätigt.

Bisher wurde auf der Grundlage des Konfliktmanagement-Gitters die Typologie des Verhandlungsverhaltens und ein Modell zu einer übergeordneten Beschreibung der Verhaltenskomponenten vorgestellt. Das Verhandlungsverhalten kann jedoch nicht nur beschrieben, sondern auch erklärt und vorhergesagt werden. Im folgenden Abschnitt soll eine erklärende Theorie des Verhandlungsverhaltens vorgestellt werden.

4.1.2.4 *Erklärende Theorie: Wahrgenommene Wichtigkeit der eigenen Ziele und der Ziele der anderen Verhandlungspartei: Prädiktoren des Verhandlungsverhaltens*

Es wird angenommen, daß zwei Faktoren das dominante Verhandlungsverhalten bestimmen, die „Subjektive Wichtigkeit der eigenen Ziele" (Concern for one's own goals) und die „Subjektive Wichtigkeit der Ziele des anderen" (Concern for the other`s goals) (z. B. Rahim, 1983a, b, 1992; Rubin, Pruitt & Kim, 1994; Thomas, 1992).

Diese zwei Dimensionen „Subjektive Wichtigkeit der eigenen Ziele" und „Subjektive Wichtigkeit der Ziele der anderen Verhandlungspartei" sollen zusammen das dominante Konfliktverhalten folgendermaßen bestimmen:

Das Konfliktthema wird *vermieden*, wenn sowohl die eigenen Ziele und Interessen als auch die der anderen Partei als unbedeutend angesehen werden. Schreibt ein Verhandlungsführer den eigenen Zielen maximale Bedeutung zu, vernachlässigt er jedoch die der anderen Partei, dann entscheidet er sich für *Kampfverhalten*. *Zugeständnisse* sind darauf zurückzuführen, daß den Zielen des anderen größere Bedeutung beigemessen wird als den eigenen. Diese Interessenkonstellation taucht auf, wenn eine Person großen Wert auf eine harmonische Beziehung legt. Wenn sowohl die eigenen Ziele und Interessen als wichtig betrachtet werden als auch die Interessen und Ziele der anderen Verhandlungspartei, dann wird *Problemlösen* vorhergesagt.

Studien, die diese Annahmen überprüften, brachten unterschiedliche Ergebnisse: Während die experimentellen Studien Ben-Yoavs & Pruitts (1984a, 1984b), Butlers (1994) und Pruitt et al. (1983) diese Annahmen bestätigten, konnte in den Untersuchung Van de Vlierts (1997) teilweise Belege erbracht werden. Die Bedeutung des eigenen Zieles konnte nur die Verhaltensweise Kämpfen vorhersagen. Interaktive Effekte der zwei Prädiktoren zeigten sich in bezug auf Kompromiß und Zugeständnisse, jedoch entgegen der Annahmen nicht beim Problemlösen. Die beste Vorhersagekraft hatte die Bedeutung des Zieles der anderen Verhandlungspartei.

Eindeutig ist an diesen Studien, daß den Dimensionen „Subjektive Wichtigkeit der eigenen Ziele" und „Subjektive Wichtigkeit der Ziele der anderen Verhandlungspartei" durchaus der Status von Prädiktoren zugeschrieben werden kann.

Es wurde bisher berichtet, inwiefern das Verhandlungsverhalten durch die Faktoren „Subjektive Wichtigkeit der eigenen Ziele" und „Subjektive Wichtigkeit der Ziele der anderen Verhandlungspartei" erklärt und vorhergesagt werden kann. Es ist jedoch noch nicht klar, wann oder warum die eigenen Ziele und Interessen und wann die Ziele und Interessen des anderen Verhandlungspartners als wichtig oder unwichtig angesehen werden. Diese Frage soll im folgenden Abschnitt geklärt werden.

Verfolgung und Berücksichtigung eigener Interessen und der Interessen des Verhandlungspartners: Selbstzweck oder instrumentell?

Abgesehen davon, daß eine Berücksichtigung eigener Interessen und der Interessen des Verhandlungspartners Selbstzweck sein kann (intrinsische Motivation), können auch pragmatisch instrumentelle Gründe dafür gegeben sein, eigene oder fremde Ziele stärker zu verfolgen oder zu berücksichtigen (extrinsische Motivation). So kann die Berücksichtigung der Ziele und Interssen der anderen Verhandlungspartei auch durch Eigeninteresse motiviert sein. Das ist der Fall, wenn der Verhandlungsführer aufgrund einer kooperativen Orientierung sich größeren Gewinn verspricht als aufgrund einer individualistischen oder kompetitiven Orientierung. Das heißt, Verhandlungsführer sind dann motiviert, fremde und eigene Ziele oder Interessen zu erreichen, wenn positive Konsequenzen damit verbunden sind (Rubin, Pruitt & Kim, 1994; Thomas, 1992; Van de Vliert, 1997). Konsequenzen der Berücksichtigung fremder Interessen können sein: eine langfristige Beziehung, ein vertrauensvolles Verhältnis, ein transparenter Informationsaustausch, und ein guter Eindruck beim Verhandlungspartner. Konsequenzen der Vertretung eigener Interessen kann ein guter Eindruck im eigenen Unternehmen oder beim eigenen Vorgesetzten sein (vgl. Friedman, 1994).

Attraktiv sind diese Verhaltenskonsequenzen nur, wenn es sich um erstrebenswerte Ziele für die Verhandlungspartei handelt: Die Interessen und Ziele des anderen zu berücksichtigen, ist nützlich, wenn langfristige (self and other's concern) Beziehungen angestrebt werden, die Verantwortlichkeit gegenüber dem Verhandlungspartner stark ausgeprägt ist, ein guter Eindruck beim Verhandlungspartner hinterlassen werden muß, eine vertrauensvolle Beziehung und ein transparenter Informationsaustausch zwischen den Verhandlungspartnern angestrebt wird. Daß die Berücksichtigung der Interessen des Verhandlungspartners durch diese Ziele beeinflußt werden, zeigen zahlreiche Studien (vgl. Pruitt & Carnevale, 1993).

Ist die Verantwortlichkeit gegenüber den Mitarbeitern des Unternehmens oder dem Vorgesetzten stark ausgeprägt oder üben diese Druck aus, so ist es für einen Verhandlungsführer wichtig, bei ihnen den Eindruck zu hinterlassen, daß um ihre Interessen stark gekämpft wird. Das heißt in diesem Fall ist eine stärkere Verfolgung der eigenen Ziele nützlich. Diese Annahmen werden durch zahlreiche empirisch Belege unterstützt (Pruitt & Carnevale, 1993, S. 107 ff.).

Die Bedeutung der Konsequenzen ist nicht unabhängig voneinander. Werden langfristige Beziehungen angestrebt, so gewinnen in der Regel auch Vertrauen, ein transparenter Informationsaustausch und der Wunsch danach, einen guten Eindruck beim Verhandlungspartner zu hinterlassen, an Gewicht.

4.1.3 Inwiefern erfüllt das Konfliktmanagement-Gitter die Anforderungen, die an die Indikatoren für die Stereotypisierungsdimensionen gestellt werden?

Zusammengefaßt wurden folgende Anforderungen an ein Verhandlungsmodell gestellt, daß Indikatoren für die Stereotypisierungsfunktionen liefert:

- Es sollte kulturell angemessen sein. Das heißt, die Annahmen, die dem Verhandlungsmodell zugrunde liegen, sollten sowohl für die russische als auch für die deutsche Verhandlungskultur Gültigkeit besitzen.
- Die Dimensionen des Verhandlungsverhaltens, die es für die Stereotypisierung liefert, sollten für die Herstellung und Aufrechterhaltung sozialer Identität und

für die Herstellung und Reflektion der Beziehungen zwischen den russischen und deutschen Verhandlungsführern relevant sein.

- Die Dimensionen des Verhandlungsverhaltens sollte eine Validierung der Stereotype ermöglichen.

4.1.3.1 *Inwiefern ist die Übertragung des Konfliktmanagement-Gitters auf die russische und deutsche Verhandlungskultur angemessen?*

Von diesem Modell wird nicht nur angenommen, daß es Verhandlungsverhalten in unterschiedlichen Bereichen wie in der Politik, in der Familie und auch in der Wirtschaft beschreibt, erklärt und vorhersagt (z. B. Pruitt, 1991; Pruitt & Carnevale, 1993; Thomas, 1976, 1992; Van de Vliert, 1997), sondern auch daß es auf unterschiedliche Kulturen übertragbar ist. So wurde unter Bezug auf dieses Modell die Abhängigkeit des Verhandlungsverhalten von unterschiedlichen kulturellen Wertorientierungen untersucht, so in Europa (Van Oudenhoven, Mechelse & De Dreu, 1998), Ostasien (Trubisky, Ting-Toomey & Sung-Ling, 1991; Smith, Dugan, Peterson & Leung, 1998) und Nord- und Südamerika (Gabrieldis, Stephan, Ybarra, Dos Santos, Pearson & Villareal, 1998). Es ist zu erwarten, daß das Konfliktmanagement-Gitter auch auf den Kontext russischer oder deutsch-russischer Wirtschaftsverhandlungen übertragbar ist. Aufgrund fehlender expliziter Validierungen sollte das Modell in diesem Kontext dennoch explizit validiert werden.

4.1.3.2 *Inwiefern liefert das Konfliktmanagement-Gitter relevante Dimensionen zur Stereotypisierung?*

Hier soll noch einmal den Fragen nachgegangen werden, inwiefern das Konfliktmanagement-Gitter die Anforderungen erfüllt, die an Indikatoren für die Stereotypisierungsdimensionen gestellt werden (s. Kapitel 4.1.1, S. 53).

Die Dimensionen, auf denen stereotypisiert wird, sollten für die Definition der nationalen Identität und der Beziehung zwischen den Nationen oder Kulturen (und somit für die Beziehung zwischen den Verhandlungsführern unterschiedlicher nationaler oder kultureller Herkunft) relevant sein.

Die traditionellen Dimensionen „Aufgabenorientierung“ und „Beziehungsorientierung“, die sich in der Organisationspsychologie immer wieder als grundlegende Klassifikationen von Führungsstilen herausgestellt haben, liegen auch dem Konfliktmanagement-Gitter als „Subjektive Wichtigkeit der eigenen Ziele und Interessen“ und „Subjektive Wichtigkeit der Ziele und Interessen der anderen Verhandlungspartei“ zugrunde.

Die gleichen Dimensionen zeigten sich auch in zahlreichen Untersuchungen zur sozialen Identität als zentral, wie etwa im Ost-West-Verhältnis, das heißt im Verhältnis zwischen Ost- und Westdeutschland (Kanning & Mummendey, 1993, Leuschner, 1996); Deutschen und Polen (Dietze & Lettgen, 1994), Polen und Russen (Dietze & Lettgen, 1994) oder auch zum Männer-Frauen-Verhältnis. Diese Dimensionen leiten systematisch die Bewertung unterschiedlicher Gruppen: So wird die mächtigere und/oder statushöhere Gruppe auf den Dimensionen der Kompetenz und die schwächere oder statusniedrigere auf den beziehungsorientierten Dimensionen höher eingeschätzt.

Daher ist davon auszugehen, daß das Konfliktmanagement-Gitter auch relevante Dimensionen zur Definition der sozialen Identität und der Beziehungen zwischen den Gruppen in deutsch-russischen Wirtschaftsverhandlungen liefert.

4.1.3.3 Inwiefern liefert das Konfliktmanagement-Gitter Dimensionen, die die Validierung der Stereotypeninhalte ermöglichen?

Die Stereotype werden nicht am beobachteten fremdkulturellen Verhandlungsverhalten validiert, sondern an dem von den fremdkulturellen Verhandlungsführern bevorzugten Verhandlungsverhalten, das per Fragebogen erhoben wird. Es wurde davon ausgegangen, daß die Validierung der Stereotype anhand des von den fremdkulturellen Verhandlungsführern bevorzugten Verhaltens nur sinnvoll ist, wenn von einer Übereinstimmung zwischen Verhaltensintention und beobachtbaren Verhalten auszugehen ist. Eine Übereinstimmung ist nach Ajzen & Fishbein (1977) dann zu erwarten, wenn das von den fremdkulturellen Verhandlungsführern bevorzugte Verhandlungsverhalten möglichst konkret erfaßt wird[16]. Als realisierbare Abstraktionsebene wird die der „interpretativen Handlungsverben“[17] (Semin & Fiedler, 1991) angestrebt. Das Konfliktmanagement-Gitter liefert mit den Verhaltenskomponenten Zugeständnisse, Problemlösen, Kämpfen und Vermeiden eine Verhaltenstypologie auf der Abstraktionsbene interpretativer Handlungsverben. Somit liefert das Konfliktmanagement-Gitter auch Verhaltensdimensionen, die die Validierung von Stereotypen ermöglichen.

4.2 Indikatoren für wahrgenommenen Verhandlungserfolg

Zunächst sollen die Grenzen aufgezeigt werden, die die Erfassung des Verhandlungserfolges einschränken. In einem zweiten Schritt werden Merkmale internationaler Wirtschaftsverhandlungen dargestellt, die durch die Wahl der Kriterien berücksichtigt werden sollten, um im Anschluß die von Underdal (1991) vorgeschlagene Kriterien zu diskutieren, und schließlich ein Fazit zu ziehen, wie der Verhandlungserfolg in internationalen Verhandlungen erhoben werden sollte.

[16] Die Begründung, warum die Diskrepanz auf diesem Niveau erfaßt werden sollte, ist in der wissenschafstheoretischen Diskussion zur Validierbarkeit von Stereotypen unter Berücksichtigung des Kompatibilitätsprinzips Ajzens und Fishbeins in Kapitel 3.3.1.2.1.2 Handlungs- und Erlebnis-Repräsentanz, S.47 nachzuvollziehen.

[17] Vgl. die Unterscheidung im linguistischen Kategorienmodell Semin und Fiedlers zwischen beschreibenden Handlungsverben, interpretativen Handlungsverben, Zustands-Handlungsverben, Zustandsverben und reinen Adjektiven (Kapitel 3.3.1.2.1.2, S. 47ff.)

4.2.1 Grenzen der Erfassung von Verhandlungserfolg

Die Erfassung der Verhandlungsergebnisse, wie sie das Dual Concern-Modell auf distributiven und integrativen Dimensionen definiert, sind in internationalen Wirtschaftsverhandlungen aus den unter Kapitel I beschriebenen Gründen nicht sinnvoll.

Sie erfordern einen transparenten Markt, das heißt eine Transparenz von Angebot und Nachfrage, die nicht gegeben ist, weil (s. Kapitel 1) das Wissen um mögliche Übereinstimmungen in Zielen und Interessen der Verhandlungspartner unvollständig ist. Zudem können erforderliche Zeit und Ressourcen für Verhandlungsmechanismen in Abhängigkeit vom Verhandlungsverhalten variieren (Cross, 1991); das heißt, das Ergebnis kann nicht unabhängig von den Kosten für den Verhandlungsprozeß selbst betrachtet werden.

Die Erfassung von Joint Outcomes erfordert, daß eine unabhängige objektive Instanz Einsicht in alle mögliche Ergebniskombinationen erhält. Das ist unrealistisch. Ein Verhandlungsführer kann den Verhandlungserfolg nur aus seiner Sicht beurteilen. Somit wird der Forscher immer nur Daten über den „wahrgenommenen Verhandlungserfolg“ erhalten.

Konkrete Zahlen und Themen, über die verhandelt wurde, können nicht erfaßt werden, da diese meist geheimgehalten werden und außerdem die zu befragenden Verhandlungsführer und ihre Erfahrungen zu heterogen sind, um aufgrund so konkreter Daten den Erfolg bestimmen zu können. So sind Kriterien notwendig, die nicht so allgemein sind, daß sie keine Aussagekraft mehr besitzen, aber auch so abstrakt, daß man unterschiedliche Verhandlungsführer in bezug auf diese Kriterien vergleichen kann.

4.2.2 Zu berücksichtigende Merkmale internationaler Wirtschaftsverhandlungen

Außerdem sollten die Kriterien der Komplexität internationaler Wirtschaftsverhandlungen gerecht werden wie

- der Unsicherheit, ob eine Übereinkunft auch wirklich realisiert wird, da übergeordnete Institutionen fehlen, die bei Verstoß gegen den Vertrag Sanktionen verhängen können (Underdal, 1991),
- der Anpassung an eine sich ständig verändernde Umwelt, wie z. B. Wechselkurse (Kouhane & Nye, 1977),
- der Unmöglichkeit alle Folgen bei derart komplexen Übereinkünften vorherzusehen (Iklé, 1964; Winham, 1977).

Daher ist es sinnvoll, sowohl das Verhandlungsergebnis und die Folgen mit zu erfassen (vgl. Easton, 1965; Sharkansky, 1970), als auch den eigenen Nutzen und den wahrgenommenen Nutzen für den Verhandlungspartner.

In diesem Sinne bietet Underdal (1991) fünf Typen von Kriterien an.

4.2.3 Fünf Kriterien zur Bewertung von Verhandlungserfolg

Underdal (1991) diskutiert fünf Kriterien zur Bewertung des Verhandlungserfolges: das Erreichen einer Übereinkunft, Effizienz, Stabilität, Verteilung und der Abstand von den Ausgangspositionen. Diese sollen hier vorgestellt und diskutiert werden.

Übereinkunft

definiert Underdal als Austausch bedingter Versprechungen. Als wichtigsten Aspekt bei Abwesenheit von Institutionen mit Sanktionsmacht nennt er Commitment gegenüber der ausgehandelten Übereinkunft oder der anderen Partei.

In Wirtschaftsverhandlungen werden die Übereinkünfte in der Regel in (Form von) schriftlichen Verträgen festgehalten. Das Zustandekommen eines Vertrages kann jedoch unter Umständen wenig über den Erfolg der Verhandlungen aussagen. Die Übereinkunft gibt keine Informationen darüber, in bezug auf welche Angelegenheiten eine Übereinkunft getroffen wurde: Wurde eine längerfristige Zusammenarbeit beschlossen oder ging es nur um eine vereinzelte Warenlieferung? Es bleibt unklar, ob die Übereinkunft auch die beste Entscheidung war und ob beide Parteien die Versprechungen einhalten werden.

Über die Qualität der Entscheidung geben andere Kriterien Aufschluß wie zum Beispiel die Effizienz, die Stabilität und die Verteilung des zu verhandelnden Gutes.

Effizienz

wird von Underdal verstanden als der Abstand zwischen dem, was möglich war zu erreichen und was tatsächlich erreicht wurde. Das Optimum ist jedoch kaum zu bestimmen. Auch hier stehen keine objektiven Daten zur Verfügung. Es kann nur erfaßt werden, wie nah die Übereinkunft den ursprünglichen Maximal- oder Minimalvorstellungen des Verhandlungsführers gekommen ist. Des weiteren unterscheidet Underdal zwischen Ergebniseffizienz und Prozeßeffizienz. Während sich die Ergebniseffizienz nur auf das Endresultat bezieht und damit schwer zu erfassen ist, bezieht sich Prozeßeffizienz auf Kosten, die durch den Verhandlungsprozeß selbst entstehen. Die Prozeßeffizienz kann jedoch auch wieder die Ergebniseffizienz bestimmen.

Als Hindernis für die Effizienz wird die unzureichende Information über die Folgen von Entscheidungen angesehen. Wie gut die zur Verfügung stehende Information ist, hängt jedoch auch vom gegenseitigen Vertrauen der Verhandlungsparteien ab, welches eine Grundlage für offenen Informationsaustausch bildet. Somit können Vertrauen und Informationsaustausch als Aspekte der Prozeßeffizienz aufgefaßt werden. Zwar kann nicht die Ergebniseffizienz erfaßt werden, jedoch die Prozeßeffizienz.

Ein gutes Verhältnis zwischen den Verhandlungsparteien erhöht die Wahrscheinlichkeit, daß eine Übereinkunft dem Optimum möglichst nahekommt. Doch Offenheit garantiert keinen Vertragsabschluß. Sie kann die Verhandlungsparteien schnell erkennen lassen, daß ihre Vorstellungen nicht zusammenpassen. Somit erscheint es mir sinnvoll, die Effizienz indirekt über Vertrauen, Offenheit und Informationsaustausch zu bestimmen.

Stabilität

Eine Übereinkunft wird als stabil angesehen, wenn kaum Anreize vorhanden sind, gegen die Vereinbarungen zu verstoßen, sei es in Form von Vertragsbrüchen oder sogar ein Zurücktreten vom Vertrag (vgl. auch Thompson, 1996). Wie schon mehrmals erwähnt, fehlen in internationalen Verhandlungen supranationale Institutionen, die die Einhaltung von Verträgen garantieren können. Daher hängt es von anderen Aspekten ab, ob die Verhandlungsparteien ihre Versprechen einhalten werden.

Perfekte Stabilität sei gegeben, wenn ein Machtgleichgewicht bestehe und Kooperation dem Selbstinteresse der Parteien diene und daher selbstverstärkend wirke (Underdal, 1991). Jedoch könne auch bei ungleichgewichtiger gegenseitiger Abhängigkeit die Lösung stabil sein. Young (1979) sieht in diesem Fall Angst vor Vergeltung als effizientes dezentralisiertes Sanktionsinstrument an. Underdal zählt vier unterschiedliche Situationen auf, in denen ein Anreiz, gegen die Vereinbarungen zu verstoßen, gegeben ist:

1. Eine Partei schlußfolgert, daß sie aufgrund des Vertrages schlechter abschneidet als wenn keine Übereinkunft erzielt worden wäre.
2. Eine Verhandlungspartei entdeckt, daß der Verhandlungspartner sie betrogen hat oder zu einer Übereinkunft gezwungen hat, deren „payoffs" Gewinn wesentlich unter dem liegt, was der Verhandlungspartner akzeptiert hätte.
3. Ein Verhandlungsführer nimmt an, daß er seinen Gewinn erhöhen kann, indem er gegen Vereinbarungen verstößt. Verstöße sind entweder möglich, ohne Sanktionen erwarten zu müssen, oder die negativen Folgen unterscheiden sich kaum bei erfolgreichen und erfolglosen Verstößen.
4. Ein Akteur ist subjektiv unzufrieden und verlangt Neuverhandlungen (Lewicki & Litterer, 1985).

Jedoch wird Stabilität nicht nur über das Einhalten des Vertrages definiert, sondern auch über die Absicht, den Vertrag weiterauszubauen oder weiterhin in Projekten zusammenzuarbeiten.

Daher sieht Underdal Stabilität nicht als eine Dimension, sondern als zwei Dimensionen: als Anreiz, gegen Vereinbarungen zu verstoßen, und als Anreiz, zukünftige Zusammenarbeit anzustreben. Daraus ergeben sich vier mögliche Kombinationen, die die Stabilität charakterisieren:

1. Anreiz, gegen Vereinbarungen zu verstoßen, und kein Anreiz, die Zusammenarbeit auszubauen,
2. Anreiz, gegen Vereinbarungen zu verstoßen, und Anreiz, die Zusammenarbeit auszubauen,
3. Kein Anreiz, gegen Vereinbarungen zu verstoßen und kein Anreiz, die Zusammenarbeit auszubauen,
4. Kein Anreiz, gegen Vereinbarungen zu verstoßen, und Anreiz, die Zusammenarbeit auszubauen.

Verteilung

Die Verteilung des Gutes, über das verhandelt wird, läßt sich danach bewerten, inwiefern neuer Wert geschaffen wurde (integrativ), da heißt inwiefern die Interessen der beiden Parteien maximal zufriedengestellt wurden, und zu welchem Anteil das Gut zwischen den Parteien aufgeteilt wurde. Nach Underdal beeinflußt die relative Verhandlungsmacht (strukturelle Macht),[18] das heißt, welchem Verhandlungspartner bessere Alternativen zu einer verhandelten Übereinkunft zur Verfügung stehen, zu welchen Anteilen die Summe zwischen den Parteien aufgeteilt wird. Je schlechter die die letztendliche Verteilung die relative Verhandlungsmacht repräsentiere, desto stärker habe die Verhaltensmacht das Ergebnis beeinflußt (Underdal, 1991), das heißt aufgrund geschickten Verhandlungsverhaltens. Über einer gewissen Grenze geht die Maximierung des eigenen Anteils jedoch zu Lasten des Partners und verringert dessen Bereitschaft, die Vereinbarungen einzuhalten. Somit wird die zukünftige Partnerschaft der Verhandlungsparteien beeinträchtigt oder sogar völlig unmöglich.

Jedoch können auch Normen die Verteilung leiten: die individualistische und die kompetitive Norm, die Leistungsnorm (Equity-Prinzip) und die Gleichheitsnorm. Es gibt keine Kriterien, anhand derer objektiv beurteilt werden kann, an welcher Norm sich Verhandlungsführer orientieren sollten. Die Favorisierung der Normen unterscheiden sich in Abhängigkeit von der Person, der Kultur, vom Kontext (privat, Kollege, Mitglied der Eigengruppe, Mitglied der Fremdgruppe) und von der Ideologie bzw. dem vorherrschenden Marktprinzip.

In kooperativen Verhandlungen orientieren sich die Verhandlungsführer an Gerechtigkeits-Normen wie der Gleichheitsnorm, der Bedürfnisnorm oder der Leistungsnorm. Im marktwirtschaftlichen Kontext wird vorwiegend die kompetitive Norm und die Leistungsnorm bevorzugt. Der Preis von Gütern wird bestimmt durch Angebot und Nachfrage. Im idealen sozialistischen Kontext herrschen die Gleichheitsnorm und die Bedürfnisnorm vor, jedoch nicht notwendigerweise im realsozialistischen Kontext. Auch heute sind diese Unterschiede in den Gerechtigkeitsvorstellungen bezüglich der Entlohnung von Mitarbeitern zu beobachten (Giacobbe-Miller, Miller & Victorov, 1998; Müller & Clark, 1998). Zudem wird in Osteuropa und besonders ausgeprägt in Rußland eine geringere Ausprägung der Leistungsnorm in dem Sinne beobachtet, daß Personen entweder bereit sind, viel Leistung zu erbringen und wenig zu fordern oder daß sie viel fordern, aber nicht bereit sind, die entsprechende Leistung zu erbringen (Magun, 1996). Da Gerechtigkeitsnormen jedoch kontextabhängig sind, können sie nicht ohne Überprüfung von Entlohnungsprinzipien auf Wirtschaftsverhandlungen übertragen werden.

Individualistisch und kollektivistisch orientierte Kulturen unterscheiden sich in bezug auf die vorherrschenden Verteilungsnormen. Kollektivistische Kulturen bevorzugen die Gleichheitsnorm und die Bedürfnisnorm innerhalb ihrer eigenen Gruppe, jedoch nicht bei Verteilungen zwischen Eigengruppe und Fremdgruppe.

[18] Die Verhandlungsmacht wird darüber bestimmt, welche Alternativen im Vergleich zu keiner Übereinkunft am besten sind (BATNA) (Pruitt & Carnevale, 1993; Underdal, 1991)

Individualistische Kulturen differenzieren weniger stark zwischen Eigengruppe und Fremdgruppe und präferieren die Leistungsnorm (Bond, Leung & Schwartz, 1992; Leung; 1988; Triandis, Bontempo, Villareal, Asai et al., 1988).

Aufgrund der ehemals sozialistischen Orientierung und der Geschichte Rußlands wird davon ausgegangen, daß in Rußland eine eher kollektivistische Orientierung vorherrscht (Shikhirev, 1994), während Deutschland eher als eine individualistische Kultur bewertet wird (Hofstede, 1993). Untersuchungsergebnisse zur Ausprägung von Individualismus und Kollektivismus in Rußland widersprechen sich darin, ob die russische Kultur kollektivistischer ist als andere (Stromberg & Boehnke, 1997; Liutho, 1995, Smith, Dugan & Trompenaars, 1996).

Abstand von den Ausgangspositionen

Der Abstand des Verhandlungsergebnisses von den Ausgangspositionen werde häufig als Indikator für Performanz oder Fairness angesehen (Underdal, 1991, S. 114). Ausgangspositionen können jedoch je nach Verhandlungsstil unterschiedliche Bedeutungen haben, wie zum Beispiel wenn das erste Angebot oder die erste Forderung jenseits aller der erfüllbaren Möglichkeiten liegt („Blue sky bargaining“) oder wenn mit dem ersten Angebot oder der ersten Forderungen schon das zu realisierende Endergebnis gefordert wird („final offer first“). Daher kann der Abstand von den Ausgangspositionen nicht direkt individuellen oder kollektiven Erfolg indizieren. Jedoch stelle der Abstand zusätzliche reichhaltige Information über den Verhandlungsprozeß zur Verfügung.

4.2.4 Fazit

Jedes Kriterium ist für sich problematisch und kann nicht als alleiniger Indikator für den Verhandlungserfolg herangezogen werden. Hinzu kommt, daß Bewertung und Gewichtung der Kriterien sich sowohl von Person zu Person unterscheiden können als auch von Kultur zu Kultur. Daher scheint es sinnvoll, zu untersuchen, anhand welcher Kriterien russische und deutsche Verhandlungsführer Verhandlungen als erfolgreich beurteilen. Zu diesem Zweck bietet es sich an, den „wahrgenommenen Verhandlungserfolg“ subjektiv bestimmen zu lassen und die differentiellen Kriterien zu kombinieren.

Dadurch können differentielle Zusammenhänge erfaßt werden. Ein kultureller Vergleich der Gewichtung der Kriterien in ihrer Bedeutung für den „wahrgenommenen Verhandlungserfolg“ wird so möglich.

5 Die empirische Untersuchung: Funktionalität von verhaltensorientierten Stereotypen in deutsch-russischen Wirtschaftsverhandlungen

Das Ziel der Untersuchung besteht darin, die Bedeutung von drei Stereotypisierungsfunktionen für den „wahrgenommenen Konflikt" und den „wahrgenommenen Verhandlungserfolg" in deutsch-russischen Wirtschaftsverhandlungen zu untersuchen. Dabei soll berücksichtigt werden, daß die Funktionen für russische und deutsche Verhandlungsführer im unterschiedlichen Maße bedeutsam sein können. Da sich die untersuchten Stereotypisierungsfunktionen auf Stereotype des russischen und des deutschen Verhandlungsverhaltens beziehen, sollen die Unterschiede zwischen dem von den russischen und den deutschen Verhandlungsführern bevorzugten Verhandlungsverhalten analysiert werden. Ein Vergleich des russischen und deutschen Verhandlungsverhaltens setzt jedoch voraus, daß dieses vergleichbar ist. Das heißt in anderen Worten, dem Verhandlungsverhalten sollte in beiden Kulturen die gleiche Struktur zugrunde liegen. Eine solche allgemeingültige kulturunabhängige Struktur postuliert das Konfliktmanagement-Gitter. Daher soll im dritten Teil der Untersuchung das Konfliktmanagement-Gitter validiert werden. Somit gliedert sich die Untersuchung in drei Teile:

1. die Analyse der Bedeutung der Stereotypisierungsfunktionen für den „wahrgenommenen Konflikt" und den „wahrgenommenen Verhandlungserfolg" in deutsch-russischen Wirtschaftsverhandlungen,
2. den kulturellen Vergleich des von russischen und von deutschen Verhandlungsführern bevorzugten Verhandlungsverhaltens und
3. die Validierung des Konfliktmanagement-Gitters.

Bei der Ableitung der Hypothesen sollen diese drei Teile in der genannten Reihenfolge dargestellt werden. Da die Validierung des Konfliktmanagement-Gitters jedoch eine Voraussetzung für den kulturellen Vergleich des bevorzugten Verhandlungsverhaltens bildet und letzterer wiederum eine Voraussetzung für die Analyse der Stereotypisierungsfunktionen darstellt, werden im Ergebnisteil die Ergebnisse in der umgekehrten Reihenfolge dargestellt.

5.1 Die Rolle der Stereotypisierungsfunktionen für den wahrgenommenen Konflikt und den wahrgenommenen Verhandlungserfolg

Das Ziel der folgenden Untersuchung besteht darin, die aktuelle Verhandlungs- und Stereotypisierungsforschung zu integrieren. Es soll ein Beitrag zu einer Taxonomie kontextabhängiger Stereotypisierungsfunktionen geleistet werden. Dies geschieht hier, indem die Bedeutung von drei unterschiedlichen Funktionen von Stereotypen in der Anwendung auf deutsch-russische Wirtschaftsverhandlungen - und zwar in bezug auf die wahrgenommene Konflikthaftigkeit und den „wahrgenommenen Verhandlungserfolg" - untersucht wird.

Aufgrund der theoretischen Erörterungen (vgl. Kapitel 3) ist anzunehmen, daß die folgenden Funktionen von Stereotypen in internationalen und somit auch deutsch-russischen Wirtschaftsverhandlungen bedeutsam sind:

- die Herstellung und Aufrechterhaltung nationaler Identität,
- die Herstellung von Konsens über die Beziehung zwischen den Gruppen und
- die Vorhersage des von den fremdkulturellen Verhandlungsführern bevorzugten Verhandlungsverhaltens.

Die Bedeutung der Stereotypisierungsfunktionen für die wahrgenommene Konflikthaftigkeit und den „wahrgenommenen Verhandlungserfolg" in deutsch-russischen Wirtschaftsverhandlungen sollen im folgenden abgeleitet werden. Dabei wird Bezug genommen auf die Theorie der Selbstkategorisierung (Turner, Hogg, Oakes, Reicher & Wetherell, 1987), die Theorie der Interkulturellen Kommunikationskompetenz (Gudykunst, 1993), den Ansatz der Normenverletzung (DeRidder & Tripathi, 1992) und Ergebnisse der Konfliktforschung. Ausgehend von den Annahmen über die Funktionen von Stereotypen wird ein Modell formuliert, das auf Kausalannahmen basiert. Im Rahmen dieser Untersuchung können zunächst jedoch nur die korrelativen Zusammenhänge überprüft werden.

Da es sich bei dieser Untersuchung um eine interkulturelle handelt, entsteht die Frage, ob die angenommenen sozialpsychologischen Gesetzmäßigkeiten gleichermaßen für die deutsche und die russische Kultur gelten (vgl. Berry, 1992). Aufgrund fehlender Untersuchungen zur Überprüfung der Annahmen der oben genannten Theorien in Rußland, soll die Bedeutung der Stereotypisierungsfunktionen für russische und deutsche Verhandlungsführer getrennt überprüft werden.

Neben der Rolle, die die drei Stereotypisierungsfunktionen für den „wahrgenommenen Konflikt" und den „wahrgenommenen Verhandlungserfolg" in deutsch-russischen Wirtschaftsverhandlungen spielen, sollen auch Unterschiede in der Ausprägung der Stereotypisierungsfunktionen, im „wahrgenommenen Konflikt" und wahrgenommen Verhandlungserfolg untersucht werden. Dabei soll auch der Frage nachgegangen werden, ob sich russische und deutsche Verhandlungsführer in der Definition des Verhandlungserfolges unterscheiden.

5.1.1 Herstellung und Aufrechterhaltung nationaler Identität

Soziale und somit auch nationale Identität wird hergestellt und aufrechterhalten, indem sich Mitglieder der Eigengruppe von Mitgliedern der Fremdgruppe abgrenzen. Ein Mittel, sich von den anderen abzugrenzen, ist die Stereotypisierung auf Dimensionen, die für das Selbstbild im gegebenen Kontext relevant sind. Es ist anzunehmen, daß der Verhandlungsstil im Kontext deutsch-russischer Wirtschaftsverhandlungen als bedeutsame Vergleichsdimension dient. Der Verhandlungsstil soll hier definiert werden als ein Set von Verhandlungszielen und Verhandlungsverhalten, das auf die Erreichung dieser Ziele ausgerichtet ist (Verhandlungsstrategien).

Die Abgrenzung von Eigengruppe und Fremdgruppe fördert, daß die Beziehung zwischen den Gruppen als Wettbewerb (Tajfel, 1978; Tajfel & Turner, 1986) und folglich als eine Situation wahrgenommen wird, in der der Gewinn der einen Partei immer einen Verlust für die andere Partei bedeutet („Win-Lose-Situation“). „Win-Lose-Situationen“ sind konfliktuäre Situationen. Konfliktsituationen müssen nicht zwingenderweise als konflikthaft wahrgenommen werden. Jedoch werden sie potentiell als konflikthaft wahrgenommen. Wenn der Gewinn der einen Verhandlungspartei für den Verhandlungsführer immer zugleich den Verlust der anderen Verhandlungspartei bedeutet, so wird das integrative Potential von Verhandlungen weniger genützt und auch weniger nach kooperativen Lösungen gesucht. Folglich ist zu erwarten, daß Abgrenzung nicht nur zu einer verstärkten Wahrnehmung der Konflikthaftigkeit von deutsch russischen Verhandlungen führt, sondern auch zu einem geringeren „wahrgenommenem Verhandlungserfolg“. Daher ist zu erwarten, daß die Verhandlungsführer die deutsch-russischen Wirtschaftsverhandlungen desto konflikthafter und weniger erfolgreich wahrnehmen werden, je stärker sie die Unterschiede zwischen russischem und deutschem Verhandlungsstil betonen.

Nach Turner et al. (1987; Oakes, Haslam & Turner, 1994) führt die Intergruppenkategorisierung dazu, daß Unterschiede zwischen den Gruppen und die Ähnlichkeit innerhalb der Gruppen betont wird. Das bedeutet, daß Turner von einer Symmetrie der Homogenitätswahrnehmung von Ingroup- und Outgroup ausgeht, was jedoch von mehreren Forschern angezweifelt wird (Judd & Park, 1993; Linville et al., 1986; Park et al., 1991; Park & Rothbart, 1982; Ryan, Judd & Park, 1996; Simon, 1992, 1993). Die homogene Wahrnehmung der eigenen Gruppe schließt die Selbstwahrnehmung der Gruppenmitglieder und somit die Selbststereotypisierung und „wahrgenommene Prototypizität des individuellen Verhandlungsstils“ ein. In Anlehnung an die Annahmen der Theorie der Selbstkategorisierung ist somit zu erwarten, daß mit der „Betonung der Unterschiede“ zwischen den Gruppen auch die „wahrgenommene Prototypizität“ zunimmt.

Wie bereits angemerkt, wird jedoch von anderen Forschern die Symmetrie der Homogenitätswahrnehmung von eigener und fremder Gruppe in Frage gestellt. Stattdessen wird eine Outgroup-Homogenisierung angenommen, jedoch keine Ingroup-Homogenisierung. Wenn die eigene Gruppe jedoch nicht homogen wahrgenommen wird, ist auch nicht zu erwarten, daß sich die Gruppenmitglieder im Sinne der Gruppe stereotypisieren oder sich als prototypisch wahrnehmen und daß eine „Betonung der Unterschiede“ zwischen den Gruppen und die Wahrnehmung der eigenen Prototypizität zwingenderweise gleichzeitig auftreten. Oakes, Haslam und Turner (1994) konnten zeigen, daß die Salienz der Intergruppensituation bei der Beurteilung der Fremdgruppe und die Salienz der Intragruppensituation bei der Beurteilung der Eigengruppe die asymmetrischen Ergebnisse in der Homogenitätsbeurteilung von Eigen- und Fremdgruppe verursachen. Wird sowohl bei der Beurteilung der Eigengruppe als auch bei der Beurteilung der Fremdgruppe eine Intergruppensituation hergestellt, dann werden beide Gruppen homogener wahrgenommen. Daher soll hier in Anlehnung an Oakes, Haslam und Turner (1994) davon ausgegangen werden, daß bei einer Kategorisierung auf der nationalen Ebene sowohl die Unterschiede zwischen russischem und deutschem Verhandlungsstil betont werden als auch, daß sich die Verhandlungsführer prototypischer wahrnehmen. Das heißt, es wird angenommen, daß bei einer „Betonung der Unterschiede" auch die „wahrgenommene Prototypizität" zunimmt. Da ein deutsch-russischer Vergleich vorgenommen wird, ist die Intergruppensituation automatisch salient.

Jedoch können sich Mitglieder unterschiedlicher Gruppen auch auf einer übergeordneten gemeinsamen Inklusionsebene kategorisieren, wie zum Beispiel russische und deutsche Verhandlungsführer auf der Inklusionsebene Europäer, Geschäftsleute oder auch europäische Geschäftsleute. In diesem Fall ensteht eine neue Ingroup und folglich müßten die Ähnlichkeiten innerhalb dieser Gruppe betont werden. Das bedeutet, daß die „Betonung der Unterschiede" zwischen den Gruppen und die „wahrgenommene Prototypizität des individuellen Verhandlungsstils" abnimmt. Die Anzahl der Studien wächst, die belegen, daß eine übergeordnete gemeinsame Identität die Abgrenzung gegenüber der anderen Gruppe mindert (Dovidio et al., 1998, Gaertner et al., 1989; Gaertner et al., 1996; Piontkowski & Öhlschlegel, 1999).

Da die Abgrenzung gegenüber der fremden Gruppe abnimmt und die Betonung der Änlichkeiten zunimmt, ist auch eher eine kooperative Einstellung zu erwarten und somit eine Abnahme von „wahrgenommenem Konflikt". An die Stelle von „Win-Lose-Annahmen" können eher „Win-Win-Überzeugungen" treten, und das Potential für erfolgreiche Verhandlungen nimmt zu. Das heißt, mit einer „Kategorisierung auf einer übergeordneten Inklusionsebene" steigt nicht nur die Wahrscheinlichkeit, daß deutsch-russische Wirtschaftsverhandlungen weniger konflikthaft wahrgenommen werden, sondern es steigt auch die Wahrscheinlichkeit, daß sie erfolgreicher wahrgenommen werden.

Somit läßt sich das angenommene Modell folgendermaßen zusammenfassen: Nationale Identität wird hergestellt über die „Betonung der Unterschiede zwischen russischem und deutschem Verhandlungsstil" und die „wahrgenommene Prototypizität". Es wird erwartet, daß bei der Herstellung nationaler Identität der „wahrgenommene Konflikt" in deutsch-russischen Wirtschaftsverhandlungen zunimmt und der „wahrgenommene Verhandlungserfolg" abnimmt. Supranationale Identität wird hergestellt, wenn die Verhandlungsführer sich auf einer übergeordneten Inklusionsebene kategorisieren. Da bei einer „Kategorisierung auf einer übergeordneten Inklusionsebene" die „Betonung der Unterschiede" und die „wahrgenommene Prototypizität" reduziert werden, ist eine Abnahme des „wahrgenommenen Konfliktes" und eine Zunahme des „wahrgenommenen Verhandlungserfolges" zu erwarten. Da die Annahmen, die aus der Theorie der Selbstkategorisierung abgeleitet wurden, noch nicht in Rußland getestet wurden, soll dieses Modell für russische und deutsche Verhandlungsführer getrennt überprüft werden.

HYPOTHESE 1: Je stärker die Verhandlungsführer über die Stereotypisierung nationale Identität herstellen, desto konflikthafter nehmen sie deutsch-russische Verhandlungen wahr.
HYPOTHESE 2: Je stärker die Verhandlungsführer über die Stereotypisierung nationale Identität herstellen, desto weniger erfolgreich nehmen sie deutsch-russische Verhandlungen wahr.

Das Konstrukt der „Herstellung nationaler Identität" wird in drei Unterkonstrukte gesplittet: die „Betonung der Unterschiede zwischen russischem und deutschem Verhandlungsstil", die „wahrgenommene Prototypizität" und die „Kategorisierung auf einer übergeordneten Inklusionsebene". Aus der Theorie der Selbstkategorisierung lassen sich Annahmen zum Identitätsmanagement und somit zur „Herstellung nationaler Identität über Stereotypisierung" ableiten. Diese beziehen sich auf die Zusammenhänge zwischen den drei genannten Unterkonstrukten. Daher können zu den Hypothesen 1 und 2 die folgenden Annahmen zum Identitätsmanagement und somit zur „Herstellung nationaler Identität über Stereotypisierung" formuliert werden:

„Betonung der Unterschiede" und „wahrgenommene Prototypizität"

Je stärker ein Verhandlungsführer die Unterschiede zwischen dem deutschen und dem russischen Verhandlungsstil betont, desto typischer nimmt er seinen eigenen Verhandlungsstil für seine eigene Kultur wahr.

„Kategorisierung auf einer übergeordneten Inklusionsebene" und „Betonung der Unterschiede"

Je stärker sich die Verhandlungsführer aus unterschiedlichen Kulturen auf einer übergeordneten Inklusionsebene kategorisieren, desto weniger betonen sie die Unterschiede zwischen dem russischen und dem deutschen Verhandlungsstil.

„Kategorisierung auf einer übergeordneten Inklusionsebene" und „wahrgenommene Prototypizität"

Je stärker sich Verhandlungsführer aus unterschiedlichen Kulturen auf einer übergeordneten Inklusionsebene kategorisieren, desto weniger prototypisch nehmen die Verhandlungsführer ihren Verhandlungsstil für die eigene Kultur wahr.

Zur Hypothese 1 werden die folgenden Einzelannahmen zum Zusammenhang zwischen Herstellung nationaler Identität über Stereotypisierung und „wahrgenommenem Konflikt" formuliert:

„Betonung der Unterschiede zwischen russischem und deutschem Verhandlungsstil"

Je stärker die Unterschiede im Verhandlungsstil zwischen Deutschen und Russen betont werden, desto konflikthafter werden deutsch-russische Wirtschaftsverhandlungen wahrgenommen.

„Wahrgenommene Prototypizität" des individuellen Verhandlungsstils

Je prototypischer ein Verhandlungsführer seinen Verhandlungsstil wahrnimmt, desto konflikthafter nimmt er deutsch-russische Wirtschaftsverhandlungen wahr.

„Kategorisierung auf einer übergeordneten Inklusionsebene"

Je stärker sich die Verhandlungsführer auf einer übergeordneten Inklusionsebene kategorisieren, desto weniger konflikthaft nehmen sie die deutsch-russischen Wirtschaftsverhandlungen wahr.

Zur Hypothese 2 werden die folgenden Annahmen zum Zusammenhang zwischen der Herstellung nationaler Identität über Stereotypisierung und „wahrgenommenem Verhandlungserfolg" formuliert:

„Betonung der Unterschiede zwischen russischem und deutschem Verhandlungsstil"

Je stärker die Unterschiede im Verhandlungsstil zwischen Deutschen und Russen betont werden, desto geringer fällt der „wahrgenommene Verhandlungserfolg" aus.

„Wahrgenommene Prototypizität des individuellen Verhandlungsstils"

Je typischer ein Verhandlungsführer seinen Verhandlungsstil für seine eigene Kultur wahrnimmt, desto geringer fällt der „wahrgenommene Verhandlungserfolg" aus.

„Kategorisierung auf einer übergeordneten Inklusionsebene"

Je stärker sich die Verhandlungsführer aus unterschiedlichen Kulturen auf einer übergeordneten Inklusionsebene kategorisieren, desto erfolgreicher nehmen sie die deutsch-russischen Wirtschaftsverhandlungen wahr.

5.1.2 Herstellung von Konsens über die Beziehung zwischen den Gruppen

„Übereinstimmungen oder Diskrepanzen zwischen einem individuellen Fremdstereotyp und dem nationalen Eigenstereotyp der fremdkulturellen Gruppe" reflektieren den „Konsens über die Beziehung zwischen den Gruppen" (Oakes et al., 1994). In Anlehnung an die theoretische Diskussion im Kapitel 3.2.1 (S. 38) stellen Diskrepanzen Entwertungen der Ich-Du-Definition im Sinne Seibts dar. Eine Entwertung der Ich-Du-Definition ist ein Beziehungskonflikt in den Begriffen von Seibt oder in Begriffen anderer Konfliktforscher ein Potential für einen affektiven Konflikt (DeDreu & Van de Vliert, 1997; Amason & Schweiger, 1997; Jehn, 1994, 1997). Ist in deutsch-russischen Verhandlungen affektives Konfliktpotential gegeben, ist auch die Wahrscheinlichkeit erhöht, daß Konflikte auftreten und die Verhandlungen als konflikthaft wahrgenommen werden. Umgekehrt formuliert, mit zunehmendem „Konsens zwischen individuellem Fremdstereotyp und fremdkulturellem Eigenstereotyp" ist ein geringeres Potential für affektiven Konflikt gegeben. Da zwischen russischen und deutschen Verhandlungsführern Unterschiede in der Bedeutung der Stereotypisierungsfunktion bestehen können, sollen die folgenden Hypothesen für russische und deutsche Verhandlungsführer getrennt überprüft werden:

> HYPOTHESE 3: Je besser das individuelle Fremdstereotyp über das Verhandlungsverhalten der fremdkulturellen Verhandlungsführer mit dem aggregierten fremdkulturellen Stereotyp über das eigenkulturelle Verhandlungsverhalten übereinstimmt, desto geringer ist der „wahrgenommene Konflikt".

Zahlreiche Untersuchungen belegen, daß sich affektiver Konflikt negativ auf die Leistung auswirkt (z. B. Amason & Schweiger, 1997; Jehn, 1994, 1997), im besonderen wenn der Konflikt nicht bewußt wird (Seibt, 1987). Daher formuliere ich die vierte Hypothese:

HYPOTHESE 4: Je besser das individuelle Fremdstereotyp über das Verhandlungsverhalten der fremdkulturellen Verhandlungsführer mit dem aggregierten fremdkulturellen Stereotyp über das eigenkulturelle Verhandlungsverhalten übereinstimmt, desto größer ist der „wahrgenommene Verhandlungserfolg".

5.1.3 Vorhersage des von den fremdkulturellen Verhandlungsführern bevorzugten Verhandlungsverhaltens

In interpersonellen Verhandlungen gilt die Genauigkeit in der Beurteilung des Verhandlungspartners als eine zentrale Erfolgsvariable (Arunalcham & Dilla, 1995; Thompson, 1990a,b, 1991, Thompson & De Harpport, 1994) und in interkultureller Kommunikation wird Wissen um kulturelle Unterschiede und Gemeinsamkeiten als förderlich für die kommunikative Effektivität angesehen (Gudykunst, 1993). Wissen um kulturelle Unterschiede verstehe ich jedoch auch als Stereotype. Zur Erinnerung: Stereotype wurden in Anlehnung an Oakes, Haslam & Turner (1994) als die gesammelten Merkmale bezeichnet, die einer Gruppe als charakteristisch zugeschrieben werden. Die Kenntnis kultureller Unterschiede und Gemeinsamkeiten impliziert, daß den kulturellen Gruppen bestimmte Merkmale als charakteristisch zugeschrieben werden.[19] In internationalen Verhandlungen werden Stereotype als Heuristiken zur Einschätzung des fremden Verhandlungspartners herangezogen (z. B. Jönsson, 1990). Die Frage nach dem theoretischen Wert von Stereotypen als Heuristiken wurde durch eine Stellungnahme zur sozialpsychologischen Debatte um den wahren Kern von Stereotypen und eine wissenschaftstheoretische Diskussion zur Validierbarkeit des kulturellen Verhandlungsverhaltens positiv beantwortet (s. Kapitel 3.3.1.3, S. 50). Folglich sollten Stereotype, wenn sie das von den fremdkulturellen Verhandlungsführern bevorzugte Verhandlungsverhalten der fremdkulturellen Gruppe genau abbilden, die Möglichkeiten von Mißverständnissen und somit auch das Konfliktpotential reduzieren und den Verhandlungserfolg positiv beeinflussen. Daher ist anzunehmen, daß mit einer zunehmenden Genauigkeit der Vorhersage des von den fremdkulturellen Verhandlungsführern bevorzugten Verhandlungsverhaltens der „wahrgenommene Konflikt" abnimmt und der „wahrgenommene Verhandlungserfolg" zunimmt. Die Vorhersage wird dann als genau angesehen, wenn das individuelle Fremdstereotyp mit dem von den fremdkulturellen Verhandlungsführern bevorzugten Verhandlungsverhalten übereinstimmt (Prognosegüte).

---

[19] Baron (1997) definiert Wissen über bestimmte Gruppen sogar explizit als Bestandteil von Stereotypen: „cognitive frameworks consisting of knowledge and beliefs about specific social groups".

Auch die folgenden Hypothesen sollen für russische und deutsche Verhandlungsführer getrennt überprüft werden, da Unterschiede in der Bedeutung der Stereotypisierungsfunktion denkbar sind.

HYPOTHESE 5: Je besser das individuelle Fremdstereotyp eines Verhandlungsführers über das fremdkulturelle Verhandlungsverhalten mit dem bevorzugten fremdkulturellen Verhandlungsverhalten übereinstimmt, desto geringer ist der „wahrgenommene Konflikt“ in deutsch-russischen Wirtschaftsverhandlungen.

HYPOTHESE 6: Je besser das individuelle Fremdstereotyp eines Verhandlungsführers über das fremdkulturelle Verhandlungsverhalten mit dem bevorzugten fremdkulturellen Verhandlungsverhalten übereinstimmt, desto größer ist der „wahrgenommene Verhandlungserfolg“.

5.1.4 Wie wichtig sind die drei Stereotypisierungsfunktionen in Hinsicht auf wahrgenommenen Konflikt und wahrgenommenen Verhandlungserfolg?

Es wird davon ausgegangen, daß in internationalen Wirtschaftsverhandlungen Stereotype drei wichtige Funktionen zu erfüllen haben: die *„Herstellung und Aufrechterhaltung nationaler Identitä“*(nationale Identität)[20], *„Herstellen von Konsens über die Beziehungsdefinition“* (Konsens) und die *„Vorhersage des von den fremdkulturellen Verhandlungsführern bevorzugten Verhandlungsverhaltens“* (Verhaltensvorhersage). Unklar ist, wie wichtig jede einzelne Funktion für die Aufklärung der Varianz des „wahrgenommenen Konfliktes“ und des „wahrgenommenen Verhandlungserfolges“ ist. Die Erfassung der Stereotypisierungsfunktionen „Herstellen von Konsens über die Beziehungsdefinition“ und „Vorhersage des von den fremdkulturellen Verhandlungsführern bevorzugte Verhandlungsverhaltens“ erfordern einen wesentlich größeren Aufwand als die Erhebung der Stereotypisierungsfunktion „Herstellen nationaler Identität“. Daher ist es aus ökonomisch-pragmatischen Gründen interessant, die zusätzliche Erklärungsleistung der Erfüllung der Stereotypisierungsfunktionen „Herstellen von Konsens über die Beziehungsdefinition“ und „Vorhersage des von den fremdkulturellen Verhandlungsführern bevorzugten Verhandlungsverhaltens“ zu bewerten.

Hier soll die Bedeutung der drei Stereotypisierungsfunktionen für „wahrgenommenen Konflikt“ und „wahrgenommenen Verhandlungserfolg“ in deutsch-russischen Wirtschaftsverhandlungen untersucht werden. Da die Bedeutung der Stereotypisierungsfunktionen für die russischen und die deutschen Verhandlungsführer unterschiedlich ausfallen kann, soll die Frage für die russischen und deutschen

[20] Die Herstellung und Aufrechterhaltung nationaler Identität wurde in der vorliegenden Arbeit über die drei Facetten „Betonung der Unterschiede zwischen russischem und deutschem Verhandlungsstil“, wahrgenommene Prototypizität des eigenen Verhandlungsstils und der „Kategorisierung auf einer übergeordneten Inklusionsebene“ erfaßt.

Verhandlungsführer getrennt untersucht werden. Daher soll folgenden Fragen für die russischen und deutschen Verhandlungsführer getrennt nachgegangen werden:

FRAGE 1: Welche Bedeutung besitzen die drei Stereotypisierungsfunktionen „Herstellen nationaler Identität", sowie „Herstellen von Konsens über die Beziehungsdefinition" und die „Vorhersage des von den fremdkulturellen Verhandlungsführern bevorzugten Verhandlungsverhaltens" für den „wahrgenommenen Konflikt" und den „wahrgenommenen Verhandlungserfolg" in deutsch-russischen Wirtschaftsverhandlungen?

FRAGE 2: Welchen Zusatznutzen zu der Stereotypisierungsfunktion, „nationale Identität herzustellen", bietet die Berücksichtigung der Stereotypisierungsfunktionen, „Konsens" und „Verhaltensvorhersage", für die Vorhersage von „wahrgenommenen Konflikt" und „wahrgenommenen Verhandlungserfolg"?

5.1.5 Ausprägung von Stereotypisierungsfunktionen, wahrgenommenem Konflikt und wahrgenommenem Verhandlungserfolg

Neben der Rolle, die Stereotypisierungsfunktionen in deutsch-russischen Wirtschaftsverhandlungen für „wahrgenommenen Konflikt" und „wahrgenommenen Verhandlungserfolg" spielen, soll auch untersucht werden, inwiefern sich russische und deutsche Verhandlungsführer in bezug auf die Erfüllung der Stereotypisierungsfunktionen unterscheiden. Dabei sollen die schon erwähnten Funktionen von Stereotypen betrachtet werden, die Funktion, *„nationale Identität herzustellen und aufrechtzuerhalten"*, sowie die Funktion, *„Konsens über die Beziehungsdefinition herzustellen"*, und zuletzt die Funktion, *„das von den fremdkulturellen Verhandlungsführern bevorzugte Verhandlungsverhalten vorherzusagen"*. Bei der Betrachtung der Stereotypisierungsfunktion, „nationale Identität herzustellen und aufrechtzuerhalten", sollen drei Facetten berücksichtigt werden: die „Betonung der Unterschiede zwischen dem russischen und deutschen Verhandlungsverhalten", „die wahrgenommene Prototypizität des eigenen individuellen Verhandlungsverhaltens" und die „Kategorisierung auf einer übergeordneten Inklusionsebene".

Darüber hinaus soll den Fragen nachgegangen werden, ob russische und deutsche Verhandlungsführer deutsch-russische Wirtschaftsverhandlungen in unterschiedlichem Maß als konflikthaft und erfolgreich wahrnehmen und ob sie Verhandlungserfolg durch unterschiedliche Kriterien definieren.

FRAGE 3: Bestehen zwischen russischen und deutschen Verhandlungsführern Unterschiede in der Ausprägung der Konstrukte „Betonung der Unterschiede zwischen russischem und deutschen Verhandlungsstil", „wahrgenommene Prototypizität des eigenen Verhandlungsstils", „Kategorisierung auf einer übergeordneten Inklusionsebene", „Konsens in bezug auf die Beziehungsdefinition", „Verhaltenvorhersage", „wahrgenommener Konflikt" und „wahrgenommener Verhandlungserfolg"?

Definition des wahrgenommenen Verhandlungserfolges

Möglicherweise bestehen nicht nur quantitative Unterschiede im „wahrgenommenen Verhandlungserfolg", sondern auch qualitative. Wie bereits im Theorieteil erläutert, existieren keine objektiven allgemeingültigen Kriterien für den Verhandlungserfolg. Das heißt, die subjektive Wichtigkeit der Kriterien zur Definition des Verhandlungserfolges können sich sowohl von Person zu Person als auch von Kultur zu Kultur unterscheiden. Der „wahrgenommene Verhandlungserfolg" kann anhand der Kriterien *erreichte Übereinkunft*, *Verteilungsnormen*, *Stabilität*, *Effizienz* und *Abstand von den Ausgangspositionen* definiert werden. Daher soll der „wahrgenommene Verhandlungserfolg" nicht nur quantitativ bestimmt werden, sondern es soll auch der folgenden Frage nachgegangen werden:

> FRAGE 4: Anhand welcher Kriterien definieren die russischen und deutschen Verhandlungsführer den Verhandlungserfolg?

5.2 Kulturelle Unterschiede im bevorzugten Verhandlungsverhalten

Im folgenden sollen Unterschiede zwischen russischen und deutschen Verhandlungsführern in bezug auf das bevorzugte Verhandlungsverhalten untersucht werden. Dabei sollen auch Normen, wie die *Reziprozitätsnorm*, für das Verhandlungsverhalten berücksichtigt werden. Das zu untersuchende Verhandlungsverhalten wurde auf der Grundlage der Typologie des Konfliktmanagement-Gitters ausgewählt. Diese Typologie umfaßt die Verhaltenskomponenten *Zugeständnisse*, *Problemlösen*, *Kämpfen* und *Vermeiden* (s. Kapitel 4.1.2.1, S. 55ff.).

Kulturelle Unterschiede im Verhandlungsverhalten können sich auf unterschiedliche Weise zeigen, in der Ausprägung einzelner Verhaltenskomponenten, in Art und Ausprägung des konglomerierten Verhandlungsverhaltens oder auch in der situationsabhängigen Ausprägung der Verhaltenskomponenten. Daher soll folgenden Fragen nachgegangen werden:

> FRAGE 5: Inwiefern unterscheiden sich russische und deutsche Verhandlungsführer in der Bevorzugung der einzelnen Komponenten des Verhandlungsverhaltens?

> FRAGE 6: Inwiefern unterscheiden sich russische und deutsche Verhandlungsführer in bezug auf die Ausprägung der Verhaltenskomponenten in Abhängigkeit vom Verhalten des Verhandlungspartners?

> FRAGE 7: Inwiefern unterscheiden sich russische und deutsche Verhandlungsführer in bezug auf das konglomerierte Verhandlungsverhalten?

Verhaltensunterschiede erlangen erst über ihre Bewertung Bedeutung, das heißt über ihren Bezug zu Werten und Normen. Es wird davon ausgegangen, daß kooperatives Verhalten in der Regel positiver bewertet wird als unkooperatives Verhalten und daß die Einhaltung der Reziprozitätsnorm positiv und Verstöße gegen die Reziprozitätsnorm negativ bewertet werden, auch wenn in der Literatur über Verhandlungen mit der russischen oder früher der sowjetischen Seite den russischen Verhandlungsführern häufig eine geringe Bereitschaft zu Zugeständnissen, eine große Tendenz zum Vermeidungs- und Kampfverhalten und Verletzungen der Reziprozitätsnorm attestiert wurden (Glen, Witmeyer & Stephenson, 1977; Iklé, 1964; Jönsson, 1979; Kappel, Rathmayr & Diehl-Zelonkina, 1994; Leites, 1951; Mosely, 1951; Rajan & Graham, 1991; Sloss, 1987; Smith, 1989). Inwiefern tatsächlich Unterschiede in Verhaltensnormen und Werten gegeben sind oder ob diese Beschreibungen eher den gängigen Stereotypen entsprechen, soll hier gezielt überprüft werden. Dabei wird impliziert, daß Verhaltensweisen, die individuell als wichtiger beurteilt werden, auch positiver beurteilt werden und daß Verhandlungsführer, die individuell der Reziprozitätsnorm folgen, diese auch als positiv und einen Verstoß gegen die Reziprozitätsnorm als negativ bewerten. Daher sollen die folgenden Hypothesen überprüft werden:

HYPOTHESE 7: Sowohl die russischen als auch die deutschen Verhandlungsführer beurteilen die kooperativen Verhaltenskomponenten *Zugeständnisse* und *Problemlösen* als wichtiger als die unkooperativen Verhaltenskomponenten *Kämpfen* und *Vermeiden*.

HYPOTHESE 8: Sowohl die russischen als auch die deutschen Verhandlungsführer folgen der *Reziprozitätsnorm*.

5.3 Validierung des Konfliktmanagement-Gitters

Nur wenn dem russischen und dem deutschen Verhandlungsverhalten die gleiche Struktur zugrunde liegt, kann das Verhalten sinnvoll verglichen werden. Es wird davon ausgegangen, daß das Konfliktmanagement-Gitter (Blake & Mouton, 1964, 1980; Van de Vliert, 1997) und das auf dem Konfliktmanagement-Gitter beruhende Dual-Concern-Modell (Pruitt & Carnevale, 1993; Rahim, 1986; Thomas, 1992) eine solche kulturübergreifende Struktur des Verhandlungsverhaltens beschreibt und vorhersagt (s. Kapitel 4.1.3.1, S. 61ff.). Diese postulierte Struktur soll sowohl für die russische als auch für die deutsche Stichprobe validiert werden. Das Konfliktmanagement-Gitter und das Dual-Concern-Modell gehen davon aus, das sich die Struktur des Verhandlungsverhaltens sich durch eine *integrative*, eine *distributive* und eine *kooperative* Dimension beschreiben läßt und daß sich das Verhandlungsverhalten aufgrund der „Subjektiven Wichtigkeit der eigenen Interessen und Ziele" (self concern) und der „Subjektiven Wichtigkeit der Interessen und Ziele der anderen Verhandlungspartei" (other concern) vorhersagen läßt. Unterschiedliche Studien ergaben teils konsistente, teils widersprüchliche Ergebnisse. Das erhobene Verhandlungsverhalten bzw. die erhobenen Verhaltensintentionen sollen aus zwei Gründen validiert werden: zum einen, weil es sich bei dem verwendeten Fragebogen um ein noch nicht validiertes Untersuchungsinstrument handelt, und zum anderen, weil es sich bei der Befragung um eine interkulturelle Untersuchung handelt: Daher soll überprüft werden, ob sich sowohl das Verhandlungsverhalten der russischen als auch der deutschen Verhandlungsführer durch die Dimensionen des Konfliktmanagement-Gitters beschreiben läßt.

5.3.1 Struktur des bevorzugten Verhandlungsverhaltens: Die integrative, distributive und kooperative Dimension

In Untersuchungen (s. Van de Vliert, 1997) zum Verhältnis der Komponenten des Verhandlungsverhaltens konnte gezeigt werden, daß sich das Verhalten durch eine integrative, eine distributive und eine kooperative Dimension beschreiben läßt, wie im Konfliktmanagement-Gitter angenommen. Inwiefern diese angenommene Struktur des Konfliktmangement-Gitters in dieser Untersuchungen gegeben ist, soll überprüft werden. Daher soll die Existenz der integrativen, distributiven und kooperativen Dimension überprüft werden:

> HYPOTHESE 9: Die Struktur des bevorzugten Verhandlungsverhaltens läßt sich durch eine *integrative*, eine *distributive* und eine *kooperative* Dimension beschreiben.

Der Überprüfung der Dimensionen liegen Annahmen über die Bewertungsdistanz zwischen den bevorzugten Verhaltenskomponenten zugrunde. Daher müssen die folgenden Annahmen bestätigt werden, um das Verhandlungsverhalten durch die entsprechenden Dimension beschreiben zu können:

Integrative Dimension

Die Verhaltenskomponenten Passivität und Problemlösen sind in der Bewertung weiter voneinander entfernt als diese Komponenten jeweils von Zugeständnissen oder Kämpfen.

Distributive Dimension

Die Verhaltenskomponenten Zugeständnisse und Kämpfen sind in der Bewertung weiter voneinander entfernt als jeweils von Passivität und Problemlösen.

Annahmen zur kooperativen Dimension

1. Die „Bewertungsdistanz zwischen Problemlösen und Zugeständnissen“ ist geringer als zwischen „Problemlösen und Vermeiden“, „Zugeständnissen und Vermeiden“, „Problemlösen und Kämpfen“ und „Zugeständnissen und Kämpfen“.
2. Die „Bewertungsdistanz zwischen Vermeiden und Kämpfen“ ist geringer als der „Abstand zwischen Vermeiden und Zugeständnisse“, „Vermeiden und Problemlösen“, „Kämpfen und Zugeständnissen“ und „Kämpfen und Problemlösen“.
3. Die „Bewertungsdistanz zwischen Vermeiden und Zugeständnissen“ ist größer als der „Abstand zwischen Vermeiden und Kämpfen“ und größer als der „Abstand zwischen Zugeständnissen und Problemlösen“.

4. Die „Bewertungsdistanz zwischen Problemlösen und Kämpfen“ ist größer als der „Abstand zwischen Problemlösen und Zugeständnissen“ und größer als der „Abstand zwischen Kämpfen und Vermeiden“.

5.3.2 Prädiktoren zur Vorhersage des Verhandlungsverhaltens

Im Konfliktmanagement-Gitter (Blake & Mouton, 1964, 1980) und im Dual-Concern-Modell (Pruitt & Carnevale, 1993; Rahim, 1986; Thomas, 1992) haben die Dimensionen „Subjektive Wichtigkeit der eigenen Ziele“ und „Subjektive Wichtigkeit der Ziele der anderen Verhandlungspartei“ den Status von Prädiktoren für die Vorhersage des Verhandlungsverhaltens. Zwar können in dieser Untersuchung keine kausalen Zusammenhänge überprüft werden, jedoch können die Zusammenhänge zwischen den Dimensionen „Subjektive Wichtigkeit der eigenen Ziele und Interessen“ und „Subjektive Wichtigkeit der Ziele und Interessen der anderen Verhandlungspartei“ (concerns) einerseits und den bevorzugten Verhaltenskomponenten andererseits getestet werden. Es werden folgende Zusammenhänge überprüft:

HYPOTHESE 10: Die Verhaltenskomponenten „Zugeständnisse“, „Problemlösen“, „Kämpfen“ und „Vermeiden“ lassen sich aufgrund der Ausprägung der „subjektiven Wichtigkeit eigener Ziele und Interessen“ und der „subjektiven Wichtigkeit der Ziele und Interessen des Verhandlungspartners“ vorhersagen.

Zu dieser Hypothese werden die folgenden Annahmen formuliert:

Problemlösen

Ist die „subjektive Wichtigkeit der eigenen Ziele und der Ziele der anderen Verhandlungspartei“ hoch ausgeprägt, dann wird „Problemlösen“ bevorzugt.

Vermeiden

Ist die „subjektive Wichtigkeit der eigenen Ziele und der Ziele der anderen Verhandlungspartei“ niedrig ausgeprägt, dann wird „Vermeiden“ bevorzugt.

Kämpfen

Ist die „subjektive Wichtigkeit der eigenen Ziele“ hoch und die „subjektive Wichtigkeit der Ziele der anderen Verhandlungspartei“ niedrig ausgeprägt, dann wird „Kämpfen“ bevorzugt.

Zugeständnisse

Ist die „subjektive Wichtigkeit der eigenen Ziele“ gering und die „subjektive Wichtigkeit der Ziele der anderen Verhandlungspartei“ hoch ausgeprägt, dann werden „Zugeständnisse“ bevorzugt.

Умом Россию не понять,

Аршином общим не измерить,

У ней особенная стать -

В Россию можно только верить!

(Ф. И. Тючев)

Mit dem Verstand ist Rußland nicht zu begreifen,

Es ist mit der Elle nicht zu messen,

Es hat etwas ganz eigenes -

An Rußland muß man einfach glauben.

(F. I. Tjutschew)

6 Vorgehen

Dieser Spruch Tjutschews wird immer wieder als Ausdruck des russischen Selbstverständnisses zitiert. Ich wurde gewarnt, daß russische Verhandlungsführer die Fragen nach wahrgenommenen kulturellen Unterschieden als Fragen nach dem Nationalcharakter auffassen und folglich sehr skeptisch bis ablehnend reagieren würden, da es zum russischen Selbstverständnis gehöre, daß der Russe nicht „vermeßbar" sei. Trotzdem unternehme ich den Versuch, wenn auch nicht die russische Seele, so doch Aspekte der russischen Kultur zu messen wie die Verhandlungskultur, Stereotype und nationale Identität.

Stereotypen können nur durch eine *Befragungsmethode* erfaßt werden. Die Erhebung der perspektivenabhängigen Passung der Stereotypen, der Übereinstimmung zwischen individuellem Fremdstereotyp und nationalem Eigenstereotyp und der Übereinstimmung zwischen individuellem Fremdstereotyp und des von den fremdkulturellen Verhandlungsführern bevorzugten Verhandlungsverhaltens, erfordern ein hohes Maß an Standardisierung und Strukturierung. Zudem muß bei der Untersuchung russischer und deutscher Verhandlungsführer sprachliche Äquivalenz sichergestellt werden. Aus diesen Gründen habe ich mich zur Untersuchung der Hypothesen und Fragen für eine Fragebogenuntersuchung entschieden. Nur diese kann die erforderliche *Standardisierung und Strukturierung* ermöglichen.

Eine Fragebogenuntersuchung bringt jedoch ein großes Maß an Künstlichkeit und Distanz zu dem Untersuchungsgegenstand „russisch-deutsche Wirtschaftsverhandlungen" mit sich, insbesondere hinsichtlich der Erfassung des bevorzugten Verhandlungsverhaltens. *Verhaltensnähe und praktische Relevanz* sind erforderlich. Wie bereits im wissenschaftstheoretischen Exkurs im Kapitel 3.3.1.2 (S. 45ff.) erläutert, ist die Teilnahme an der erforderlichen Anzahl deutsch-russischer Wirtschaftsverhandlungen oder gar ihre systematische Beobachtung nicht möglich. Jedoch kann die Praxisnähe und die Verhaltensrelevanz der Fragebogenuntersuchung durch einige Maßnahmen verbessert werden. Zu diesem Zweck wurde eine Vorstudie durchgeführt, in der drei deutsche und vier russische Verhandlungsführer, die mit deutsch-russischen Wirtschaftsverhandlungen beauftragt waren, in Tiefeninterviews befragt wurden. Diese Tiefeninterviews dienten neben der Theorie als Grundlage für die Fragebogengestaltung in der Hauptuntersuchung. Die endgültige Fassung des Fragebogens wurde wiederum von erfahrenen Verhandlungsführern auf Verständlichkeit, praktische Relevanz und kulturelle Äquivalenz geprüft. Die sprachliche Äquivalenz von Interviewleitfaden und Fragebogen wurde durch Hin- und Rückübersetzung und die anschließende Überarbeitung von Inkonsistenzen in der deutschen Originalversion sowie auch der russischen Version sichergestellt.

Sowohl für die Vor- als auch für die Hauptuntersuchung wurde als sehr wichtig angesehen, daß nur russische und deutsche Verhandlungsführer, die auch tatsächlich in deutsch-russischen Wirtschaftsverhandlungen tätig sind, befragt werden, da nur diese auf eigene Erfahrungen zurückgreifen können und nicht auf erfahrungsunabhängige Stereotype von Verhandlungen, wie zum Beispiel Studenten. Diese Schwerpunktsetzung zog eine Begrenzung der Stichprobe in der Voruntersuchung des Fragebogens nach sich. Die Überprüfung der Testkriterien Trennschärfe und Schwierigkeitsindex setzt jedoch eine größere Stichprobe voraus. Da die Beurteilung der Kriterien kulturelle Äquivalenz, Verständlichkeit und Relevanz durch erfahrene Verhandlungsführer stärker gewichtet wurde als die Erfüllung der Testkriterien Trennschärfe und Schwierigkeits-index, mußte auf die Überprüfung dieser Kriterien im Vortest verzichtet werden. Jedoch sollen in der Originaluntersuchung die Reliabilität der Konstrukte überprüft und bei zu geringer Reliabilität schlechte Items eliminiert werden.

Zunächst soll die Vorstudie näher beschrieben werden:

6.1 Vorstudie: Tiefeninterviews

6.1.1 Ziele

In dieser Vorstudie wurden zwei Ziele verfolgt: Erstens sollte die Relevanz der theoretischen Variablen und Dimensionen, wie Verhandlungsverhalten, Verhandlungsziele und Kriterien zur Bewertung des Verhandlungserfolges, überprüft werden. Zweitens sollten typische Konfliktsituationen in deutsch-russischen Wirtschaftsverhandlungen identifiziert werden, um darauf aufbauend ein Szenario zu entwickeln.

Dieses Szenario soll die Erfassung der Prognosefunktion von Stereotypen ermöglichen, das heißt die Übereinstimmung zwischen individuellem Fremdstereotyp und dem von den fremdkulturellen Verhandlungsführern bevorzugten Verhandlungsverhalten. Somit soll auch das situationsspezifische von Russen oder Deutschen bevorzugte Verhandlungsverhalten bestimmt werden.

6.1.2 Methode

Eine Methode, mit Hilfe derer diese Ziele realisiert werden können, ist das strukturiertes Interview in Anlehnung an die Critical Incidents Technique (Flanagan, 1954), zu deutsch die Methode kritischer Ereignisse. Diese Technik wurde ursprünglich von Flanagan (1954) im Rahmen von arbeitspsychologischen Studien zur Ergonomie oder Verbesserung von Arbeitsabläufen entwickelt. Dem Problem, auf Fragen nur Stereotype oder Allgemeinplätze als Antworten zu erhalten, begegnete Flanagan dadurch, daß er nach konkreten kritischen Ereignissen fragte. Kritische Ereignisse sind solche, die entweder ein Problem für den Arbeitsablauf darstellen oder sich besonders positiv auf die Effizienz des Arbeitsablaufes auswirken. Durch konkrete Fragen nach Ort, Zeit, beteiligten Personen, Umständen, konkreten Handlungen etc. versuchte Flanagan zu erfahren, welche Handlungen das Ereignis zu einem die Effektivität oder Effizienz störenden machten und welche Handlungen zur Effizienz oder Effektivität beitrugen. Diese Technik hat sich in zahlreichen Untersuchungen als wirksam herausgestellt, um Erfolgsfaktoren für Arbeitsabläufe (im weitesten Sinne) zu identifizieren (Anderson & Wilson, 1997). Sie wurde von Thomas sowie auch seinen Mitarbeitern (1998, 1996; Bauer, 1994; Heesen, 1994; Samberger, 1994; Thomas & Schenk, 1996) erfolgreich auf die Analyse kritischer interkultureller Begegnungen für Manager, Fremdsprachendozenten und Studenten angewendet und von Van Oudenhoven, Mechelse & De Dreu (1998) auf die Analyse von Konfliktmanagement in Unternehmen übertragen. Daher gehe ich davon aus, daß diese Methode auch geeignet ist, Konfliktsituationen und Erfolgsfaktoren in deutsch-russischer Wirtschaftsverhandlungen identifizieren.

In der Vorstudie wurden vier russische und drei deutsche Verhandlungsführer unter Anwendung der Methode der kritischen Ereignisse befragt. Das Interview gliederte sich grob in die Teile Aufwärmphase, Erhebung der Rahmendaten, Erhebung der kritischen Ereignisse, allgemeine Kriterien für Verhandlungserfolg und Verhandlungsverhalten, wahrgenommene kulturelle Unterschiede und ihre wahrgenommene Bedeutung in den Verhandlungen, Intensität und Qualität von Konflikten und Verhandlungserfolg.

Alle Interviews bis auf eines mit einem (ost)deutschen Verhandlungsführer wurden auf Tonband aufgezeichnet.[21] Die Interviews mit den deutschen Verhandlungsführern wurden an ihrem Arbeitsplatz durchgeführt. Die vier russischen Inter-

[21] Der ostdeutsche Verhandlungsführer lehnte eine Tonbandaufnahme mit dem Verweis auf die Überwachungserfahrung in der ehemaligen DDR ab.

viewpartner konnten im Rahmen eines Marketinglehrganges für russische Führungskräfte an der Deutschen Management Akademie Niedersachsen, Celle, gewonnen werden. Die Interviews wurden zusammen mit einer in der deutsch-russischen Zusammenarbeit erfahrenen Trainerin in russischer Sprache durchgeführt. Auf der Grundlage der Tonbandaufnahmen wurden die Interviews im journalistischen Stil transkribiert. Die russischen Transkripte wurden übersetzt. Kritische Ereignisse wurden identifiziert und zusammengefaßt.

6.1.3 Ergebnisse

6.1.3.1 Relevanz theoretischer Dimensionen

Mit Hilfe offener Fragen werden Verhandlungsziele, Verhandlungsstrategien, Kriterien für den Verhandlungserfolg und inklusive Kategorien für deutsche und russische Verhandlungsführer generiert. Im Anschluß daran werden die theoretischen Kategorien an das Interviewmaterial herangetragen und Textstellen identifiziert, die diesen Kategorien entsprechen. Diese Analyse besitzt jedoch eher impressionistischen Charakter und somit Augenscheinvalidität. Sie genügt nicht den Kriterien einer reliablen und validen Inhaltsanalyse.

Es zeigte sich, daß die theoretischen Kategorien durchaus auch für Praktiker relevant sind. Es wurden Indikatoren für die Kategorien der sieben Verhandlungsziele, der vier Verhandlungsstrategien bzw. Komponenten des Verhandlungsverhaltens, für konglomeriertes Verhandlungsverhalten, für „Reziprozität und Komplementarität" (Matching und Mismatching) der Verhandlungsstrategien und für die Erfolgskriterien gesucht. Hier sollen nur schlußfolgernde Zusammenfassungen gegeben werden: für das „Verhandlungsverhalten", die „Verhandlungsziele", „Kriterien für den Verhandlungserfolg" und auch Berichte über die „Rolle von kulturellen Unterschieden, Stereotypen und nationaler Identität".

Verhandlungsziele

Die Aussagen der Verhandlungsführer bestätigen, daß die Verhandlungsziele, die vor dem theoretischen Hintergrund des Konfliktmanagement-Gitters untersucht wurden, auch das Verhandlungsverhalten beeinflussen und in Abhängigkeit vom Erfahrungshintergrund der Verhandlungsführer unterschiedlich bewertet werden. Darüber hinaus stereotypisierten sich die russischen und deutschen Verhandlungsführer auch gegenseitig auf diesen Zieldimensionen.

Die Verhandlungsziele sollten daher als Operationalisierung der „Subjektiven Wichtigkeiten der eigenen Interessen als auch der Interessen des Verhandlungspartners" eingesetzt werden. Außerdem ist es sinnvoll, sie als Dimensionen für Stereotypisierung in der Hauptuntersuchung zu verwenden.

Komponenten des Verhandlungsverhaltens

Es zeigt sich nicht nur, daß die Verhaltenskomponenten, die aufgrund der theoretischen Typologie des Verhandlungsverhaltens überprüft wurden, in deutsch-russischen Wirtschaftsverhandlungen relevant sind und in Abhängigkeit von der Situation unterschiedlich bewertet werden, sondern auch, daß sie relevante Dimensionen der Stereotypisierung darstellen.

Somit ist es sinnvoll, in der Hauptuntersuchung die Verhaltensintentionen und die Stereotype des russischen und deutschen Verhandlungsverhaltens auf diesen Dimensionen zu untersuchen.

Konglomeriertes Verhandlungsverhalten

Konglomeriertes Verhandlungsverhalten stellt für die Verhandlungsführer eine relevante Bewertungsdimension dar. Es wird sowohl in Hinsicht auf seine Effektivität als auch auf seine Valenz bewertet. Auch dieselben Formen konglomerierten Verhandlungsverhaltens werden unterschiedlich bewertet.

Die russischen Verhandlungsführer verwenden die Reziprozitätsnorm als Norm zur Bewertung des Verhandlungsverhaltens. Verstöße gegen die Reziprozitätsnorm werden jedoch auch als effektives Mittel angesehen, um die eigenen Ziele zu erreichen.

Kriterien für Verhandlungserfolg

Die Verhandlungsführer generieren Kriterien zur Beurteilung deutsch-russischer Wirtschaftsverhandlungen, die Underdals Kriterien abdecken.

Kulturelle Unterschiede, Stereotype und nationale Identität

Die Verhandlungsführer nehmen unterschiedliche Positionen in Hinsicht auf die Frage ein, ob *kulturelle Unterschiede* existieren, wie sie aussehen und welche *Rolle* sie in Verhandlungen spielen.

Es wird von Nationalismus in Verhandlungen und in Wirtschaftsbeziehungen berichtet. Jedoch nehmen die Verhandlungsführer sich selbst von diesen Erscheinungen aus. Es werden übergeordnete gemeinsame Inklusionsebenen für eine gemeinsame Identifikation angeboten, wie zum Beispiel Europäer, Verhandlungsführer, Geschäftsleute oder Christen.

Die Verhandlungsführer berichten von Feindbildern aus der Zeit des Kalten Krieges und auch von aktuellen Feindbildern, grenzen sich selbst jedoch von der Annahme solcher Stereotypen ab. Jedoch stereotypisieren sich russische und deutsche Verhandlungsführer gegenseitig auf den Dimensionen des Verhandlungsverhaltens und der Verhandlungsziele. Das heißt, sie berichten von kulturellen Unterschieden oder Eigenarten (vgl. Verhandlungsverhalten).

Diese heterogenen Ansichten sind eine wichtige Bedingung für die Untersuchung. Nur wenn derartige Ansichten gegeben sind, kann davon ausgegangen werden, daß Personen in bezug auf die Ausprägung ihrer Stereotype variieren und somit auch in bezug auf die Erfüllung der Funktionen von Stereotypen, wie zum Beispiel der Funktion des Identitätsmanagements, des Beziehungsmanagements und auch der Verhaltensvorhersage.

6.1.3.2 *Kritische Ereignisse*

Während die deutschen Interviewpartner zahlreiche konkrete konflikthafte Situationen identifizierten, erfolgten in den Interviews mit russischen Interviewpartnern trotz mehrmaligem Nachfragen globale Antworten. Wenn wir Einzelheiten erfahren wollten, wurde auf die Detailversessenheit der Deutschen verwiesen, und Konflikte wurden als nicht vorhanden gewertet. Zur Klärung der Frage, ob die Schwierigkeiten auf sprachliche Mißverständnisse zurückzuführen seien, beteiligte sich ein bilingualer Interviewer, der auch Leiter eines Marketinglehrgangs war. Jedoch traten trotz seiner Unterstützung dieselben Schwierigkeiten auf.

Interpretation

Das Ergebnis, daß die russischen Verhandlungsführer im Gegensatz zu den deutschen Verhandlungsführern keine bedeutsamen kritischen Ereignisse nannten und Konflikte eher verneinten, bedarf einer Interpretation. Zudem hat dieses Ergebnis Konsequenzen für das weitere Vorgehen bei der Analyse kulturell bedingter Konflikte in deutsch-russischen Wirtschaftsverhandlungen im allgemeinen sowie auch für die Auswahl des konkreten Szenarios.

Zunächst soll nach Gründen dafür gesucht werden, daß die russischen Verhandlungsführer keine kritischen Ereignisse berichteten. Hier können externe Ursachen wie der Kontext herangezogen werden, oder es kann eine Attribution auf die Kultur vorgenommen werden.

Der Kontext zeichnete sich dadurch aus, daß sich die russischen Verhandlungsführer zum Zeitpunkt des Interviews im Gastland befanden und zudem von fremdkulturellen Interviewern befragt wurden. Es entspricht den Regeln der Höflichkeit, sich nicht negativ über das Gastland zu äußern, zudem den Gastgebern gegenüber. Somit hat sich die Tatsache, daß die russischen Interviewpartner von fremdkulturellen Interviewern befragt wurden und zudem im Gastland, möglicherweise hemmend auf ihre Bereitschaft ausgewirkt, kritische Ereignisse zu berichten.

Bei der Suche nach kulturellen Ursachen wurden Forscher befragt, die mit der Methode der kritischen Ereignisse in interkulturellen Kontexten gearbeitet haben. Keine Schwierigkeiten mit dieser Erhebungsmethode scheint es im westeuropäischen Kontext zu geben (C. DeDreu, persönliche Mitteilung vom 10.03.1997), jedoch hatte ein chinesischer Forscher Schwierigkeiten, die Methode der kritischen Ereignisse in Interviews mit Chinesen anzuwenden (A. Thomas, persönliche Mitteilung vom 15.03. 1997). Da sowohl Befragte als auch Interviewer die gleiche Nationalität besaßen und die Interviews zudem im Heimatland durchgeführt wurden (China), kann geschlußfolgert werden, daß die Methode kritischer Ereignisse möglicherweise nicht ohne weiteres auf andere Kulturen zu übertragen ist. So entsteht die Frage, welche kulturellen Denkweisen oder Normen die Anwendung dieser Methode erschweren könnten.

Schwierigkeiten könnten auf die folgenden kulturellen Charakteristika zurückgeführt werden, die Russen zugeschrieben werden:

1. die Überzeugung, daß die russische Seele weder meßbar noch dem Verstand zugänglich ist (vgl. Tjutschew)
2. ein deduktiver Denkstil und
3. die Tendenz, Konflikte zu vermeiden

1. Die Überzeugung, daß Rußland zu einzigartig ist, um es mit dem Verstand begreifen zu können, zu messen oder mit anderen Kulturen zu vergleichen (vgl. Tjutschew) , kann sich in einer Weigerung äußern, derartige Vergleiche oder Messungen vorzunehmen.

2. In der Literatur wird von deutsch-russischen Unterschieden im Denkstil und im Umgang mit Konflikten berichtet. Deutsche gingen in Verhandlungen induktiv vom konkreten Detail aus, während Russen deduktiv von allgemeinen Prinzipien ausgehen. (Jönsson, 1979).

3. Von russischen Mitarbeitern in deutschen Unternehmen wird berichtet, daß sie keine Konflikte wahrnehmen, wenn die deutschen Kollegen wahrgenommene Konflikte ansprechen, oder daß sie Konflikte vermeiden (Keil-Gurov, 1995; Holtbrügge, 1995; Schmidt, 1996). Möglicherweise ist eine Interviewtechnik, die sich auf die Erfragung von Konflikten und von Details konzentriert, nicht ohne weiteres in der russischen Kultur anzuwenden, zumindest nicht in einer interkulturellen Interviewsituation, bei der es sich gleichzeitig um einen Erstkontakt von Interviewer und Interviewten handelt.

6.1.4 Schlußfolgerungen für die Hauptuntersuchung

Welche *Schlußfolgerungen* können aus diesen Ergebnissen *für die Hauptuntersuchung* gezogen werden? Bei den Schlußfolgerungen ist zu unterscheiden zwischen dem Anspruch, Ursachen für Konflikte in deutsch-russischen Wirtschaftsverhandlungen zu identifizieren, und der konkreten Gestaltung des Verhandlungsszenarios auf der Grundlage kritischer Ereignisse.

Die Konsequenzen dieser Untersuchungsergebnisse für das *Ziel der Hauptuntersuchung* werden als nicht problematisch eingeschätzt: Induktives Denken ist in der Hauptuntersuchung nicht gefordert, da konkrete Items vorgegeben werden. Da die Befragung der russischen Verhandlungsführer in der Hauptuntersuchung in Rußland durchgeführt wird, kann die Gegebenheit, sich im Gastland zu befinden, nicht die Antworttendenzen beeinflussen. Zudem gewährleisten schriftliche Untersuchungen eine größere Anonymität. Die Tendenz, Konflikte zu verneinen, müßte sich in den Ergebnissen der Hauptuntersuchung widerspiegeln, da auch indirekte Maße für die Identifikation von Konfliktursachen gewählt werden. Beurteilen die russischen Verhandlungsführer bei einem gleichen Ausmaß der Konfliktursachen deutsch-russische Verhandlungen als weniger konflikthaft, so ist das ein Indiz dafür, daß sie Konflikte verneinen, obwohl sie gegeben sind. Ist jedoch auch das Konfliktpotential geringer ausgeprägt, so ist das ein Indiz dafür, daß die russischen Befragten die deutsch-russischen Wirtschaftsverhandlungen tatsächlich als weniger konflikthaft erleben. Sollte die Weigerung, kritische Ereignisse zu berichten, auf die Überzeugung zurückzuführen sein, daß die russische Seele nicht vermeßbar ist, müßte sich dies in der Haupt-untersuchung in einer Weigerung äußern, an der Untersuchung teilzunehmen. Das hieße, daß entweder keine Teilnehmer für die Untersuchung gewonnen werden können oder daß möglicherweise die Stichprobe der russischen Verhandlungsführer selektiv verzerrt wird.

Für die *Gestaltung eines Verhandlungsszenarios* auf der Grundlage kritischer Ereignisse bedeutet das, daß nur auf von deutschen Verhandlungsführern berichtete Ereignisse zurückgegriffen werden kann. Das heißt, es muß bei der Gestaltung des Szenarios durch den Rückgriff auf weitere Quellen sichergestellt werden, daß das Verhandlungsthema und der Verhandlungskontext sowohl für die russischen als auch für die deutschen Verhandlungsführer relevant sind. Aufgrund welcher Überlegungen diese Anforderungen für die Auswahl des kritischen Ereignisses und für die Gestaltung des Verhandlungsszenarios als erfüllt angesehen werden, wird im folgenden Abschnitt dargelegt.

6.1.5 Auswahl des kritischen Ereignisses und Gestaltung des Szenarios

6.1.5.1 Kriterien

Das Szenario sollte der Erhebung der Prognosefunktion von Stereotypen oder der Passung zwischen individuellem Fremdstereotyp und dem fremdkulturell bevorzugten Verhandlungsverhalten dienen. Dabei soll die Funktion von Stereotypen im Verhandlungsprozeß untersucht werden.

Wie im Kapitel 3.3.1.2.1.2 (S. 47) dargestellt wurde, sind bestimmte Bedingungen daran geknüpft, daß die erhobenen Verhaltensabsichten mit dem bevorzugten Verhandlungsverhaltens übereinstimmen. Diese Bedingung ist dann gegeben, wenn die erhobenen individuellen Urteile das tatsächliche individuelle Verhalten vorhersagen. Wie bereits dargelegt, kann von einer zufriedenstellenden Entsprechung von Einstellungsmaß und Verhalten ausgegangen werden, wenn diese auf der gleiche Abstraktionsebene erhoben werden (Ajzen & Fishbein, 1977; Eckes & Six, 1996). Aufgrund der Diskussion im genannten Kapitel sollen hier Einstellungen zu einzelnen Handlungen erhoben werden. Damit man von einer einzelnen Handlung sprechen kann, muß diese nach Ajzen & Fishbein (1977) in bezug auf vier Dimensionen bestimmbar sein: 1. das Target, dem das Verhalten gilt, 2. die Handlung selbst, 3. der Kontext und 4. die Zeit. Im Fall der vorliegenden Untersuchung ist dies der Fall: Das Target ist der beschriebene Verhandlungspartner, die Handlung das jeweilige Verhandlungsverhalten und der Kontext die beschriebene Verhandlungssituation. Der Zeitpunkt ist weniger relevant. Relevant ist nur, daß es sich um eine aktuelle Verhandlungssituation Ende der 90er Jahre des 20. Jahrhunderts handelt. Als am bedeutsamsten hat sich die zweite Dimension erwiesen, die Einstellung gegenüber dem

Verhalten selbst. Sie ermöglicht eine bessere Verhaltensvorhersage als die Einstellung gegenüber dem Objekt (Eckes & Six, 1994).

Für die Auswahl des Szenarios wurden folgende Kriterien angelegt: Das Verhandlungsthema, Verhandlungskontext und Verhandlungspartner sollen für russische und deutsche Verhandlungsführer relevant sein und auch für Verhandlungsführer aus unterschiedlichen Branchen. Die Ausgangssituation sollte in der Folge unterschiedliche Verhandlungsprozesse zulassen, das heißt, es sollten unterschiedliche *sinnvolle* Möglichkeiten offenstehen, in dieser Situation zu reagieren, im Sinne der vier Typen des Verhandlungsverhaltens: Zugeständnisse machen, Problemlösen, Kämpfen und Vermeiden.

6.1.5.1.1 Bewertungs- und Handlungsalternativen

Das kritische Ereignis, das dem Szenario zugrunde liegt, läßt die größte Bandbreite an Beurteilungen und Verhaltensalternativen zu. Dies zeigte sich unter anderem daran, daß allein die Exploration dieses Ereignisses zwei Stunden dauerte. Ob unterschiedliche Beurteilungen der Verhaltensweisen möglich sind, wurde in einem Interview mit einem weiteren Verhandlungsführer exploriert, in dem darauf geachtet wurde, daß die ursprünglichen Beteiligten nicht identifizierbar waren. Es zeigte sich, daß der zweite Befragte die Situation und die Verhaltenssequenzen völlig anders bewertete.

Dieses Ereignis stellt eine problematische Ausgangssituation dar, die einen Verhandlungsprozeß nach sich zieht, der unterschiedliche Verläufe offen läßt. Bei der Schilderung der Situation ergaben sich variierende Abfolgen der Verhaltenskomponenten Zugeständnisse, Problemlösen, Kämpfen und Vermeiden. Das heißt, die geschilderte Konfliktsituation ermöglichte eine sinnvolle Schilderung eines Verhandlungsprozesses im Sinne einer variierenden Abfolge von Verhaltenskomponenten als Aktionen und Reaktionen. Somit ist die Grundlage für die Simulation eines Verhandlungsprozesses gegeben.

6.1.5.1.2 Relevanz von Verhandlungsthema für russische und deutsche Verhandlungsführer

Gegenstand der Verhandlung bildet die Erwartung des Verhandlungspartners (des Generalimporteurs), daß der Vertragsnehmer Zusatzleistungen erbringen soll, um die Fertigstellung einer neuen Umgehungsstraße rechtzeitig vor Beginn einer großen Messe sicherzustellen, für deren Zweck diese Umgehungsstraße errichtet wird. Die Ursache dieser Forderung ist ein zeitlicher Engpaß, der unvorhergesehen entstanden ist, nicht durch den Vertragsnehmer verschuldet wurde und auch nicht Bestandteil des ursprünglichen Vertrages bildet. Das heißt, der Vertragsnehmer fühlt sich nicht zwingend dazu verpflichtet, den Erwartungen des Generalimporteurs zu entsprechen. Hier ist ein Konflikt aufgrund der unterschiedlichen Interessen und Erwartungen von Generalimporteur und Vertragsnehmer zu erwarten.

Das Verhandlungsthema kennzeichnet ein Merkmal, das besonders charakteristisch für internationale Verhandlungen ist (vgl. Kapitel 0, S. 5): Die politischen, wirtschaftlichen und technologischen Beziehungen verändern sich ständig, was das

Risiko asymmetrischer Verhandlungsergebnisse nach sich ziehen kann (Cross, 1991; Salacuse, 1988). In solchen Situationen ist das Risiko des Vertragsbruchs ist erhöht, weil übergeordnete supranationale Institutionen, die die Vertragsumsetzung kontrollieren könnten, entweder fehlen oder nicht den erforderlichen Einfluß besitzen (Cross, 1991; Thompson, 1996). Besonders in Rußland besteht die Notwendigkeit, daß die Verhandlungsparteien zu einer gemeinsamen Lösung kommen, da die rechtliche Situation sich als sehr unsicher darstellt. Dies impliziert sowohl sich ständig ändernde Gesetze als auch die begrenzten Möglichkeiten, vor dem Gericht Recht einzuklagen (vgl. Sanders & Hamilton, 1992; Sanders, Hamilton & Yuasa, 1998).

Auch wenn das kritische Ereignis aufgrund des Berichtes eines deutschen Befragten gewonnen wurde, so läßt sich doch annehmen, daß dieses Konfliktthema auch für die russischen Verhandlungsführer bedeutsam ist: Aus dem Bericht des Befragten war ersichtlich, daß diese Situation nicht nur für ihn selbst, sondern auch für die russischen Unternehmen problematisch war. Zudem ist die Schwierigkeit, Engpässe zu lösen, die nicht durch eigenes Verschulden zustande kamen, sowohl für russische als auch für deutsche Verhandlungsführer ein generelles Problem, da diese Problemsituation das Verhandeln der Verteilung von zusätzlichen Kosten zwischen Auftraggeber und Auftragnehmer impliziert. Die Verteilung von Kosten oder die Vergütung von Zusatzleistungen sind zentrale Themen, da das zentrale Ziel wirtschaftlicher Unternehmungen darin besteht, Gewinn zu erwirtschaften. Somit ist diese Problemsituation sowohl für russische als auch für deutsche Unternehmen als relevant zu betrachten.

6.1.5.1.3 Relevanz des Verhandlungskontextes für russische und deutsche Verhandlungsführer

Der Kontext des Konfliktes läßt sich durch die Zusammenarbeit unter dem Einfluß des Staates oder als Zusammenarbeit mit staatlichen Stellen charakterisieren. Die Zusammenarbeit mit staatlichen russischen Stellen stellt nicht nur für die deutschen Verhandlungsführer eine der zentralen Schwierigkeiten dar, sondern auch für die russischen Unternehmen (vgl. für russische Unternehmen: Babaewa & Lapina, 1997; Tschirikowa, 1997; für deutsche Unternehmen: Holtbrügge, 1995; Jänecke & Baumgarten, 1997).

6.1.5.1.4 Relevanz von Verhandlungsthema und Verhandlungskontext für unterschiedliche Branchen

Die Konkretisierung von Verhandlungsthema und Verhandlungskontext zieht immer nach sich, daß es für die eine Branche typischer ist als für die andere. Jedoch kann bei der Auswahl von Verhandlungsthema und -kontext berücksichtigt werden, daß das zentrale Problem für alle Verhandlungsführer auf einer abstrakteren Ebene existiert und daß die konkrete beschriebene Situation auch ohne spezifisches Fachwissen nachvollziehbar ist.

Wie zuvor beschrieben, besteht das Problem darin, daß der Vertragsnehmer Zusatzleistungen erbringen soll, um ein unvorhergesehenes Problem zu lösen, das er nicht selbst verschuldet hat und das auch nicht Bestandteil der ursprünglichen Übereinkunft war.

Es ist davon auszugehen, daß das *Verhandlungsthema* für Verhandlungsführer unterschiedlicher Branchen existiert, da aufgrund externer Faktoren, die in der vorhergehenden Verhandlung nicht berücksichtigt werden (wie zum Beispiel veränderte Zollbestimmungen, extreme makrowirtschaftliche Veränderungen usw.), asymmetrische Verhandlungsergebnisse entstehen oder die ursprünglichen Verträge nicht ihrem konkreten Wortlaut nach eingehalten werden können. Daher ist auch in anderen Branchen die reine Berufung auf den Vertrag nicht möglich, und es sind Neuverhandlungen zu erwarten. Es sei hier nur daran erinnert, daß zur Zeit des Börsenkrachs in Rußland 1998, zahlreiche Banken, auch solche, die inzwischen von deutschen Banken als zuverlässig eingestuft wurden, Konkurs anmelden mußten, so daß in der Folge das gesparte Vermögen nicht mehr zugänglich war, oder daß den russischen Bürgern der Zugriff auf ihre Devisen verweigert wurde.

Der Vorteil des gewählten Szenarios besteht darin, daß es sehr plastisch ist und somit für Vertreter anderer Branchen nachvollziehbar ist, auch wenn sie selbst nicht mit diesem konkreten Problem konfrontiert werden.

Es ist davon auszugehen, daß nicht nur das Verhandlungsthema, sondern auch der *Verhandlungskontext* für Vertreter unterschiedlicher Branchen relevant ist, da die Unternehmen, unabhängig davon, in welcher Branche sie tätig sind, mit staatlichen Stellen in Berührung kommen.

6.1.5.2 Gestaltung des Szenarios

Eine Forderung, die aus dem Forschungsstand zu kulturvergleichenden Untersuchungen abgeleitet wurde (vgl. Kapitel 2.1), hieß, daß Verhandlungen in interkulturellen Kontexten untersucht werden sollen und daß die Faktoren spezifiziert werden sollen, die eine Vorhersage zulassen, ob kulturelle Unterschiede, die in kulturell homogenen Kontexten erhoben wurden, sich auch in interkulturellen Kontexten zeigen. In diesem Sinne ist zu erwarten, daß das Verhandlungsverhalten in Abhängigkeit von Kontext und Verhandlungspartner variiert. So ist anzunehmen, daß sich ein Verhandlungsführer in der Heimat anders benimmt als in der Fremde. In Anlehnung an die Theorie der Selbstkategorisierung (Turner et al. (1987) ist zu erwarten, daß sich Verhandlungsführer gegenüber Mitgliedern der Eigengruppe, in diesem Fall der eigenen Nationalität, anders verhalten als gegenüber einem Mitglied der Fremdgruppe, einem Verhandlungsführer fremder Nationalität.

Im folgenden soll das Szenario vorgestellt werden, das der Operationalisierung der Faktoren „Konsens über die Stereotype“ und „Prognosegüte“ dient.

6.1.5.3 Das Szenario

Wie oben beschrieben, existieren zwei Versionen des Szenarios, die sich in bezug auf die Nationalität des Verhandlungspartners, nämlich ein russischer oder ein deutscher Generalimporteur, und in bezug auf den Verhandlungsort, ebenfalls eine russische oder deutsche Stadt, unterscheiden. In dem folgenden verwendeten Verhandlungsszenario werden die Bedingungen für den Zweck der Illustration der Kontrollbedingungen in Klammern gesetzt. Das Szenario selbst ist kursiv gedruckt.

„Im Rahmen einer großen Messe in der russischen (deutschen) Stadt X soll die Infrastruktur der Stadt verbessert werden. Eine russische (deutsche) Firma ist von der Stadtregierung als Generalimporteur beauftragt, die Neuerungen zu koordinieren. Dieser Generalimporteur ist dafür verantwortlich, die nationalen und internationalen Firmen auszuwählen und den zeitlichen Ablauf bis zur Messe sicherzustellen. Unter anderem hat er Ihr Unternehmen unter Vertrag genommen, um eine neue Umgehungsstraße bauen zu lassen.

Beim Bau dieser neuen Straße kommt es zu zeitlichen Verzögerungen aufgrund von nicht beendeten Vorarbeiten anderer Firmen und aufgrund einer unzureichenden Infrastruktur. Somit gerät der russische (deutsche) Generalimporteur, der Ihr Vertragspartner ist, unter Zeitdruck. Die Fertigstellung der Straße vor dem Beginn der Messe kann nur sichergestellt werden, wenn ein hohes Maß an Zusatzarbeit geleistet wird.

Aktuelle Situation

Sie befinden sich in einer öffentlichen Sitzung: Alle Firmen, die der Generalimporteur unter Vertrag genommen hat, sind anwesend, außerdem ein russischer (deutscher) Regierungsvertreter und natürlich Sie als Repräsentant Ihres Unternehmens. Über jede Aussage wird Protokoll geführt.

Sie erheben sich und beziehen nun als erster Stellung:

Die Verzögerungen seien zwar nicht durch Ihr Verschulden zustande gekommen. Trotzdem seien Sie zu Zugeständnissen bereit. Das bedeute, daß Sie Ihren Mitarbeitern ein hohes Maß an Belastungen durch Überstunden und harte Arbeit im Freien trotz eines extrem harten Winters zumuten würden.

Durch diese Zugeständnisse versuchen Sie, sowohl Ihr eigenes Ansehen als auch das Ansehen Ihres Vertragspartners, des Generalimporteurs, vor dem Regierungsvertreter zu stützen."

In Anschluß an das beschriebene Szenario wurde die Reaktion des Generalimporteurs variiert. Die drei Verhaltensweisen waren „Zugeständnisse machen", „Kämpfen" (Druck ausüben) und „Problemlösen".

Die Verhaltensweise „Zugeständnisse machen" wurde folgendermaßen konkretisiert:

„Der deutsche Generalimporteur fragt Sie daraufhin, wie er Sie unterstützen könne, damit die Fertigstellung im beabsichtigten Zeitraum möglich werde, wie zum Beispiel durch die Stellung von Hilfskräften."

Die Verhaltensweise „Kämpfen" zeigt der Generalimporteur auf folgende Weise:

„Der deutsche Generalimporteur macht Sie daraufhin für die Verzögerungen verantwortlich und erinnert Sie daran, daß Sie sich dazu verpflichtet haben, die Straße termingerecht fertigzustellen. Wenn diese Leistung nicht erfüllt werde, würde er darauf hinwirken, daß Sie persönlich dieses Projekt nicht weiterhin leiten würden. Der Generalimporteur stellt Ihnen ein Ultima-

tum. Wenn dieses nicht eingehalten werde, wäre dies der letzte Auftrag, den Ihre Firma in Deutschland erhält.“

Die Verhaltensweise „Problemlösen“ wurde folgendermaßen umgesetzt:

„Der deutsche Generalimporteur versucht daraufhin, gemeinsam mit Ihnen eine für beide Seiten akzeptable Lösung des Zeitproblems zu finden. Er sucht nach Möglichkeiten, Sie zu unterstützen, und fordert Sie dazu auf, zusätzliche Beiträge zu den Überstunden zu leisten, so daß die rechtzeitige Fertigstellung der Straße sichergestellt werden könne.“

Das heißt, die Befragten wurden mit drei unterschiedlichen Verhandlungsabläufen konfrontiert:

1. Zugeständnis-Zugeständnis,
2. Zugeständnis-Kämpfen,
3. Zugeständnis-Problemlösen.

In dem Szenario macht der Befragte zuerst ein kooperatives Angebot. Der Generalimporteur verhält sich im ersten Fall gemäß der Reziprozitätsnorm und verhält sich ebenfalls als kooperativ-distributiv, indem er Zugeständnisse macht. Im zweiten Fall verstößt der Generalimporteur gegen die Reziprozitätsnorm und verhält sich kompetitiv-distributiv, indem er Druck ausübt. Im dritten Fall verhält sich der Generalimporteur im Einklang mit der Reziprozitätsnorm, indem er eine kooperativ-integrative Verhaltensweise (Verhandlungsstrategie) wählt.

Im Anschluß an jede der drei Interaktionen, die sich aus Aktion und Reaktion zusammensetzen, sollten die Befragten auf siebenstufigen Skalen beantworten, wie wahrscheinlich es ist, daß sie selbst, die meisten deutschen und die meisten russischen Verhandlungsführer die vier Verhaltensweisen „Zugeständnisse“, „Problemlösen“, „Kämpfen“ und „Vermeiden“ bevorzugen.

6.2 Hauptuntersuchung: Operationalisierung

Hier soll vorgestellt werden, wie die unabhängigen und abhängigen Variablen operationalisiert werden. Die unabhängigen Variablen stellen die Stereotypisierungsfunktionen dar bzw. die Erfüllung der Stereotypisierungsfunktionen. Zu den abhängigen Variablen gehören der „wahrgenommene Konflikt“ und der „wahrgenommene Verhandlungserfolg“.

6.2.1 Operationalisierung der unabhängigen Variablen

Bei der Operationalisierung der Erfüllung der Stereotypisierungsfunktionen werden zwei Aspekte getrennt, nämlich die Dimensionen, auf denen die Konstrukte erhoben werden, und die mathematischen Transformationen, aufgrund welcher diese Konstrukte konstruiert werden.

6.2.1.1 *Stereotypisierungsfunktion, nationale Identität herzustellen und aufrecht zu erhalten*

Für die Stereotypisierungsfunktion, „nationale Identität herzustellen“, wurden drei Unterkonstrukte formuliert: die „Betonung der Unterschiede zwischen russischem und deutschem Verhandlungsstil“, die „wahrgenommene Prototypizität des individuellen Verhandlungsstils“ und die „Kategorisierung auf einer übergeordneten Inklusionsebene“. Diese drei Unterkonstrukte sollen im folgenden operationalisiert werden.

6.2.1.1.1 *„Betonung der Unterschiede“ und „wahrgenommene Prototypizität“*

Die *„Betonung von Unterschieden zwischen den Gruppen“* wird als Differenz zwischen den Skalenwerten berechnet, die der individuelle Verhandlungsführer und Befragte der eigenkulturellen Gruppe und der fremdkulturellen Gruppe zuweist.

Die *„wahrgenommene Prototypizität“* wird in Anlehnung an den Metakontrast (Turner, 1987) berechnet, indem vom Betrag der Differenz zwischen individueller Position und der angenommenen Position der fremdkulturellen Verhandlungsführer der Betrag der Differenz zwischen individueller Position und der angenommenen Position der eigenkulturellen Verhandlungsführer

subtrahiert wird. Das heißt, wenn sich Verhandlungsführer als prototypisch für ihre Kultur ansehen, erhalten sie Werte größer Null. Halten sie sich weder für typisch für die eigene noch für die fremde Kultur, erhalten sie einen Wert von Null. Halten sie sich für atypisch und eher typisch für die fremde Kultur, werden ihnen Werte kleiner Null zugewiesen.

Da diese Berechnung der Maße „Betonung von Unterschieden zwischen den Gruppen“ und „wahrgenommene Prototypizität“ auf der Grundlage mehrerer Items (der operationalisierten Verhandlungsziele und Verhandlungsstrategien) erfolgt, wird das arithmetische Mittel gebildet.

Der Berechnung der Konstrukte „Betonung der Unterschiede“ und „wahrgenommene Prototypizität“ liegen Stereotypen zugrunde. Diese Stereotype sollen auf globalen Dimensionen erhoben werden. Dafür sprechen zwei Gründe: Zum einen werden für die Herstellung und Aufrechterhaltung nationaler Identität bevorzugt globale Dimensionen gewählt (vgl. Maas, Montalcini & Biciotti, 1998), und zum anderen wäre es aus ökonomischen Gründen wünschenswert, aufgrund von globalen Dimensionen Vorhersagen über den Erfolg von Verhandlungsführern in internationalen Verhandlungen treffen zu können.

Daher soll „Betonung von Unterschieden“ zwischen den eigenkulturellen und fremdkulturellen Verhandlungsführern auf den Dimensionen Verhandlungsziele und auf den Dimensionen “globales Verhandlungsverhalten” erhoben werden.

Die Verhandlungsziele werden in Anlehnung an die genannten Prädiktoren des Dual Concern Modells oder des Konfliktmanagement-Gitters durch folgende Items operationalisiert:

- *‘Die Maximierung des jeweils eigenen Nutzens ist ...”*
- *‘Die Maximierung des Nutzens des Verhandlungspartners ist ...”*

- *"Die positive Beurteilung der eigenen Verhandlungsfähigkeiten durch das eigene Unternehmen/den eigenen Vorgesetzten ist ..."*
- *"Die positive Beurteilung der eigenen Verhandlungsfertigkeiten durch die Verhandlungspartner ist ..."*
- *"Der Aufbau einer langfristigen Zusammenarbeit ist ..."*
- *"Beidseitiges Vertrauen ist in Verhandlungen ..."*
- *"Transparenz ist in Verhandlungen ..."*

Die Komponenten des Verhandlungsverhaltens „Zugeständnisse", „Problemlösen", „Kämpfen" und „Vermeiden" werden durch die folgenden Items operationalisiert:

"Um in Verhandlungen seine Ziele zu erreichen, ist es wichtig, ...
- *Zugeständnisse zu machen.*
- *Interessen transparent zu machen und nach Problemlösungen zu suchen.*
- *die eigene Position hart zu vertreten und Druck auszuüben.*
- *abzuwarten oder sich aus der Verhandlungssituation zurückzuziehen."*

Sämtliche Verhandlungsziele und Verhaltenskomponenten werden von den Befragten nach ihrer Wichtigkeit für sie selbst, für die meisten der fremdkulturellen und die meisten eigenkulturellen Verhandlungsführer auf einer siebenstufigen bipolaren Skala von -3 bis 3 beurteilt. -3 steht für sehr unwichtig und 3 für sehr wichtig.

6.2.1.1.2 Übergeordnete Inklusionsebene

Als übergeordnete Identitätsebenen, auf denen sich russische und deutsche Verhandlungsführer kategorisieren können, wird die Kategorie "Europäer" und die Kategorie "Geschäftsleute" angeboten.
Die Salienz der Kategorie "Europäer" wird durch die folgenden Items operationalisiert:

"Rußland ist ein tragender Teil Europas."
"Deutschland ist ein tragender Teil Europas."
"Rußland sollte in die Europäische Gemeinschaft aufgenommen werden."

Die Salienz der Kategorie "Geschäftsleute" wird durch ein Item erhoben:

"Geschäftsleute sind überall gleich."

Die Ausprägungen werden ebenfalls auf einer siebenstufigen bipolaren Skala erhoben.

6.2.1.2 Stereotypisierungsfunktion, Konsens über die Beziehung herzustellen

Konsens zwischen individuellem Fremdstereotyp und fremdkulturellem Eigenstereotyp reflektiert Konsens in bezug auf die Beziehung zwischen den beiden kulturellen Gruppen. Konsens ist operational definiert als die Übereinstimmung zwischen dem Profil des individuellen Fremdstereotyps des fremdkulturellen Verhandlungsverhaltens mit dem Profil der aggregierten fremdkulturellen Eigenstereotype des eigenkulturellen Verhandlungsverhaltens.

Die Übereinstimmung bezieht sich sowohl auf das Ausmaß der Abweichung oder Übereinstimmung auf den einzelnen Verhaltensdimensionen als auch auf die Profilgestalt als solche. Daher soll der Konsens über die durch die Profilähnlichkeit gewichteten Profilabstände erfaßt werden.

Die Profilabstände lassen sich berechnen, indem in bezug auf jede Vergleichsdimension die Differenz zwischen der Ausprägung des individuellem Fremdstereotyps und der durchschnittlichen Ausprägung des fremdkulturellen Eigenstereotyps ermittelt wird. Die gemittelten Beträge dieser Differenzen sind das Maß für den Profilabstand.

Die Profilähnlichkeit wird über die Korrelation des individuellen Profilstereotyps des fremdkulturellen Verhandlungsverhaltens mit dem Durchschnittsprofil des Eigenstereotyps der fremdkulturellen Verhandlungsführer für jeden einzelnen Befragten bestimmt. Da Korrelationen nicht intervallskaliert sind, werden diese in Fischers Z-Werte überführt, die Verhältnis-skalenniveau besitzen (Bortz, 1998, S. 209).

Gewichtet werden die einzelnen Profilabstände, indem sie mit Fischers Z-Wert für die jeweilige individuelle Korrelation multipliziert werden.

Der Erhebung der Ähnlichkeit zwischen individuellem Fremdstereotyp und fremdkulturellem Eigenstereotyp liegen die Dimensionen des situationsspezifischen Verhandlungsverhaltens zugrunde. Die Beschreibung der Situation ist im Kapitel 6.1.5.3 "Das Szenario" (S. 93ff.) zu finden. Im Anschluß an die drei geschilderten unterschiedlichen Interaktionen mit dem Verhandlungspartner sollen die Befragten die Wahrscheinlichkeit der Verhaltensweisen Zugeständnisse machen, Problemlösen, Kämpfen und Vermeiden für sich selbst, für die meisten russischen und die meisten deutschen Verhandlungsführer auf einer siebenstufigen Skala mit den zwei Polen "sehr unwahrscheinlich" und "sehr wahrscheinlich" einschätzen. Die vier Verhaltensweisen werden folgendermaßen operationalisiert:

- *"Selbst Zugeständnisse machen."*
- *"Weitere Schwierigkeiten schildern und nach einer gemeinsamen Lösung suchen."*
- *"Weitere Forderungen stellen und Druck ausüben."*
- *"Auf das Verhalten des deutschen Generalimporteurs nicht reagieren oder sich aus der öffentlichen Sitzung zurückziehen."*

6.2.1.3 *Stereotypisierungsfunktion, das von den fremdkulturellen Verhandlungsführern bevorzugte Verhandlungsverhalten vorherzusagen*

Die Erfüllung der Stereotypisierungsfunktion, das von den fremdkulturellen Verhandlungsführern bevorzugte Verhandlungsverhalten vorherzusagen (Prognosegüte), zeigt sich in der Übereinstimmung zwischen dem Profil des „individuellem Fremdstereotyps" mit dem Profil des „von den fremdkulturellen Verhandlungsführern bevorzugten Verhandlungsverhaltens".Hier wird die gleiche Operationalisierung wie zur Bestimmung des Konsens über Stereotype gewählt.

Auch hier bezieht sich die Übereinstimmung sowohl auf das Ausmaß der Übereinstimmung von individuellem Fremdstereotyp und dem bevorzugten Verhandlungsverhalten auf den einzelnen Dimensionen als auch auf die Profilgestalt als solche. Daher soll auch die „Prognosegüte“ über die durch die Profilähnlichkeit gewichteten Profilabstände erfaßt werden.

Die Profilabstände lassen sich berechnen, indem in bezug auf jede Dimension die Differenz zwischen der Ausprägung des „individuellem Fremdstereotyps“ und der durchschnittlichen Ausprägung des „von den fremdkulturellen Verhandlungsführern bevorzugten Verhandlungsverhaltens“ ermittelt wird. Die gemittelten Beträge dieser Differenzen sind das Maß für den Profilabstand.

Die Profilähnlichkeit wird über die Korrelation des „individuellen Profilstereotyps“ mit dem Durchschnittsprofil des „von den fremdkulturellen Verhandlungsführern bevorzugten Verhandlungsverhaltens“ für jeden Verhandlungsführer einzeln bestimmt.

Aus den Forderungen Ajzen und Fishbeins (1977) wurde abgeleitet, daß die „Prognosegüte“ situationsspezifisch erhoben wird. Das heißt, daß der Erhebung der „Prognosegüte“ ebenfalls die Dimensionen des situationsspezifischen Verhandlungsverhaltens zugrunde liegen. Diese Situation ist durch das Verhandlungsszenario gegeben (s. 6.1.5.3 Das Szenario, S. 93). In dem Verhandlungsszenario wurde die Nationalität der Verhandlungspartner variiert. In Abhängigkeit davon, ob sich die Verhandlungsführer gegenüber einem eigenkulturellen und fremdkulturellen Verhandlungspartner, hier dem Generalimporteur, anders verhalten, können die Daten alle zusammen oder getrennt für unterschiedliche Verhandlungsszenarios berechnet werden (s. Kapitel 6.1.5.2 „Gestaltung des Szenarios“, S. 93).

Wie in den Kapiteln 6.1.5.3 (S. 93ff.) und 6.2.1.2 (S. 97ff.) beschrieben werden im Anschluß an die dargestellte Konfliktsituation drei unterschiedliche Interaktionen variiert. Im Anschluß an jede der drei Interaktionen, die sich aus Aktion und Reaktion zusammensetzen, sollten die Befragten auf siebenstufigen Skalen beantworten, wie wahrscheinlich es ist, daß sie selbst, die meisten deutschen und die meisten russischen Verhandlungsführer die vier Verhaltensweisen "Zugeständnisse", "Problemlösen", "Kämpfen" und "Vermeiden" bevorzugen.

6.2.2 Operationalisierung der abhängigen Variablen

6.2.2.1 Wahrgenommener Konflikt

„Wahrgenommener Konflikt“ der deutsch-russischen Wirtschaftsverhandlungen wurde auf direkte und indirekte Weise erhoben. Aufgrund der Erfahrung, daß es sozial unerwünscht ist, Konflikte und Belastungen zuzugeben, ist es sinnvoll, zur Einschätzung der Konflikthaftigkeit der Verhandlungen zusätzliche Maße einzusetzen.

Direkt wurde „wahrgenommener Konflikt“ über folgendes Item erfragt:

"Verhandlungen mit russischen Verhandlungsführern erlebe ich als nicht konflikthaft - sehr konflikthaft."

Indirekt wurde „wahrgenommener Konflikt" über die wahrgenommene Langwierigkeit und durch Streßmaße erfragt:

"Verhandlungen mit russischen Verhandlungsführern sind nicht langwierig - sehr langwierig."

Streß wird als ein begleitender Umstand (Bestandteil) von Konflikten betrachtet (Thomas, 1992; Van de Vliert, 1997). Ihm wird die gleiche Funktion für die realisierte Leistung zugeschrieben wie Konflikten. In Anlehnung an die Streßforschung (Walton & McKersie, 1965) beschreibt De Dreu (1997) den Zusammenhang zwischen Konfliktintensität und Leistung durch eine kurvilineare Beziehung. Streß wird einerseits als subjektive Empfindung des Verhandlungsführers (Beanspruchung) und zum anderen als objektives Merkmal der Aufgabe (Belastung) betrachtet:

"Verhandlungen mit russischen Verhandlungsführern erlebe ich als nicht belastend - sehr belastend."

"Verhandlungen mit russischen Verhandlungsführern bewerte ich als nicht schwierig - sehr schwierig."

Es ist anzunehmen, daß die Einschätzung der Verhandlungsdauer und der Aufgabenschwierigkeit als objektive Merkmale höher als die Konflikthaftigkeit und die Belastung eingeschätzt werden.

Alle Items wurden auf einer bipolaren Skala von -3 bis +3 eingeschätzt.

6.2.2.2 Wahrgenommener Verhandlungserfolg

Der „wahrgenommene Verhandlungserfolg" wird *global* über Items zur individuellen Perspektive und zur Unternehmensperspektive erfragt:

"Meine bisherigen Verhandlungen mit russischen Verhandlungspartnern bewerte ich als nicht erfolgreich - sehr erfolgreich."

„Mein Unternehmen bewertet die bisherigen Verhandlungen mit russischen Unternehmen als nicht erfolgreich - sehr erfolgreich."

„Ich bin mit den bisherigen Ergebnissen der Verhandlungen mit russischen Verhandlungspartnern sehr unzufrieden - sehr zufrieden."

„Mein Unternehmen ist mit den bisherigen Ergebnissen der Verhandlungen mit russischen Unternehmen sehr unzufrieden - sehr zufrieden."

Da weiterhin interessiert, welche Kriterien erfüllt sein müssen, damit Verhandlungen als erfolgreich beurteilt werden, und wie sich Russen und Deutsche hinsichtlich der Gewichtung der Beurteilungskriterien unterscheiden, wurden zusätzlich *spezifische Items* in Anlehnung an die diskutierten Kriterien Underdals (1991) operationalisiert (vgl. Kapitel 4.2.3, S. 64).

Die ***Übereinkunft*** wurde über den prozentualen Anteil der Vertragsabschlüsse an den geführten Verhandlungen operationalisiert:

"In schätzungsweise ______ Prozent unserer Verhandlungen mit russischen Unternehmen wurde ein Vertrag abgeschlossen."

Da dieses Kriterium eindeutig ist, wie zum Beispiel die Verwendung von Einkommen als Erfolgskriterium, wird auf eine Operationalisierung über mehrere Items verzichtet.

Die ***Effizienz*** wird über "Transparenz der Verhandlungen", Verhandlungskosten und den Vergleich der Verhandlungsergebnisse mit den Minimal- und Maximalvorstellungen zum Verhandlungsbeginn erhoben:

"Meine russischen Verhandlungspartner verhandeln sehr intransparent - sehr transparent."
"Ich verhandle mit russischen Partnern sehr intransparent - sehr transparent."
"Die Verhandlungskosten (materiell, finanziell, zeitlich), die im Rahmen von meinen Verhandlungen mit russischen Unternehmen anfallen, sind sehr niedrig - sehr hoch."
"Meine Verhandlungsergebnisse entsprachen bei Vertragsabschluß den anfänglichen Minimalvorstellungen - Maximalvorstellungen."

Die ***Stabilität*** beinhaltet zwei Aspekte, die Absicht, nicht gegen Vereinbarungen zu verstoßen, und die Absicht, die Zusammenarbeit auszudehnen (Underdal, 1991). Zwei Gründe sprechen dagegen, die Verletzung von Vereinbarungen direkt zu erheben: Aus Gründen sozialer Erwünschtheit kann nicht erwartet werden, daß die Befragten die Frage, ob sie gegen Vereinbarungen verstoßen, ehrlich beantworten. Auch müssen Veränderungen von Vereinbarungen nicht zwingenderweise ein Zeichen für die Instabilität der Beziehung sein, sondern können gerade der Stabilität dienen, wenn aufgrund der instabilen makroökonomischen Bedingungen die Gefahr asymmetrischer Verhandlungsergebnisse entsteht.

Es erscheint sinnvoll, die Verletzung von Vereinbarungen auf andere Weise zu erfragen: Da Vertrauen eine Voraussetzung für die Einhaltung sozialer Regeln darstellt (Luhmann, 1968), soll anstatt nach der Verletzung von Vereinbarungen nach dem gegenseitigen Vertrauen der Verhandlungsparteien gefragt werden. Somit wird die Stabilität durch die folgenden vier Items operationalisiert:

"In der Zukunft möchte ich im Bereich der deutsch-russischen Zusammenarbeit verstärkt tätig sein. Lehne ab - stimme zu."
"Die Zusammenarbeit mit meinen russischen Vertragspartnern wird in Zukunft deutlich eingeschränkt - deutlich ausgebaut."
"Ich bin meinen russischen Verhandlungspartnern gegenüber sehr mißtrauisch - sehr vertrauensvoll."
"Meine russischen Verhandlungspartner sind mir gegenüber sehr mißtrauisch - sehr vertrauensvoll."

Die ***Verteilung*** kann nach unterschiedlichen Bezugsgrößen bewertet werden, den eigenen Kosten und Gewinnen und den Kosten und Gewinnen der Verhandlungspartner. Zur Beurteilung können unterschiedliche Normen dienen: die Wettbewerbsnorm, die Leistungs-(Equity-), die Gleichheits-(Equality) und die Bedürfnisnorm. Die Bedürfnisnorm wird im gegebenen Kontext deutsch-russischer Wirtschaftsverhandlungen als zu vernachlässigen betrachtet (auf die geringe Gefahr hin, einem unzutreffenden Stereotyp zu erliegen).

Die Erfüllung der Normen wird aufgrund einer unterschiedlichen Berücksichtigung der Kosten und Gewinne beider Verhandlungsparteien berechnet. Die Kosten und Gewinne werden aufgrund der folgenden Items erfaßt:

"In der Zusammenarbeit mit russischen Unternehmen entstanden für mein Unternehmen geringe Kosten - hohe Kosten."
"In der Zusammenarbeit mit russischen Unternehmen entstanden für mein Unternehmen große Verluste - große Gewinne."
"Für meine russischen Verhandlungspartner entstanden bisher geringe Kosten - hohe Kosten."
"Für meine russischen Verhandlungspartner entstanden bisher große Verluste - große Gewinne."

Die *Leistungsnorm* wird folgendermaßen definiert:

$$\frac{10}{\left|\text{(eigener Gewinn - Gewinn des Verhandlungspartners)} \atop \text{-(eigene Kosten - Kosten des Verhandlungspartner)}\right| + 10}$$

Wenn Kosten und Gewinne zwischen den Verhandlungsparteien als ausgewogen wahrgenommen werden, ergibt sich ein Betrag von 1. Je unausgewogener das Verhältnis zwischen Beiträgen und Gewinn auf beiden Seiten ist, desto kleiner wird der Quotient.

Sollte die Erfüllung der Leistungsnorm ein relevantes Kriterium zur Definition des Verhandlungserfolges sein, soll sie positiv mit dem „wahrgenommenen Verhandlungserfolg" korrelieren.

Die *Gleichheitsnorm* wird folgendermaßen berechnet:

|eigener Gewinn - Gewinn des Verhandlungspartners |.

Wird Gleichheit angenommen, so beträgt, die Differenz Null. Je größer die Ungleichheit ist, desto größer wird der Betrag. Sollte die Gleichheitsnorm ein relevantes Kriterium zur Definition des „wahrgenommenen Verhandlungserfolges" sein, sollte sie negativ mit dem „wahrgenommenen Verhandlungserfolg" korrelieren.

Die *Wettbewerbsnorm* wird definiert durch:

(eigener Gewinn - Gewinn des Verhandlungspartners) -

(eigene Kosten - Kosten des Verhandlungspartners)

Der Betrag wird umso größer, je größer der eigene Gewinn im Verhältnis zum Gewinn des Verhandlungspartners ist und je geringer die eigenen Kosten im Verhältnis zu den Kosten des Verhandlungspartners sind.

Sollte die Wettbewerbsnorm ein relevantes Kriterium zur Definition des Verhandlungserfolges darstellen, dann sollte die Erfüllung der Wettbewerbsnorm positiv mit dem „wahrgenommenen Verhandlungserfolg" korrelieren.

Der ***Abstand von den Ausgangspositionen*** wird über das Ausmaß an Zugeständnissen operationalisiert.

"In Verhandlungen mit russischen Unternehmen mußte ich Zugeständnisse machen

- *bis zur Unterzeichnung des Vertrages. Sehr geringe Zugeständnisse - Sehr große Zugeständnisse"*
- *nach Vertragsabschluß. Sehr geringe Zugeständnisse - Sehr große Zugeständnisse"*

"In Verhandlungen mit mir mußten meine russischen Verhandlungspartner Zugeständnisse machen

- *bis zur Unterzeichnung des Vertrages. Sehr geringe Zugeständnisse - sehr große Zugeständnisse"*
- *nach Vertragsabschluß. Sehr geringe Zugeständnisse - Sehr große Zugeständnisse"*

7 Ergebnisse

Im Zentrum der Analyse steht die Frage, welche Rolle drei unterschiedliche Stereotypisierungsfunktionen für den „wahrgenommenen Konflikt“ und den „wahrgenommenen Verhandlungserfolg“ in deutsch-russischen Wirtschaftsverhandlungen spielen. Dabei wird berücksichtigt, daß sich russische und deutsche Verhandlungsführer in bezug auf die Bedeutung der Stereotypisierungsfunktionen unterscheiden können. Zu diesen gehören die Funktionen, nationale Identität sowie Konsens über die Beziehung zwischen den Gruppen herzustellen und das von den fremdkulturellen Verhandlungsführern bevorzugte Verhandlungsverhalten vorherzusagen. Inwiefern die Verhandlungsführer kulturelle Unterschiede bei der Vorhersage des bevorzugten Verhandlungsverhaltens berücksichtigen müssen, soll hier vorausgehend analysiert werden. Da dieser Kulturvergleich jedoch eine identische Struktur des Verhandlungsverhaltens in der russischen und der deutschen Stichprobe voraussetzt, sollte zuvor die zugrundeliegende Struktur, wie sie das Konfliktmanagement-Gitter annimmt, erfolgen.

Da die Voraussetzungen zunächst geklärt sein müssen, sollen die Ergebnisse in umgekehrter Reihenfolge zur Ableitung der Hypothesen dargestellt werden. Das heißt, nach einigen methodischen Vorbemerkungen zur Auswertungsstrategie und der Beschreibung der Stichprobenzusammensetzung werden die Ergebnisse in folgender Reihenfolge präsentiert:

1. Validierung des Konfliktmanagement-Gitters,
2. Kulturelle Unterschiede im bevorzugten Verhandlungsverhalten und
3. die Rolle der Stereotypisierungsfunktionen für den „wahrgenommenen Konflikt“ und den „wahrgenommenen Verhandlungserfolg“.

7.1 Einige methodische Vorbemerkungen zur Auswertungsstrategie

Hier sollen ein paar Vorbemerkungen zur Auswertungsstrategie gemacht werden. Bei der Validierung des Konfliktmanagement-Gitters und der Untersuchung kultureller Unterschiede wurden häufig mehrfaktorielle multivariate Varianzanalysen eingesetzt, um dem Problem der Mehrfachtestung von Unterschiedshypothesen zu entgehen.

Bei der Analyse der Zusammenhänge zwischen Stereotypisierungsfunktionen einerseits und „wahrgenommenem Konflikt“ und „wahrgenommenem Verhandlungserfolg“ andererseits wurde zur Überprüfung von Modellen, die auf Zusammenhangshypothesen beruhten, die Regressionsanalyse eingesetzt, um auch hier dem Problem der Mehrfachtestung zu entgehen. Es sollte auf die Überprüfung einzelner Zusammenhänge über Korrelationen jedoch nicht vollständig verzichtet werden, da beabsichtigt wurde, in einem ersten Schritt die Existenz des jeweiligen Zusammenhangs zu überprüfen, um in einem zweiten Schritt zusätzliche Varianzaufklärung durch die Stereotypisierungsfunktionen im gegebenen Modell zu testen.

Das Alpha-Niveau wurde auf 5 Prozent festgelegt, bis auf einige Ausnahmen. In diesen Fällen wird auf das Alphaniveau explizit hingewiesen. Generell wird stets das erreichte Signifikanzniveau mitberichtet.

Nun sollen noch einige Vorbemerkungen zur Handhabung von Voraussetzungen für die mehrfaktorielle multivariate Varianzanalyse und die Regressionsanalyse und zum Vorgehen mit diesen Methoden gemacht werden.

Verletzungen der Voraussetzungen Normalverteilung und multivariater Normalverteilung, Homogenität von Fehlervarianzen und Kovarianzen fallen nur ins Gewicht, wenn die Stichproben klein oder ungleich groß sind. Von ungleich großen Stichproben wird gesprochen, wenn die größere Stichprobe eineinhalb mal so groß ist wie die kleinere (Hair, Anderson, Tatham & Black, 1995). Bei der Größe der russischen und der deutschen Stichprobe werden diese Bedingungen nicht verletzt. Daher ist davon auszugehen, daß die durchgeführte MANOVA robust gegen die Verletzung der Annahmen ist. Die Voraussetzung der unabhängigen Beobachtungen ist erfüllt.

Bei der Analyse der Ergebnisse der mehrfaktoriellen multivariaten Varianzanalysen wurde top-down vorgegangen (vgl. Weinfurt, 1997): Wenn die Haupteffekte und Interaktionseffekte der multivariaten Tests signifikant sind, dann werden die univariaten Tests für die signifikanten Effekte betrachtet. Für die Haupteffekte, die in den univariaten Tests signifikant sind, werden Bonferroni-adjustierte t-Tests betrachtet, und für die signifikanten t-Tests werden schließlich die Mittelwertsunterschiede interpretiert. Die Haupteffekte werden jedoch nur interpretiert, wenn diese nicht durch disordinale oder eventuell hybride Interaktionen in Frage gestellt werden (vgl. Bortz, S. 290 ff., Hair, Anderson, Tatham & Black, 1995, S. 271 ff.).

Für die Interaktionen, die in den univariaten Tests signifikant sind, wurden - geleitet durch die Hypothesen - die Kontrast-Tests betrachtet, um die Interaktion zu lokalisieren. Für die lokalisierte Interaktion wurde die Grafik herangezogen, um die Interaktion zu interpretieren.

Zudem wurde für die multivariaten Tests das Kriterium der Pillai-Spur gewählt, das geringere „Power" besitzt, dafür aber sehr robust gegen Verletzung der Voraussetzungen ist (Hair, Anderson, Tatham & Black, 1995, S. 278).[22]

Bei der Verletzung der Sphärizitätsannahme wurden für die univariaten Tests die Freiheitsgrade korrigiert in Anlehnung an die Huyn-Feldt-Methode (Huyn & Mandeville, 1979, zit. Von Weinfurt, 1997, S. 270).

[22] Es bestehen jedoch unterschiedliche Meinungen über die Relevanz des Kriteriums. So sieht Bortz (1999) in Anlehnung an Olson (1976, 1979) das Pillai-Kriterium als besonders geeignet für kleine Stichproben an. Es fälle eher konservative Entscheidungen. Stevens (1986, S. 187) nimmt nach einer Literaturdurchsicht an, daß es keinen großen Unterschied macht, welches Kriterium man wählt.

7.2 Stichprobenbeschreibung

Die Teilnehmer wurden auf unterschiedlichen Wegen gewonnen, über die postalische Befragung, über Anrufe und postalische Befragung, in direktem Kontakt auf Messen. In Rußland wurden die meisten Befragten über den direkten Kontakt, dem in der Regel ein Anruf vorausging, und über das Omnibusprinzip gewonnen. Dieser systematische Unterschied in der Gewinnung der deutschen und russischen Untersuchungsteilnehmer war notwendig, da der Postweg in Rußland unsicher ist, und nur aufgrund von persönlichem Kontakt eine Teilnahme an der Untersuchung zu erwarten war. Diese Methode war nur möglich, da der Großteil der interessierenden Population sich auf die zwei Großstädte Petersburg und Moskau verteilt. Aus ökonomischen Gründen wurde in Deutschland der Postweg vorgezogen. Allen Teilnehmern wurde als Anreiz zugesichert, die Untersuchungsergebnisse zu erhalten. Auf diesen Wegen wurden 125 russische und 145 deutsche Verhandlungsführer gewonnen.

Hier sollen zunächst die personenbezogenen Daten und im Anschluß daran die unternehmensbezogenen Daten berichtet werden.

Personenbezogene Daten

Der Altersdurchschnitt liegt bei den deutschen Verhandlungsführern mit 47 Jahren signifikant höher als bei den russischen Befragten mit 39 Jahren ($T(283) = 6.64$, $p < .001$)[23]. Der jüngste Befragte war gerade 18 und der älteste 70 Jahre alt. 85,5 % der Gesamtstichprobe waren männlichen und 14,5 % weiblichen *Geschlechts*, bei der russischen Stichprobe liegt der Anteil der Frauen etwas höher, bei 18, 9 %, und bei der deutschen Stichprobe etwas niedriger, bei 11,3 % der Befragten.

Während die Mehrzahl der russischen Befragten aus Petersburg (44 %) und Moskau (39 %) stammen, verteilen sich die *Wohnorte* der deutschen Befragten relativ gleichmäßig über das ganze Bundesgebiet mit einem Schwerpunkt in Hamburg (20 %). 13 % der Deutschen wohnten zur Zeit der Befragung in Moskau.

Die *Bildung* war bei den meisten Befragten sehr hoch: 78,5 % gaben einen Hochschulabschluß an und 8,8 % einen Gymnasialabschluß. Bei den Deutschen besaßen 65,2 % einen Hochschulabschluß und 16,3 % einen Gymnasialabschluß oder Erweiterte Oberstufe (EOS), 7,6 % einen Realschulabschluß oder Polytechnische Oberstufe (POS) 10. Klasse, 3,8 % einen Hauptschulabschluß oder POS 8. Klasse und 6,9 % einen Fachschulabschluß. Von den russischen Befragten hatten 94,7 % einen Hochschulabschluß, 2,3 % einen Fachschulabschluß und 1,5 % einen Abschluß der "Mittleren Bildungsstufe" (srednee obrazowanie). Diese Zahlen weisen darauf hin, daß der Bildungsstand der russischen Befragten höher ist als der der deutschen Befragten. Ein direkter Test des Bildungsunterschiedes ist jedoch nicht sinnvoll, da die Bildungssysteme sich zu sehr unterscheiden. So ist zum Beispiel die Bewertung von Hochschul- und Institutsabschlüssen in Rußland zur Zeit problematisch. So kann ein

---

[23] Es wurde ein t-Test für unabhängige Stichproben berechnet.

Studium an einem russischen Institut von höherer Qualität sein als ein Hochschulabschluß, es kann jedoch auch einem Fachschulabschluß entsprechen.

54,4 Prozent arbeiteten als Ökonomen, 31,3 Prozent als Ingenieure. Der Rest der Stichprobe verteilt sich auf die Berufe Juristen, Architekten, Agronomen, Psychologen, Pädagogen, Filologen, Journalisten, Historiker und Buchhalter. Auf deutscher Seite liegt der Anteil der Ökonomen höher, nämlich auf 70,1 Prozent, und der Anteil der Ingenieure niedriger, nämlich bei 17 Prozent. Hingegen sind 37,8 Prozent der russischen Befragten Ökonomen und 41,2 Prozent Ingenieure.

Zum Vergleich der russischen und deutschen Verhandlungsführer in Hinsicht auf ihre Position im Unternehmen sei auf die Tabelle 1 verwiesen. Es ist auffällig, daß ein größerer Teil der russischen Verhandlungsführer dem Vorstand angehört, die Position eines Direktors einnimmt oder diese vertritt (31,6 % gegenüber 4,6 %). Hingegen sticht auf deutscher Seite die große Anzahl von Geschäftsführern von Niederlassungen hervor (47,1 % gegenüber 14,2 %). Hingegen machen die Abteilungsleiter sowohl auf russischer als auch deutscher Seite ungefähr ein Drittel der Befragten aus.

Vor dem Hintergrund des großen Anteils der russischen Befragten in den obersten Führungspositionen ist es erstaunlich, daß die russischen Verhandlungsführer über ein geringeres Maß an Entscheidungsmacht verfügen als die deutschen Verhandlungsführer (s. Tabelle 2)

Tabelle 1: Vergleich der russischen und deutschen Verhandlungsführer in bezug auf ihre Position im Unternehmen

Position im Unternehmen	**Russische Verhandlungsführer**	**Deutsche Verhandlungsführer**
Vorstand, Direktor	20,8 %	4,6 %
Stellvertretender Vorstand, Direktor	10,8 %	-
Geschäftsführer einer Niederlassung	14,2 %	47,1 %
Stellvertretender Geschäftsführer einer Niederlassung	1,7 %	-
Abteilungsleiter	30,0 %	37,9 %
Stellvertretender Abteilungsleiter	0,8 %	-
Experte, Berater ohne Führungsaufgaben	21,7 %	9,8 %
Ministerialrat	-	0,7 %

Tabelle 2: Vergleich der russischen und deutschen Verhandlungsführer in Hinsicht auf ihre Rollen in der Verhandlung

Rolle in Verhandlung	**Russische Verhandlungsführer**	**Deutsche Verhandlungsführer**
Volle Entscheidungsmacht	55,3 %	91,5 %
Teilnahme	17,5 %	4,3 %
Beratung	27,2 %	4,3 %

Der Mann-Whitney-U-Test für Rangreihen ergab, daß keine systematischen Unterschiede zwischen russischen und deutschen Verhandlungsführern in der Kenntnis der Fremdsprache bestehen (Mann-Whitney-U = 9349, Z= -.761, p > .4). Für einen Vergleich der Werte sei auf die Tabelle verwiesen.

Tabelle 3: Deutschkenntnisse der russischen Verhandlungsführer und Russischkenntnisse der deutschen Verhandlungsführer (Quelle: Selbstbeurteilung)

Fremdsprachenkenntnisse	**Russische Verhandlungsführer**	**Deutsche Verhandlungsführer**
Sehr gut	8,6 %	25,3 %
Gut	21,9 %	11,7 %
mittelmäßig	21,1 %	13,6 %
schlecht	23,4 %	19,5 %
keine	25 %	29,9 %

21,2 % der russischen Befragten und 25,2 % der deutschen Befragten haben früher an Verhandlungstrainings teilgenommen und 38,5 % der russischen Befragten und 15,7 % der deutschen Befragten wurden auf Verhandlungen mit der Zielkultur vorbereitet.

Unternehmensbezogene Daten

Der größere Anteil der Unternehmen verfolgt in der deutsch-russischen Zusammenarbeit mehrere Ziele gleichzeitig. Auffällig ist, das mehr deutsche als russische Unternehmen das Ziel verfolgen, Ware oder Dienstleistungen abzusetzen (88,5 % gegenüber 65,2 %) und mehr russische als deutsche Unternehmen beabsichtigen, Ware oder Dienstleistungen zu beziehen (76,3 % gegenüber 47,8 %). Somit lassen sich die deutsch-russischen Wirtschaftsbeziehungen von der Tendenz her als komplementär charakterisieren. Die Stichprobe ist in bezug auf diese Ziele für die deutsch-russischen Wirtschaftsbeziehungen repräsentativ. Des weiteren fällt auf, daß mehr russische Unternehmen mit deutschen Unternehmen oder mit ihrer Unterstützung produzieren wollen als deutsche Unternehmen dies beabsichtigen (s. Tabelle 4). Dies ist ein Indiz für einen Interessenkonflikt der Verhandlungspartner.

Tabelle 4: Zweck von Verhandlungen für russische und für deutsche Unternehmen

Zweck der Verhandlungen	**Russische Unternehmen**	**Deutsche Unternehmen**
Absatz	65,2 %	88,5 %
Bezug	76,3 %	47,8 %
Produktion	43,8 %	19,1 %
Sonstiges	23,9 %	10,2 %

(Die Prozentzahlen addieren sich nicht zu 100 %, da die Unternehmen oft mehrere Ziele gleichzeitig verfolgen.)

Wie aus geschichtlichen Gründen zu erwarten, ist der Anteil russischer staatlicher Unternehmen größer als der Anteil deutscher staatlicher Unternehmen (23,2 % gegenüber 2,6 %) und der Anteil privatwirtschaftlicher russischer Unternehmen geringer als der Anteil deutscher privatwirtschaftlicher Unternehmen (68,1 % gegenüber 94,8 %). Ein unwesentlicher Anteil von 2,5 % oder 3 % entfällt auf gemischte Unternehmen und gemeinnützige Stiftungen.

Während bei den russischen Unternehmen eine relativ gleichmäßige Verteilung über die drei Sektoren Handel (38,6 %), Industrie (27,2 %) und Dienstleistungen (34,2 %) gegeben ist, kommen ungefähr zwei Drittel der deutschen Unternehmen aus dem Industriesektor (64,4 %), und das letzte Drittel verteilt sich auf die Bereiche Handel (19,5 %) und Dienstleistungen (16,1 %).

Von den industriellen Unternehmen insgesamt sind 26 % im Anlagenbau tätig, 21 % in der Lebensmittelindustrie und 10,5 % in der chemischen Industrie. Als weitere industrielle Branchen sind vertreten: die Elektrotechnik, Holzverarbeitung, Druck und Papier, Bekleidung, Mineralien und Brennstoffe, Schiffsbau, Bekleidung, Optik und Feinmechanik, Tapeten, Medizintechnik, Licht und Lampen, Oberflächentechnologie, Glas und Automobil. Die Dienstleister verteilen sich auf die Branchen Banken, Bildung und Weiterbildung, Wissenschafts- und Technologietransfer, Consulting in den Bereichen Marketing, Recht, Wirtschaftsförderung und neue Technologien, Werbung, Ausrichter von Messen und Wettbewerben, Transport, Tourismus und auch Architektur. Gehandelt werden Lebensmittel, Maschinen, Getreide und Futtermittel, Kleidung und vieles mehr.

Die Anzahl der Mitarbeiter in den russischen Unternehmen schwankt zwischen einem Mitarbeiter und 14.000 Mitarbeitern und in den deutschen Unternehmen zwischen einem Mitarbeiter und 260.000 Mitarbeitern. Im Schnitt sind in den russischen Unternehmen 622 Mitarbeiter beschäftigt, in den deutschen Unternehmen 6084 Mitarbeiter.

Das älteste deutsche Unternehmen wurde 1811 gegründet und das jüngste deutsche Unternehmen 1996. Im Schnitt waren die deutschen Unternehmen zum Zeitpunkt der Befragung 66 Jahre alt (Gründungsjahr 1932). Erstaunlich vor dem Hintergrund von 70 Jahren Planwirtschaft war, daß auch unter den russischen Unternehmen Traditionsbetriebe vertreten sind: Das älteste wurde 1863 gegründet. Die meisten Unternehmen sind jedoch in den 90er Jahren nach der Liberalisierung der Wirtschaft gegründet worden, das jüngste Unternehmen 1997.

Zum Zeitpunkt der Untersuchung konnten die deutschen Unternehmen mit durchschnittlich 11 Jahren auf eine längere Zusammenarbeit mit russischen Unternehmen zurückblicken, als die russischen Unternehmen mit deutschen Unternehmen zusammenarbeiteten, nämlich knapp sechs Jahre, $T(213) = 5.04$, $p < .001$.[24] Dieser auf den ersten Blick erstaunliche Unterschied läßt sich möglicherweise dadurch erklären, daß die deutschen Unternehmen zur Zeit vor der Privatisierung staatlicher Unternehmen in Rußland nicht mit den Zielunternehmen verhandelten, sondern mit den russischen Außenhandelskammern. Die längste Tradition in der deutsch-russischen Zusammenarbeit hat ein deutsches Unternehmen erreicht, daß 1881, noch zur Zarenzeit, Verhandlungen mit russischen Unternehmern begann, während im Kontrast dazu einige russische und deutsche Unternehmen auf eine nicht einmal einjährige Zusammenarbeit zum Zeitpunkt der Befragung zurückblickten. Die maximale Zusammenarbeit eines russischen Unternehmens mit deutschen Unternehmen betrug zum Zeitpunkt der Befragung 31 Jahre.

7.3 Validierung des Konfliktmanagement-Gitters

Die Annahmen des Konfliktmanagement-Gitters beziehen sich auf die Struktur, die dem Verhandlungsverhalten zugrunde liegt, auf die Struktur, durch die sich die Prädiktoren für das Verhandlungsverhalten beschreiben lassen und auf die Vorhersage des Verhandlungsverhaltens aufgrund der Prädiktoren.

7.3.1 Struktur des bevorzugten Verhandlungsverhaltens

Es soll überprüft werden, ob sich die Struktur des Verhandlungsverhaltens durch eine integrative, eine distributive und eine kooperative Dimension beschreiben läßt. Eine Voraussetzung dafür ist zunächst, daß die Verhaltenskomponenten mit der

---

[24] Hier wurde ein t-Test für unabhängige Stichproben berechnet. Die erste Stichprobengröße bestand aus 154 Personen und die zweite Stichprobe aus 114 Personen.

erforderlichen Reliabilität erfaßt wurden. Da von der Annahme ausgegangen wurde, daß das Verhandlungsverhalten situationsspezifisch variiert, sollten die Reliabilitäten niedriger liegen als bei situationsunabhängig erhobenen Konstrukten. Jedoch sollte man vom selben Konstrukt ausgehen können. Die Konsistenz wurde für sämtliche vier Verhaltenskomponenten über jeweils vier Items für die Gesamtstichprobe der russischen und deutschen Verhandlungsführer berechnet. Für die Verhaltenskomponente „Problemlösen" beträgt der Wert für das standardisierte Cronbachs-α .64, für „Kämpfen" .69, für „Vermeiden" .66 und für „Zugeständnisse" .43. [25]

Da das bevorzugte Verhandlungsverhalten mit zufriedenstellender Reliabilität erfaßt wurde, soll sowohl für die russischen als auch die deutschen Verhandlungsführer untersucht werden, ob sich die Struktur des Verhandlungsverhaltens durch eine integrative, eine distributive und eine kooperative Dimension beschreiben läßt.

Wenn der Struktur des Verhandlungsverhaltens eine *integrative Dimension* zugrunde liegt, dann wird stärker zwischen „Problemlösen und Vermeiden" unterschieden als zwischen „Problemlösen und Zugeständnisse", „Problemlösen und Kämpfen", „Vermeiden und Zugeständnisse" und „Vermeiden und Kämpfen".

Läßt sich die Struktur durch eine *distributive Dimension* beschreiben, dann wird stärker zwischen „Zugeständnisse und Kämpfen" unterschieden als zwischen „Zugeständnisse und Problemlösen", „Zugeständnisse und Vermeiden", „Kämpfen und Problemlösen" und „Kämpfen und Vermeiden".

Wenn keine distributive Dimension nachgewiesen werden kann, soll der Annahme nachgegangen werden, daß sich distributives Verhalten nur aufgrund der *Kooperativität des Verhaltens* differenzieren läßt.

7.3.1.1 Die integrative Dimension

Zur Überprüfung der Annahme, daß der Struktur des bevorzugten Verhandlungsverhaltens eine integrative Dimension zugrunde liegt, wurden die relativen Unterschiede zwischen den Verhaltenskomponenten „Problemlösen und Vermei-

---

[25] Der Konsistenzkoeffizient für die Komponente Zugeständnisse weicht deutlich von den Reliabilitäten der anderen Verhaltenskomponenten ab. Die Ziele, eine möglichst hohe Validität und Reliabilität zu erreichen, sind teilweise konfliktär. Es stellt sich die Frage, ob die niedrige Reliabilität für die Komponente Zugeständnisse mit einer höheren Validität einhergeht. In diesem Fall kann die geringe Reliabilität für die Komponente Zugeständnisse akzeptiert werden. Ein Belege für die Validität ist gegeben, wenn hinter der stärkeren Variation von Zugeständnissen ein Prinzip steht, das mit dem Konstrukt von Zugeständnissen vereinbar ist, wie die Reziprozitätsnorm. Die t-Tests für abhängige Stichproben ergeben, daß in Übereinstimmung mit der Reziprozitätsnorm Zugeständnisse in Reaktion auf Zugeständnisse (M= .97, SE= .08) und Zugeständnisse in Reaktion auf Problemlösen (M= 1.33, SE= .074) gegenüber Zugeständnissen in Reaktion auf Druck (M= -.44, SE= .104, für beide $p < .001$) bevorzugt werden. Daher ist trotz der geringen Reliabilität der Erhebung von Zugeständnissen davon auszugehen, daß dasselbe Verhalten erfaßt wird und daß die geringe Reliabilität mit einer höheren Validität einhergeht.. Folglich kann die größere Variation der Verhaltenskomponente Zugeständnisse akzeptiert werden.

den“, „Problemlösen und Zugeständnisse“, „Problemlösen und Kämpfen“, „Vermeiden und Zugeständnisse“ und „Vermeiden und Kämpfen“ über die jeweils vier Verhaltensitems gemittelt.

Um den Problemen einer Mehrfachtestung zu entgehen, wurden in einer zweifaktoriellen Varianzanalyse für Meßwiederholungen die Abstände gegeneinander getestet. Die Faktoren stellen der fünfstufige Innersubjektfaktor „Relative Verhaltenskomponente“ und der Zwischensubjektfaktor „Nationalität der befragten Verhandlungsführer“ dar. Die abhängige Variable bildet das „Ausmaß der Distanz zwischen den Verhaltenskomponenten“.

Der Haupteffekt für den Innersubjektfaktor Relative Verhaltenskomponenten wird hochsignifikant ($F[4,272] = 133.18, p < .001$), jedoch nicht der Haupteffekt für den Zwischensubjektfaktor Nationalität der Befragten ($F[1,275] = 2.22, p > .1$) und auch nicht die Interaktion zwischen den Faktoren Relative Verhaltenskomponenten und Nationalität der Befragten ($F[4,272] = .901, p > .4$). Die einfachen Innersubjektkontraste für den Innersubjektfaktor Relative Verhaltenskomponenten ergeben, daß sich der Abstand zwischen „Vermeiden und Problemlösen“ signifikant von den Abständen zwischen „Problemlösen und Zugeständnisse“ ($F[1,275] = 483.87, p < .001$), „Problemlösen und Kämpfen“ ($F[1,275] = 203.53, p < .001$), „Vermeiden und Zugeständnisse“ ($F[1,275] = 131.77, p < .001$) und zwischen „Vermeiden und Kämpfen“ ($F[1,275] = 322.13, p < .001$) unterscheidet. Auch die vorhergesagte Richtung der Unterschiede stimmt mit der Voraussetzung (a) überein: Der Abstand zwischen „Vermeiden und Problemlösen“ ($M = 3.25, SE = .08$) ist größer ist als die Abstände zwischen „Problemlösen und Zugeständnisse“ ($M = 1.42, SE = .05$), zwischen „Problemlösen und Kämpfen“ ($M = 2.12, SE = .07$), zwischen „Vermeiden und Zugeständnisse“ ($M = 2.55, SE = .06$) und zwischen „Vermeiden und Kämpfen“ ($M = 1.8, SE = .06$). Somit konnte die Annahme bestätigt werden, daß sich die Struktur des bevorzugten Verhandlungsverhaltens für russische und deutsche Verhandlungsführer durch die integrative Dimension beschreiben läßt.

7.3.1.2 Die distributive Dimension

Zur Überprüfung der Annahme, daß sich die Struktur des bevorzugten Verhandlungsverhaltens durch eine distributive Dimension beschreiben läßt, wurden die relativen Unterschiede zwischen den Verhaltenskomponenten „Zugeständnisse und Kämpfen“, „Zugeständnisse und Problemlösen“, „Zugeständnisse und Vermeiden“, „Kämpfen und Problemlösen“ und „Kämpfen und Vermeiden“ jeweils über die vier Verhaltensitems gemittelt.

Die Annahme, daß stärker zwischen „Zugeständnisse und Kämpfen“ unterschieden wird als zwischen „Zugeständnisse und Problemlösen“, „Zugeständnisse und Vermeiden“, „Kämpfen und Problemlösen“ und „Kämpfen und Vermeiden“, wird ebenfalls mit einer zweifaktoriellen Varianzanalyse mit Meßwiederholungen überprüft. Auch hier soll über einen einmaligen Test dem Problem der Mehrfachtestung entgangen werden. Den fünfstufigen Innersubjektfaktor bildet wiederum die Relative Verhaltenskomponente und den Zwischensubjektfaktor wieder die Nationalität der befragten Verhandlungsführer. Als abhängige Variable dient wieder die „Bewertungsdistanz zwischen den Verhaltenskomponenten".

Es ergibt sich ein signifikanter Haupteffekt für den Faktor Relative Verhaltenskomponenten ($F[4,272] = 48.11$, $p < .001$), jedoch kein signifikanter Haupteffekt für den Faktor Nationalität der Befragten ($F[1,275] = .71$, $p > .1$) und auch keine signifikante Interaktion der Faktoren Relative Verhaltenskomponenten und Nationalität der Verhandlungsführer ($F[4,272] = .44$, $p > .7$). Die einfachen Innersubjektkontraste für den Faktor Relative Verhaltenskomponenten ergaben, daß sich die Bewertungsdistanz der Verhaltenskomponenten „Zugeständnisse und Kämpfen" signifikant von der Distanz der Verhaltenskomponenten „Zugeständnisse und Problemlösen" ($F[1,275] = 73.08$, $p < .001$), „Zugeständnisse und Vermeiden" ($F[1,275] = 85.04$, $p < .001$), „Problemlösen und Kämpfen" ($F(1,275) = 6.96$, $p < .01$) unterscheidet, jedoch nicht zwischen „Kämpfen und Vermeiden" ($F[1,275] = 3.71$, $p > .05$). Abgesehen davon, daß sich die Distanz zwischen „Kämpfen und Vermeiden" nicht signifikant von der Distanz zwischen „Kämpfen und Zugeständnisse" unterscheidet, kann die angenommene Richtung der Bewertungsdistanz nicht bestätigt werden: Die Distanzen zwischen „Zugeständnisse und Vermeiden" ($M = 2.55$, $SE = .06$) und zwischen „Kämpfen und Problemlösen" ($M = 2.13$, $SE = .07$) sind noch größer als die Distanz zwischen „Kämpfen und Zugeständnisse" ($M = 1.98$, $SE = .06$). Nur der Abstand zwischen Zugeständnisse und Problemlösen ($M = 1.42$, $SE = 0.05$) ist kleiner als der Abstand zwischen „Zugeständnisse und Kämpfen". Somit wird die zweite Annahme des Konfliktmanagement-Gitters, daß sich die Verhaltenskomponenten durch eine distributive Dimension beschreiben lassen, nicht bestätigt.

Da sich die Struktur des bevorzugten Verhandlungsverhaltens nicht durch eine *distributive Dimension* beschreiben läßt, soll jetzt überprüft werden, ob sich das bevorzugte Verhandlungsverhalten durch die *kooperative Dimension* beschreiben läßt.

7.3.1.3 Die kooperative Dimension

Wenn nachgewiesen werden soll, daß die Verhandlungsführer zwischen den Verhaltenskomponenten aufgrund der kooperativen Dimension differenzieren, dann müssen folgende Anforderungen erfüllt sein:

1. Der Abstand zwischen „Problemlösen und Zugeständnisse" ist geringer als zwischen „Problemlösen und Vermeiden", „Zugeständnisse und Vermeiden", „Problemlösen und Kämpfen" und „Zugeständnisse und Kämpfen".
2. Der Abstand zwischen „Vermeiden und Kämpfen" ist geringer als der Abstand zwischen „Vermeiden und Zugeständnisse", „Vermeiden und Problemlösen", „Kämpfen und Zugeständnisse" und „Kämpfen und Problemlösen".
3. Der Abstand zwischen „Vermeiden und Zugeständnisse" ist größer als der Abstand zwischen „Vermeiden und Kämpfen" und größer als der Abstand zwischen „Zugeständnisse und Problemlösen".
4. Der Abstand zwischen „Problemlösen und Kämpfen" ist größer als der Abstand zwischen „Problemlösen und Zugeständnisse" und größer als der Abstand zwischen „Kämpfen und Vermeiden".

Zur Überprüfung der vier Annahmen wurden wiederum vier zweifaktorielle Varianzanalysen mit dem Innersubjektfaktor Relative Verhaltenskomponenten, dem Zwischensubjektfaktor Nationalität der befragten Verhandlungsführer und der abhängigen Variable Bewertungsdistanz berechnet. In zwei Fällen besitzt der Innersubjektfaktor drei und in zwei Fällen fünf Stufen. Auch hier soll dem Problem der Mehrfachtestung durch die Anwendung dieses Verfahrens entgangen werden. Da die Hypothese der Existenz einer kooperativen Dimension durch vier Einzeltests überprüft wird, wurde das Signifikanzniveau von 5 Prozent auf ein Prozent hochgesetzt.

1. *Annahme: Der Abstand zwischen „Problemlösen und Zugeständnisse" ist geringer als zwischen „Problemlösen und Vermeiden", „Zugeständnisse und Vermeiden", „Problemlösen und Kämpfen" und „Zugeständnisse und Kämpfen".*

Die zweifaktorielle Varianzanalyse ergab für den fünfstufigen Faktor Relative Verhaltenskomponenten einen hochsignifikanten Haupteffekt ($F(4,272) = 126.035$, $p < .001$). Es zeigen sich keine signifikanten Unterschiede zwischen den russischen und den deutschen Verhandlungsführern ($F(1, 275) = 2.259$, $p > .1$) und auch keine signifikante Interaktion zwischen den Faktoren Relative Verhaltenskomponenten und Nationalität der Befragten ($F(4,272) = .895$, $p > .4$). Die einfachen Innersubjektkontraste für den Faktor Relative Verhaltenskomponenten belegen, daß sich die Bewertungsdistanz zwischen den Verhaltenskomponenten „Zugeständnisse und Problemlösen" signifikant von den Bewertungsdistanzen zwischen „Problemlösen und Vermeiden" ($F(1,275) = 483{,}87$, $p < .001$), „Zugeständnisse und Vermeiden" ($F(1,275) = 189.63$, $p < .001$), „Problemlösen und Kämpfen" ($F(1,275) = 86.63$, $p < .001$) und „Zugeständnisse und Kämpfen" ($F(1,275) = 73.08$, $p < .001$) unterscheidet. Ein Vergleich der Mittelwerte bestätigt die Annahme, daß der Abstand zwischen „Zugeständnisse und Problemlösen" ($M = 1{,}42$, $SE = .048$) kleiner ist als der Abstand zwischen „Vermeiden und Zugeständnisse" ($M = 2.54$, $SE = .05$), der Abstand zwischen „Problemlösen und Kämpfen" ($M =2.12$, $SE = .067$, $p < .001$), der Abstand zwischen „Zugeständnisse und Kämpfen" ($M = 1{,}98$, $SE = .061$) und kleiner als der Abstand zwischen „Problemlösen und Vermeiden" ($M = 3.23$, $SE = .077$).[26] Somit konnte die erste von vier Annahmen für die kooperative Dimension bestätigt werden.

---

[26] In Anlehnung an das Vorgehen Van de Vlierts (1997) soll die Hypothese auch überprüft werden, indem die Korrelationen zwischen den Verhaltensintentionen gegeneinander getestet werden. Bei diesem Vorgehen kommt man zu den gleichen Ergebnissen wie bei der Varianzanalyse: So ist die Produkt-Moment-Korrelation zwischen Zugeständnisse und Problemlösen ($r =.255$, $n =282$) größer als die zwischen Problemlösen und Druck ($r =.003$, $n =281$, $z =3.03$, $p < .01$), Problemlösen und Vermeiden ($r = -.145$, $n =279$, $z = 4.79$, $\alpha < .01$), Zugeständnissen und Kämpfen ($r = -.138$, $n = 280$, $z = 4.62$, $p < .01$) und Zugeständnissen und Vermeiden ($r = 4.79$, $n = 278.$, $z = 4.79$, $p < .01$).

2. *Annahme: Der Abstand zwischen „Vermeiden und Kämpfen" ist geringer als der Abstand zwischen „Vermeiden und Zugeständnisse", „Vermeiden und Problemlösen", „Kämpfen und Zugeständnisse" und „Kämpfen und Problemlösen".*

Die zweifaktorielle Varianzanalyse erzielt für den fünfstufigen Faktor Relative Verhaltenskomponenten ebenfalls einen hochsignifikanten Haupteffekt ($F[4,272] = 114.24$, $p < .001$). Die Unterschiede zwischen den russischen und den deutschen Verhandlungsführern ($F[1, 275] = 1.79$, $p > .1$) und die Interaktion zwischen den Faktoren Relative Verhaltenskomponenten und Nationalität der Befragten ($F[4,272] = .89$, $p > .4$) werden wiederum nicht signifikant. Die einfachen Kontraste für den Innersubjektfaktor Relative Verhaltenskomponenten ergeben, daß sich die Bewertungsdistanz zwischen „Vermeiden und Kämpfen" signifikant von den Bewertungsdistanzen zwischen „Vermeiden und Zugeständnisse" ($F[1,275] = 483.87$, $p < .001$), „Vermeiden und Problemlösen" ($F[1,275] = 189.63$, $p < .001$), Kämpfen und Zugeständnisse ($F[1,275] = 86.63$, $p < .001$) und „Kämpfen und Problemlösen" ($F[1,275] = 73.08$, $p < .001$) unterscheidet. In Übereinstimmung mit der Voraussetzung ist der Bewertungsabstand zwischen „Vermeiden und Kämpfen" ($M = 1.8$, $SE = .06$) geringer als die Bewertungsabstände zwischen „Vermeiden und Zugeständnisse" ($M = 2.55$, $SE = .06$), zwischen „Kämpfen und Problemlösen" ($M =2.12$, $SE = .07$) und zwischen „Vermeiden und Problemlösen" ($M =3.25$, $SE = .08$). Jedoch ist der Abstand zwischen „Vermeiden und Kämpfen" nicht signifikant geringer als der Abstand zwischen „Kämpfen und Zugeständnisse" ($M = 1,98$, $SE = .06$).[27] Das bedeutet, daß sich auch die zweite von vier Annahmen zur kooperativen Dimension bestätigt hat.

3. *Annahme: Der Abstand zwischen „Vermeiden und Zugeständnisse" ist größer als der Abstand zwischen „Vermeiden und Kämpfen" und nicht geringer als der Abstand zwischen „Zugeständnisse und Problemlösen".*

Die zweifaktorielle Varianzanalyse erzielt für den dreistufigen Faktor Relative Verhaltenskomponenten ebenfalls einen hochsignifikanten Haupteffekt ($F[2,274] = 95.03$, $p < .001$). Die Unterschiede zwischen den russischen und den deutschen Verhandlungsführern ($F[1, 275] = .65$, $p > .4$) und die Interaktion zwischen den Faktoren Relative Verhaltenskomponenten und Nationalität der Befragten ($F[2,274] = .166$, $p > .8$) werden wiederum nicht signifikant. Die einfachen Innersubjektkontraste mit der Referenzkategorie „Bewertungsdistanz zwischen Vermeiden und Zugeständnisse" ergeben, daß sich die Bewertungsdistanz zwischen den Verhaltenskomponenten „Vermeiden und Zugeständnisse" von den Bewertungsdistanzen zwischen „Vermeiden und Kämpfen" ($F[1,275] = 83.64$, $p < .01$) und zwischen „Zugeständnisse und Problemlösen" ($F[1,275] = 189.62$, $p < .001$) hochsignifikant unterscheidet.

27 Die Produkt-Moment-Korrelationen zwischen den Verhaltenskomponenten sprechen ebenfalls für die Hypothese (vgl. Vorgehen Van de Vlierts [1997]): So ist die Produkt-Moment-Korrelation zwischen Kämpfen und Vermeiden ($r =.25$, $n =278$) größer als die zwischen Kämpfen und Zugeständnissen ($r = -.14$, $n =280$, $z = -4.56$, $p <.01$), Kämpfen und Problemlösen ($r =.00$, $n =281$, $z = 2.9$, $p < .01$), „Vermeiden und Problemlösen" ($r = -.15$, $n =279$, $z = 4.66$, $p < .01$) „Vermeiden und Zugeständnisse" ($r = -.14$, $n =278.$, $z =4.69$, $p < .01$).

Wie angenommen ist der Bewertungsabstand zwischen „Vermeiden und Zugeständnisse“ (M =2.55, SE = .06) größer als die Bewertungsabstände zwischen „Vermeiden und Kämpfen“ (M = 1.8, SE = .06) und zwischen „Zugeständnisse und Problemlösen“ (M = 1.42, SE = .05).[28] Auch die dritte von vier Annahmen zur kooperativen Dimension konnte bestätigt werden.

4. *Annahme: Der Abstand zwischen „Problemlösen und Kämpfen“ ist größer als der Abstand zwischen „Problemlösen und Zugeständnisse“ und als der Abstand zwischen „Kämpfen und Vermeiden“.*

Die zweifaktorielle Varianzanalyse erzielt für den dreistufigen Faktor Relative Verhaltenskomponenten ebenfalls einen hochsignifikanten Haupteffekt (F[2,274] = 55.56, p < .001). Die Unterschiede zwischen den russischen und den deutschen Verhandlungsführern (F[1, 275] = 3.02, p > .05) und die Interaktion zwischen den Faktoren Relative Verhaltenskomponenten und Nationalität der Befragten (F[2,274] = .33, p > .7) werden wiederum nicht signifikant. Die einfachen Innersubjektkontraste mit der Referenzkategorie „Abstand zwischen Problemlösen und Kämpfen“ ergeben, daß sich die Bewertungsdistanz zwischen „Problemlösen und Kämpfen“ signifikant von den Bewertungsdistanzen zwischen „Problemlösen und Zugeständnisse“ (F[1,275] = 86.63, p < .001) und zwischen „Kämpfen und Vermeiden“ (F[1,275] = 9.60, p < .005) unterscheidet. In Übereinstimmung mit der angenommenen Voraussetzung ist der Bewertungsabstand zwischen „Problemlösen und Kämpfen“ (M =2.12, SE = .07) größer ist als zwischen „Problemlösen und Zugeständnisse“ (M = 1.42, SE = .05) und „Kämpfen und Vermeiden“ (M = 1.8, SE = .06).[29] Da somit sowohl für die russischen als auch die deutschen Verhandlungsführer alle vier Annahme zur kooperativen Dimension bestätigt wurden, kann die Struktur des bevorzugten Verhandlungsverhaltens für beide Gruppen durch die kooperative Dimension beschrieben werden.

Zusammenfassend läßt sich die Struktur des Verhandlungsverhaltens folgendermaßen beschreiben: Es läßt sich durch die integrative und die kooperative Dimension charakterisieren, jedoch nicht durch die distributive Dimension. Da weder Unterschiede zwischen den russischen und deutschen Befragten noch die Interaktion der Faktoren Relative Verhaltenskomponenten und Nationalität der Befragten signifikant wurden, weist nichts darauf hin, daß dem Verhandlungsverhalten der russi-

---

28 Die Produkt-Moment-Korrelationen sprechen ebenfalls für die Hypothese (vgl. Vorgehen Van de Vlierts (1997)): Die Korrelation zwischen Vermeiden und Zugeständnissen (r = -.144, n = 278) ist geringer als die Korrelation zwischen Vermeiden und Kämpfen (r = .246, n = 278, z = 4.69, p < .01) und die Korrelation zwischen Zugeständnissen und Problemlösen (r = .255, n = 282, z = 4.69, p < .01).

29 In Übereinstimmung mit der Hypothese und den Ergebnissen der Varianzanalyse ist die Produkt-Moment-Korrelation zwischen Problemlösen und Kämpfen (r =.003, n =281) geringer als die Produkt-Moment-Korrelationen zwischen Problemlösen und Zugeständnissen (r =.255, n =282, z = 3.03, p < .01) und zwischen Kämpfen und Vermeiden (r =.246, n =278, z = 2.9, p < .01).

schen und der deutschen Verhandlungsführer unterschiedliche Strukturen zugrunde liegen. Folglich können russische und deutsche Verhandlungsführer in bezug auf das von ihnen bevorzugte Verhandlungsverhalten verglichen werden.

7.3.2 Die Prädiktorenstruktur

Die Prädiktoren des bevorzugten Verhandlungsverhaltens, nämlich „subjektive Wichtigkeit eigener Ziele und Interessen“ und „subjektive Wichtigkeit der Ziele und Interessen des Verhandlungspartners“, wurden durch sieben Verhandlungsziele operationalisiert. Es ergeben sich keine zufriedenstellenden Konsistenzen für die fünf Items, die als Indikatoren für das Konstrukt „subjektive Wichtigkeit der Ziele und Interessen des Verhandlungspartners“ dienen sollen (Cronbach-$\alpha = .45$). Zwischen den zwei Items, die dem Konstrukt „subjektive Wichtigkeit eigener Ziele und Interessen“ zugrunde liegen, besteht ebenfalls kein ausreichender Zusammenhang ($r = .21$, $p < .05$). Möglicherweise liegt den Zielen eine andere Struktur als die der zwei “Concerns” zugrunde. Weitergehende statistische Analysen verbieten sich jedoch aufgrund der geringen Anzahl der Items. Daher soll darauf verzichtet werden, zu überprüfen, ob sich das bevorzugte Verhandlungsverhaltens aufgrund der Prädiktoren, „subjektive Wichtigkeit eigener Interessen und Ziele“ und „subjektive Wichtigkeit der Interessen und Ziele des Verhandlungspartners“ vorhersagen läßt.

7.3.3 Fazit

Die Modellannahmen des Konfliktmanagement-Gitters wurden getestet, um zu prüfen, ob die Voraussetzungen für einen kulturellen Vergleich des bevorzugten Verhandlungsverhaltens gegeben sind.

Es zeigte sich, daß zwischen russischen und deutschen Verhandlungsführern keine Unterschiede in der angenommenen Struktur des bevorzugten Verhandlungsverhaltens bestehen. Sowohl für die russischen als auch die deutschen Verhandlungsführer kann das bevorzugte Verhandlungsverhalten durch die integrative und die kooperative Dimension beschrieben werden, nicht jedoch durch die distributive Dimension. Somit kann das von den russischen Verhandlungsführern bevorzugte Verhandlungsverhalten mit dem von deutschen Verhandlungsführern bevorzugten Verhandlungsverhalten verglichen werden. Zudem kann das bevorzugte Verhandlungsverhalten in bezug auf die Verhaltensdimensionen Kooperativität und Integrativität interpretiert werden.

Aufgrund unzureichender Reliabilität der Prädiktoren „subjektive Wichtigkeit der eigenen Ziele und Interessen“ und „subjektive Wichtigkeit der Ziele und Interessen des Verhandlungspartners“ kann das bevorzugte Verhandlungsverhalten nicht aufgrund dieser Prädiktoren vorhergesagt werden. Die Vergleichbarkeit des von russischen und deutschen Verhandlungsführern bevorzugten Verhandlungsverhaltens wird dadurch nicht beeinflußt. Somit ist ein kultureller Vergleich des bevorzugten Verhandlungsverhaltens weiterhin möglich. Auch für die Operationalisierung der

Konstrukte „Betonung der Unterschiede zwischen russischem und deutschem Verhandlungsstils“ und „wahrgenommene Prototypizität des individuellen Verhandlungsstils“ zieht dieses Ergebnis keine weiteren Einschränkungen nach sich.

7.4 Kulturelle Unterschiede im bevorzugten Verhandlungsverhalten

Nachdem gezeigt werden konnte, daß sowohl dem von den russischen als auch von den deutschen Verhandlungsführern bevorzugten Verhandlungsverhalten die gleiche Struktur zugrunde liegt, soll nun das bevorzugte Verhandlungsverhalten auf kulturelle Unterschiede hin verglichen werden. Kulturelle Unterschiede im bevorzugten Verhandlungsverhalten können sich zeigen in der globalen Ausprägung der einzelnen Verhaltenskomponenten, im konglomerierten Verhandlungsverhalten, in der situationsspezifischen Ausprägung der einzelnen Verhaltenskomponenten in Abhängigkeit vom Verhandlungsverhalten des Verhandlungspartners und in Abhängigkeit von seiner Nationalität. Es soll jedoch nicht nur untersucht werden, welche quantitativen Unterschiede bestehen, sondern auch, mit welchen Bewertungen, also auch mit welchen Werten und Normen, diese verbunden werden. So ist zu erwarten, daß kooperatives Verhalten generell positiver bewertet wird als unkooperatives Verhalten und daß die Reziprozitätsnorm das situationsabhängige Verhalten leitet.

7.4.1 Bevorzugtes Verhandlungsverhalten in Abhängigkeit von der Nationalität des Verhandlungspartners

Zur Überprüfung der Annahme, daß die Verhaltensintentionen in Abhängigkeit von der Nationalität des beschriebenen Verhandlungspartners variieren, wurde eine dreifaktorielle multivariate Varianzanalyse mit Meßwiederholungen durchgeführt. Die drei Faktoren bilden „Nationalität der Verhandlungsführer“ mit den zwei Stufen russisch-deutsch, „Nationalität des beschriebenen Verhandlungspartners“ mit den zwei Stufen russisch-deutsch und das „Verhalten des Verhandlungspartners“ mit den drei Stufen Zugeständnisse, Druck und Problemlösen. Die abhängige Variable bildet das bevorzugte Verhandlungsverhalten, erfaßt über die vier Meßwerte Zugeständnisse, Problemlösen, Kämpfen und Vermeiden.

Die multivariaten Tests ergeben keinen signifikanten Haupteffekt für den Faktor Nationalität des Verhandlungspartners ($F[4,272] = 2.15$, $p > .05$) und auch keine signifikante zweifache Interaktion zwischen den Faktoren Nationalität des Verhandlungspartners und Nationalität der Befragten ($F[4,272] = .97$, $p > .4$) und zwischen den Faktoren Verhalten des Verhandlungspartners und Nationalität des Verhandlungspartners ($F[8,268] = .36$, $p > .9$). Auch die dreifache Interaktion zwischen den Faktoren Nationalität des Verhandlungspartners, Verhalten des Verhandlungspartners und Nationalität der Befragten ist nicht signifikant ($F[8,268] = .84, p > .565$).

Somit kann festgehalten werden, daß die Hypothese, daß die Verhaltensintentionen in Abhängigkeit von der Nationalität des Verhandlungspartners variieren, nicht bestätigt wird. Für die weitergehende Analyse bedeutet dies: 1. Da die Interaktionen mit dem Faktor Nationalität des Verhandlungspartners nicht signifikant sind, muß keine getrennte Analyse der kulturellen Unterschiede für die Gruppen, in denen der fiktive Verhandlungspartner unterschiedliche Nationalität besitzt, durchgeführt werden. 2. Da keine signifikanten Unterschiede des intendierten Verhandlungsverhaltens in Abhängigkeit von der Nationalität des Verhandlungspartners gegeben sind, kann die Berücksichtigung des Faktors Nationalität des Verhandlungspartners bei der Bestimmung der „Prognosegüte" vernachlässigt werden.

7.4.2 Bevorzugtes globales und situationsspezifisches Verhandlungsverhalten

Zur Untersuchung des bevorzugten globalen Verhandlungsverhaltens und des bevorzugten situationsspezifischen Verhandlungsverhaltens in Abhängigkeit vom Verhandlungsverhalten des Verhandlungspartners wurde eine dreifaktorielle multivariate Varianzanalyse mit Meßwiederholungen herangezogen, um die Anzahl der Testverfahren zu reduzieren. Die zwei Faktoren bilden die „Nationalität der Verhandlungsführer" mit den zwei Stufen russisch und deutsch und das Verhalten des Verhandlungspartners mit den drei Stufen Zugeständnisse, Druck und Problemlösen. Die abhängige Variable bildet das intendierte Verhandlungsverhalten, erfaßt über die vier Meßwerte Zugeständnisse, Problemlösen, Kämpfen und Vermeiden.

Zunächst wird betrachtet, ob kulturelle *Unterschiede in der globalen Ausprägung der einzelnen Komponenten des Verhandlungsverhaltens* bestehen. Es ergibt sich ein hochsignifikanter Haupteffekt für den Faktor Nationalität der befragten Verhandlungsführer ($F[4,274] = 4.76$, $p \leq .001$). Die varianzanalytischen Tests für den Zwischensubjektfaktor Nationalität der Befragten zeigen, daß russische und deutsche Verhandlungsführer sich unabhängig vom Verhandlungsverhalten des Verhandlungspartners in bezug auf die zwei unkooperativen Verhaltensintentionen Kämpfen und Vermeiden systematisch unterscheiden, jedoch nicht in bezug auf die zwei kooperativen Verhaltensintentionen Zugeständnisse ($F[1,275] = 2.58$, $p > .05$) und Problemlösen ($F[1,275] = 3.37$, $p > .05$). Es zeigt sich, daß die russischen Verhandlungsführer die Verhaltensweisen Kämpfen und Vermeiden in geringerem Maße ablehnen als die deutschen Verhandlungsführer (Kämpfen: $M = .05$ *versus* -.26, $F[1,275] = 4.23$, $p < .05$, Vermeiden: $M = -1.40$ *versus* -1.85, $F[1,275] = 7.89$, $p \leq .005$).

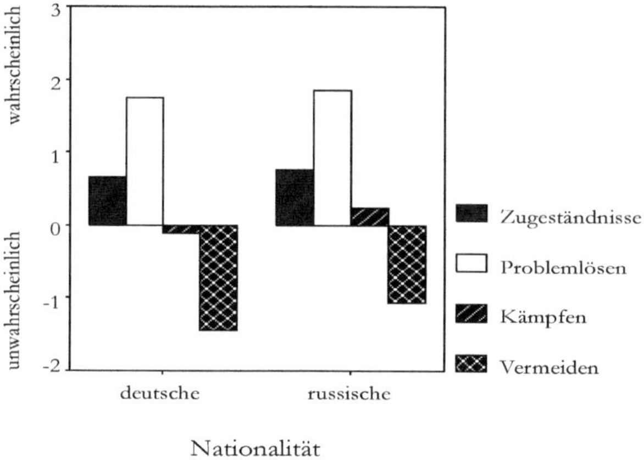

Abbildung 1: Russisches und deutsches Verhandlungsverhalten: Die Ausprägung der Verhaltenskomponenten

Anm.: Die Wahrscheinlichkeit des Verhandlungsverhaltens wurde auf einer Skala von –3 bis +3 eingeschätzt.

Nachdem deutsche und russische Verhandlungsführer in bezug auf das bevorzugte globale Verhandlungsverhalten verglichen wurden, sollen sie nun daraufhin analysiert werden, inwiefern sie sich in den *bevorzugten situationsspezifischen Verhaltenskomponenten* in Abhängigkeit vom Verhalten des Verhandlungspartners unterscheiden. Dabei soll berücksichtigt werden, ob die Variationen des Verhandlungsverhaltens sich durch die Reziprozitätsnorm beschreiben lassen.

Die signifikante Interaktion zwischen dem Innersubjektfaktor Verhandlungsverhalten des Verhandlungspartners und dem Zwischensubjektfaktor Nationalität der Befragten ($F[8,270] = 2.54$, $p < .05$) ist nach den Ergebnissen der univariaten Tests auf die Interaktion auf den abhängigen Variablen Zugeständnisse ($F[1.9,514] = 5.61$, $p \leq .005$) und Problemlösen ($F[2, 550] = 3.86$, $p < .05$) zurückzuführen, jedoch nicht auf die abhängigen Variablen Kämpfen ($F[2,546] = 1.22$, $p > .2$) und Vermeiden ($F[2,547] = .33$, $p > .7$).

Somit läßt sich zusammenfassen: Es existieren kulturelle Unterschiede in bezug auf die Ausprägung der unkooperativen Verhaltensintentionen Kämpfen und Vermeiden und kulturelle Unterschiede in der Ausprägung der kooperativen Verhaltensintentionen Zugeständnisse und Problemlösen in Abhängigkeit vom Verhandlungsverhalten des Verhandlungspartners.

Es soll weiter untersucht werden, ob das Verhandlungsverhalten der russischen und deutschen Verhandlungsführer der *Reziprozitätsnorm* entspricht. Da der hochsignifikante Haupteffekt für den Faktor Verhalten des Verhandlungspartners ($F[8,270] = 31.05$, $p < .001$) auf die abhängigen Variablen Zugeständnisse ($F[1.9,523] = 139.64$,

$p < .001$), Kämpfen ($F[2,546] = 35.02, p < .001$) und Vermeiden ($F[2,547] = 10.90, p < .001$) zurückzuführen ist, jedoch nicht auf die abhängige Variable Problemlösen ($F[2,550] = 2.31, p > .1$), sollen die drei ersten abhängigen Variablen die wiederholten Innersubjektkontraste genauer betrachtet werden. Für alle drei abhängigen Variablen wird sowohl der Kontrast der Stufe Zugeständnisse des Verhandlungspartners gegen die Stufe Druck des Verhandlungspartners als auch der Kontrast der Stufe Druck des Verhandlungspartners gegen die Stufe Problemlösen des Verhandlungspartners signifikant ($5.19 \leq F(1,144) \leq 228.55$, $.05 < p < .001$) (s. Tabelle 5). In Übereinstimmung mit der Reziprozitätsnorm sind die Verhandlungsführer eher zu Zugeständnissen bereit, wenn sich der Verhandlungspartner zuvor kooperativ verhalten hat, indem er Zugeständnisse oder Problemlöseangebote gemacht hat, als wenn der Verhandlungspartner zuvor Druck ausgeübt hat (M = .96 und 1.33 *versus* M -.44). Sie reagieren wahrscheinlicher mit der Verhaltensweise Kämpfen in Reaktion auf Druck des Verhandlungspartners als in Reaktion auf die kooperativen Verhaltensweisen Zugeständnisse und Problemlösen (M = .35 *versus* -.20 und -.47) (s. Abbildung 2). Auch die Tendenz zum Vermeiden ist wahrscheinlicher in Reaktion auf Druck als in Reaktion auf Problemlösen oder in Reaktion auf Zugeständnisse (M = -1.41 *versus* -1.86 und -1.64)(s. Abbildung 3).

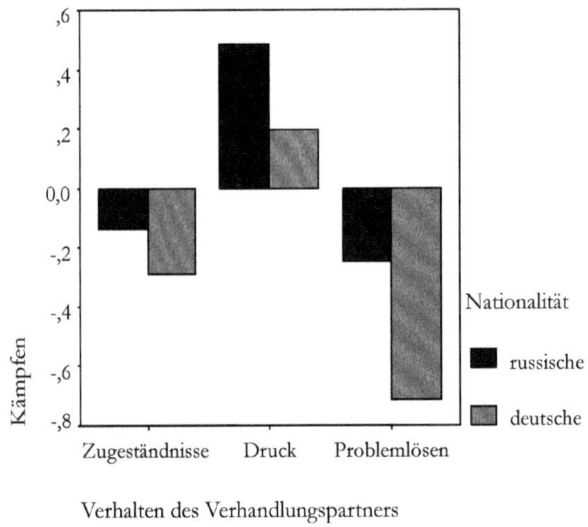

Abbildung 2: Kampfverhalten der russischen und deutschen Verhandlungsführer in Abhängigkeit vom Verhalten des Verhandlungspartners (Reziprozitätsnorm)

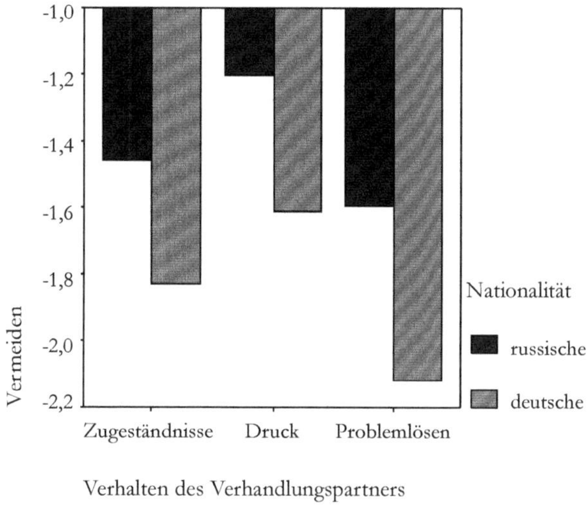

Abbildung 3: Vermeidungsverhalten der russischen und deutschen Verhandlungsführer in Abhängigkeit vom Verhalten des Verhandlungspartners (Reziprozitätsnorm)

Weiterhin wurde bereits festgestellt, daß kulturelle Unterschiede in der Ausprägung der kooperativen Verhaltensintentionen Zugeständnisse ($F[1.9,524] = 5.61, p \leq .005$) und Problemlösen ($F[2,550] = 3.86, p < .05$) in Abhängigkeit vom Verhandlungsverhalten des Verhandlungspartners bestehen, jedoch nicht für die unkooperativen Verhaltensweisen Kämpfen ($F[2,545] = 1.22, p > .2$) und Vermeiden ($F[2,547] = .33, p > .7$). Nun soll im weiteren der Frage nachgegangen werden, ob die kulturellen Unterschiede auf den abhängigen Variablen Zugeständnisse und Problemlösen nur in der Ausprägung der Reziprozitätsnorm bestehen oder ob qualitativ unterschiedliche Verhaltensmuster durch völlig andere Normen zu beschreiben sind. Daher werden Wiederholungs-Kontraste zwischen den Bedingungen Zugeständnisse, Druck und Problemlösen des Verhandlungspartners auf signifikante Interaktionen hin untersucht. Für die *abhängige Variable Zugeständnisse* wird sowohl die Interaktion für den Kontrast der Bedingungen Druck und Problemlösen hochsignifikant ($F[1,275] = 6.11, p \leq .05$) als auch für den Kontrast der Bedingung Druck und Zugeständnisse ($F[1,275] = 8.71, p < .005$). Für die *abhängige Variable Problemlösen* konnte die Interaktion weder auf den Kontrast der Stufe Zugeständnisse des Verhandlungspartners gegen die Stufe Druck des Verhandlungspartners ($F[1,275] = 1.81, p > .1$) noch auf den Kontrast der Stufe Druck gegen die Stufe Problemlösen ($F[1,275] = 1.85, p > .1$) zurückgeführt werden.

Tabelle 5: Unterscheidet sich die Ausprägung der Verhaltenskomponenten Zugeständnisse, Kämpfen und Vermeiden in Abhängigkeit vom Verhalten des Verhandlungspartners?

Abhängige Variable	*Wiederholte Kontraste für die Stufen des Faktors Verhalten des Verhandlungs-partners*	*F-Wert*	*df*	*Signifikanz*
Zugeständnisse	Stufe Zugeständnisse gegen Stufe Druck	135,69	1, 275	.000
	Stufe Druck gegen Stufe Problemlösen	228,55	1, 275	.000
Problemlösen	Stufe Zugeständnisse gegen Stufe Druck	.00	1,275	.989
	Stufe Druck gegen Stufe Problemlösen	3.29	1,275	.071
Kämpfen	Stufe Zugeständnisse gegen Stufe Druck	26,82	1, 275	.000
	Stufe Druck gegen Stufe Problemlösen	67,24	1, 275	.000
Vermeiden	Stufe Zugeständnisse gegen Stufe Druck	5,19	1,275	.000
	Stufe Druck gegen Stufe Problemlösen	23,28	1,275	.000

Anm.: Es wurden wiederholte Innersubjektkontraste für die Stufen des Faktors Verhalten des Verhandlungspartners berechnet.

Tabelle 6: Folgt die situative Ausprägung der Verhaltenskomponenten Zugeständnisse und Problemlösen unterschiedlichen Prinzipien für die russischen und deutschen Verhandlungsführer?

Abhängige Variable	*Wiederholte Kontraste für die Stufen des Faktors Verhalten des Verhandlungspartners*	*F-Wert*	*df*	*Signifikanz*
Zugeständnisse	Stufe Zugeständnisse gegen Stufe Druck	8.71	1,275	.005
	Stufe Druck gegen Stufe Problemlösen	6.11	1,275	.05
Problemlösen	Stufe Zugeständnisse gegen Stufe Druck	1.81	1,275	>.1
	Stufe Druck gegen Stufe Problemlösen	1.85	1,275	>.1

Anm.: Es wurden wiederholte Innersubjektkontraste für die Stufen des Faktors Verhalten des Verhandlungspartners berechnet.

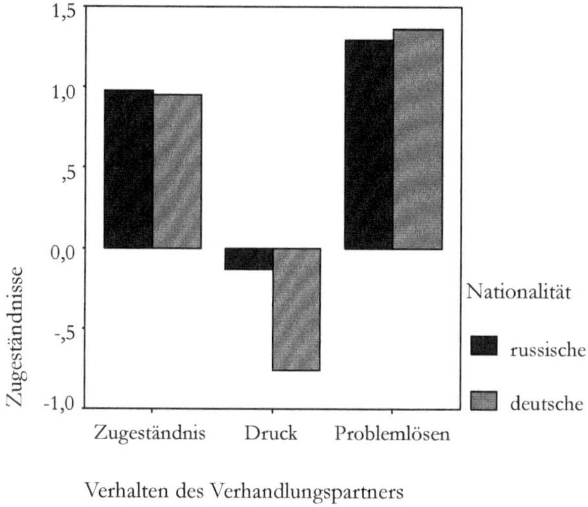

Abbildung 4: Zugeständnisse russischer und deutscher Verhandlungsführer in Reaktion auf das Verhalten des Verhandlungspartners (Reziprozitätsnorm)

Anm.: Die Wahrscheinlichkeit des Verhandlungsverhaltens wurde auf einer Skala von –3 bis +3 eingeschätzt.

Diese Interaktionen lassen sich unter Bezug auf die Grafiken (s. Abbildung 4) interpretieren:

1. Zwar folgen sowohl russische als auch deutsche Verhandlungsführer der Reziprozitätsnorm, wenn sie *Zugeständnisse* machen, die deutschen Verhandlungsführer differenzieren ihre Zugeständnisse jedoch stärker in Abhängigkeit davon, ob der Verhandlungspartner Druck ausübt oder Problemlösen anbietet; das heißt sie betonen die Reziprozitätsnorm stärker als die russischen Verhandlungsführer. Sie reagieren jedoch nicht kooperativer, sondern sie sind in geringerem Maße als die russischen Verhandlungsführer dazu bereit, auf Druck mit Zugeständnissen zu reagieren.

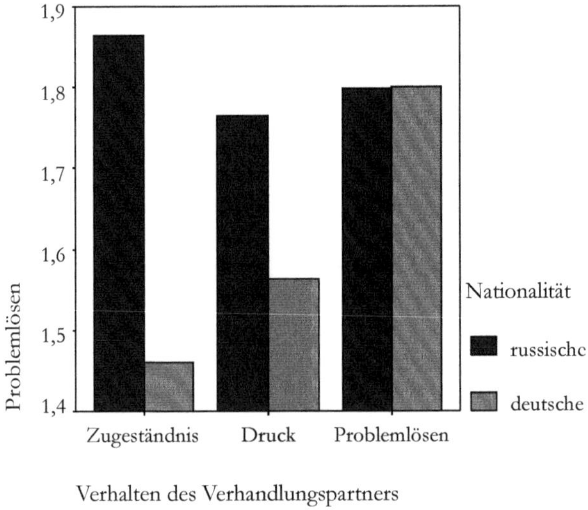

Abbildung 5: Problemlöseverhalten der russischen und deutschen Verhandlungsführer in Reaktion auf das Verhalten des Verhandlungspartners

Anm.: Die Wahrscheinlichkeit des Verhandlungsverhaltens wurde auf einer Skala von –3 bis +3 eingeschätzt.

2. Die Interaktion zwischen den Faktoren Verhalten des Verhandlungspartners und Nationalität der Befragten für die abhängige Variable *Problemlösen* kann nicht durch die Wiederholungs-Innersubjektkontraste lokalisiert werden. Dies weist darauf hin, daß sich deutsche und russische Verhandlungsführer nicht in der quantitativen Ausprägung der Reziprozitätsnorm für Problemlöseverhalten unterscheiden, sondern daß dem Verhandlungsverhalten ganz andere Normen zugrunde liegen. Für die Interpretation der Interaktion wird auf die Grafik zurückgegriffen (s. Abbildung 5): Während die russischen Verhandlungsführer bevorzugen, unabhängig vom Verhalten des Verhandlungspartners in starkem Maße mit Problemlösen zu reagieren, ist das deutsche Problemlöseverhalten stärker situationsabhängig. Dieses situationsabhängige Verhalten läßt sich jedoch nicht im Sinne der Reziprozitätsnorm als Entgegnung auf kooperatives Verhalten beschreiben, da die deutschen Verhandlungsführer auf Druck in stärkerem Maße mit Problemlösen reagieren als auf Zugeständnisse. In Übereinstimmung mit der Reziprozitätsnorm reagieren die deutschen Verhandlungsführer auf Problemlösen am wahrscheinlichsten mit Problemlösen.

7.4.3 Bevorzugtes konglomeriertes Verhandlungsverhalten

In Ergänzung zur Untersuchung der kulturellen Unterschiede in bezug auf die globale und situationsspezifische Ausprägung der einzelnen Verhaltenskomponenten soll das konglomerierte Verhandlungsverhalten (Van de Vliert, 1997) untersucht werden. Zu diesem Zweck werden die Zusammenhänge zwischen den Verhaltenskomponenten und ihre relative Ausprägung verglichen.

Es bestehen sowohl für die russischen ($r = .26, p < .005, n = 130$) als auch für die deutschen Verhandlungsführer ($r = .25$, $p < .005$, $n = 153$) positive Korrelationen zwischen Problemlösen und Zugeständnisse als Indikator für weiches Verhandeln, das heißt für Verhandlungsverhalten, das maximal integrativ ist und zugleich die Interessen des anderen maximal berücksichtigt. Es besteht kein Unterschied in der Stärke des Zusammenhanges ($p > .1$).

Positive Korrelationen bestehen sowohl für die russischen ($r = .23, p < .01, n = 127$) als auch für die deutschen Verhandlungsführer ($r = .21, p < .05, n = 152$) zwischen Kämpfen und Vermeiden. Ein Unterschied im Ausmaß der Korrelationen besteht auch hier nicht ($p > .1$). Diese positive Korrelation zwischen der Ausprägung der Verhaltensweisen Kämpfen und Vermeiden weist auf indirektes Kämpfen oder auch „walk-away-Verhandlungen“ hin (s. Kapitel 4.1.2.1.1, S. 56). Beim indirekten Kämpfen werden nichtkonfrontative Verhandlungstechniken gewählt, die stets auf die Realisierung der eigenen Interessen ausgerichtet sind. Bei „walk-away-Verhandlungen“ wird versucht, die eigene Position durchzusetzen, indem dem Verhandlungspartner durch das Entfernen von der Verhandlung signalisiert wird, man sei nicht auf ihn angewiesen. Das heißt, dem Verhandlungspartner wird Verhandlungsmacht signalisiert.

Zudem besteht für die russischen Verhandlungsführer ein negativer Zusammenhang zwischen den Verhaltensweisen Zugeständnisse machen und Vermeiden ($r = -.26, p < .005, n = 127$), jedoch nicht für die deutschen Verhandlungsführer ($r = -.01$, $p > .4$, $n = 152$). Der Unterschied ist signifikant ($z = 2.07 > z = 1.65, p > .05$). Während die Bereitschaft der deutschen Verhandlungsführer zu Zugeständnissen von der Tendenz zum Vermeiden unabhängig ist, sinkt für die russischen Verhandlungsführer mit wachsender Bereitschaft zu Zugeständnissen die Bereitschaft zum Vermeiden.

Zwar zeigt sich für die deutschen Verhandlungsführer ein signifikanter negativer Zusammenhang zwischen den Verhaltensweisen Problemlösen und Vermeiden ($r = -.18, p < .05, n = 153$) und nicht für die russischen Verhandlungsführer ($r = -.150, p > .05, n = 127$), jedoch ist der Unterschied nicht signifikant (p > .1) und daher auch nicht interpretierbar.

Zur Betrachtung des konglomerierten Verhandlungsverhaltens gehört sowohl die Betrachtung der Zusammenhänge zwischen den Verhaltenskomponenten als auch der relativen Ausprägung der Verhaltenskomponenten zueinander. Daher sollen die Ergebnisse zu den Zusammenhängen mit den vorherigen Ergebnissen zur Ausprägung des intendierten Verhandlungsverhaltens in Verbindung gebracht werden:

Sowohl die russischen als auch die deutschen Verhandlungsführer bevorzugen das Problemlöseverhalten, gefolgt von Zugeständnissen. Es bestehen keine Unterschiede zwischen russischen und deutschen Verhandlungsführern in bezug auf die Ausprägung der Bereitschaft zu Zugeständnissen und zum Problemlösen. Somit ist für beide Gruppen die Tendenz zum weichen Verhandeln am ausgeprägtesten.

Da für die russischen Verhandlungsführer eine stärkere Ausprägung des Kampf- und Vermeidungsverhaltens besteht und ein Zusammenhang zwischen beiden besteht, tendieren die russischen Verhandlungsführer stärker zum indirekten Kämpfen.

7.4.4 Bewertung kooperativen Verhandlungsverhaltens

Es wurde angenommen, daß kooperatives Verhalten positiver bewertet wird als unkooperatives Verhalten. Die gepaarten t-Tests bestätigen für die deutschen Verhandlungsführer, daß sie die kooperativen Verhaltensweisen Zugeständnisse (M = 1.06, SD = 1.22) und Problemlösen (M = 2.18, SD = .96) als wichtiger einschätzen als die Verhaltensweisen Kämpfen (M = .29, SD = 1.53) und Vermeiden (M = -.28, SD = 1.53) (alle Vergleiche $p < .001$).

Für die russischen Verhandlungsführer konnte diese Gewichtung nur teilweise belegt werden: Problemlösen (M = 1.99, SD = 1.3) betrachten sie als wichtiger als Kämpfen (M = .8, SD = 1.6, $p < .001$) und Vermeiden (M = -0.08, SD = 1.7, $p < .001$). Auch schreiben sie Zugeständnissen (M = 1.01, SD = 1.4) größere Wichtigkeit zu als Vermeiden (M = -0.08, SD = 1.7, $p < .001$). Jedoch zeigt sich kein signifikanter Unterschied in der Einschätzung der Wichtigkeit zwischen Zugeständnissen (M = 1.01, SD = 1.4) und Kämpfen (M = .8, SD = 1.6, $p > .2$), auch wenn die Richtung stimmt.

7.4.5 Zusammenfassung

Unterschiede zwischen russischen und deutschen Verhandlungsführern wurden zum einen in bezug auf das bevorzugte Verhandlungsverhalten und zum anderen in bezug auf die Hypothesenkonstrukte Erfüllung der Stereotypisierungsfunktionen, „wahrgenommener Konflikt“ und „wahrgenommener Verhandlungserfolg“ untersucht.

Es zeigte sich, daß sich das *bevorzugte Verhandlungsverhalten* der russischen und deutschen Verhandlungsführer auf komplexe Weise unterscheidet, daß es aber auch viele Ähnlichkeiten aufweist.

Vorneweg sei angemerkt, daß die *Nationalität des Verhandlungspartners weder für russische noch für deutsche Verhandlungsführer* einen Einfluß auf das bevorzugte Verhandlungsverhalten ausübte.

Während russische Verhandlungsführer im stärkeren Maße die unkooperativen *Verhaltenskomponenten* Kämpfen und Vermeiden bevorzugen als die deutschen Verhandlungsführer, besteht jedoch kein Unterschied in der Bevorzugung der kooperativen Verhaltenskomponenten Zugeständnisse und Problemlösen. Sowohl russische als auch deutsche Verhandlungsführer bevorzugen kooperatives Verhalten und folgen in ihren Reaktionen auf das Verhalten des Verhandlungspartners der *Reziprozitätsnorm*. Eine Ausnahme besteht in der Reaktion mit Problemlöseverhalten. Weder russische noch deutsche Verhandlungsführer folgen der Reziprozitätsnorm, wenn sie mit Problemlöseverhalten reagieren. Jedoch ist das Problemlöseverhalten der deutschen Verhandlungsführer abhängig vom Verhalten des Verhandlungspartners, während das russische Problemlöseverhalten nicht situativ beeinflußt wird. Für die Reaktion mit Zugeständnissen zeigt sich für die russischen Verhandlungsführer eine etwas schwächer ausgeprägte Reziprozitätsnorm in dem Sinne, daß sie auf Druck des Verhandlungspartners eher mit Zugeständnissen reagieren.

In bezug auf das *konglomerierte Verhandlungsverhalten* bevorzugen sowohl russische als auch deutsche Verhandlungsführer simultanes oder sukzessives Problemlösen und Zugeständnisse (weiches Verhandeln) und simultanes oder sukzessives Kämpfen und Vermeiden (indirektes Kämpfen) mit einer stärkeren Tendenz zum weichen Verhandeln. Während jedoch bei den russischen Verhandlungsführern ein negativer Zusammenhang zwischen den Verhaltenskomponenten Zugeständnisse und Vermeiden besteht, sind diese Verhaltenskomponenten bei den deutschen Verhandlungsführern voneinander unabhängig.

7.5 Die Rolle der Stereotypisierungsfunktionen für den wahrgenommenen Konflikt und den wahrgenommenen Verhandlungserfolg

Das zentrale Ziel dieser Untersuchung besteht darin, die Rolle der Stereotypisierungsfunktionen für den „wahrgenommenen Konflikt" und „wahrgenommenen Verhandlungserfolg" zu untersuchen. Den Stereotypen wurde die Funktion zugeschrieben, „nationale Identität herzustellen und aufrechtzuerhalten", „Konsens über die Beziehung zu konstruieren und zu reflektieren" sowie „fremdkulturelles Verhandlungsverhalten vorherzusagen".

Da es sich hier um eine interkulturelle Untersuchung handelt und die Theorie und abgeleiteten Hypothesen durch die kulturelle Brille des Forschers beeinflußt werden können, soll die Gültigkeit der Hypothesen für die deutsche und die russische Kultur getrennt überprüft werden. Es soll der Frage nachgegangen werden, ob die Hypothesen sowohl für russische wie deutsche Verhandlungsführer gültig sind und ob die Annahmen für die westliche deutsche Kultur größere Gültigkeit besitzen als für die russische.

Zunächst werden jedoch die Unterschiede in der Ausprägung der Stereotypisierungsfunktionen, ihren angenommenen Konsequenzen „wahrgenommener Konflikt" und „wahrgenommener Verhandlungserfolg" und mögliche Unterschiede in der Definition von Verhandlungserfolg untersucht.

7.5.1 Ausprägung von Stereotypisierungsfunktionen, wahrgenommenem Konflikt und wahrgenommenem Verhandlungserfolg

Hier soll zunächst geprüft werden, ob sich russische und deutsche Verhandlungsführer signifikant in bezug auf die Ausprägung der Konstrukte „Betonung der Intergruppenunterschiede", „wahrgenommene Prototypizität des eigenen Verhandlungsverhaltens", „Kategorisierung auf einer übergeordneten Inklusionsebene", „Konsens", „Prognosegüte", „wahrgenommener Konflikt" und „wahrgenommener Verhandlungserfolg" unterscheiden. Dies setzt allerdings zufriedenstellende Reliabilitäten voraus. Für die Konstrukte Betonung der Intergruppenunterschiede (Cronbach-α = .72) und „wahrgenommene Prototypizität" (Cronbach-α = .69[30]) wurde die Reliabilität über elf Differenzwerte berechnet und für die Konstrukte „Konsens" (Cronbach-α = .72) und „Verhaltensvorhersage" (Cronbach-α = .74) über zwölf Differenzwerte. Der Berechnung der Reliabilität für die Konstrukte „Kategorisierung auf einer übergeordneten gemeinsamen Inklusionsebene" (Cronbach-α = .59), „wahrgenommener Konflikt" (Cronbach-α = .83) und „wahrgenommener Verhandlungserfolg" (Cronbach-α = .92) liegen jeweils vier Items[31] zugrunde. Somit sind die Reliabilitäten mit Ausnahme für das Konstrukt „Kategorisierung auf einer übergeordneten Inklusionsebene" gut bis sehr gut. Da für die Erfassung der übergeordneten gemeinsamen Inklusionsebene unterschiedliche Inklusionsebenen angeboten werden, zwischen denen kein großer Zusammenhang zu erwarten ist, ist der Konsistenzkoeffizient von Cronbach-α = .59 gerechtfertigt. Demzufolge können Unterschiede zwi-

---

[30] Zusätzlich zur globalen Operationalisierung von Akzentuierung der Intergruppenunterschiede anhand der elf situationsunabhängigen Dimensionen der Verhandlungsziele und des Verhandlungsverhaltens wurden diese situationsspezifisch im Rahmen des Verhandlungsszenarios anhand von zwölf situationsspezifischen Dimensionen des Verhandlungsverhaltens erhoben. Hier liegen die Reliabilitäten höher: Die Reliabilität für die Akzentuierung der Intergruppenunterschiede beträgt Cronbach-α= .87 und für die wahrgenommene Prototypizität Cronbach-α=.85.

[31] Der wahrgenommene Konflikt wurde über die folgenden vier Items erfaßt: 1. "Verhandlungen mit russischen Verhandlungsführern erlebe ich als nicht konflikthaft - sehr konflikthaft.", 2. " Verhandlungen mit russischen Verhandlungsführern sind nicht langwierig - sehr langwierig.", 3. "Verhandlungen mit russischen Verhandlungsführern erlebe ich als nicht belastend - sehr belastend", 4. " Verhandlungen mit russischen Verhandlungsführern bewerte ich als nicht schwierig - sehr schwierig."

3. Der wahrgenommene Verhandlungserfolg wurde über die folgenden vier Items erfaßt: 1. "Meine bisherigen Verhandlungen mit russischen Verhandlungspartnern bewerte ich als nicht erfolgreich- sehr erfolgreich.", 2. "Mein Unternehmen bewertet die bisherigen Verhandlungen mit russischen Unternehmen als nicht erolgreich - sehr erfolgreich.", 3. "Ich bin mit den bisherigen Ergebnissen der Verhandlungen mit russischen Verhandlungspartnern sehr unzufrieden - sehr zufrieden.", 4. "Mein Unternehmen ist mit den bisherigen Ergebnissen der Verhandlungen mit russischen Unternehmen sehr unzufrieden - sehr zufrieden."

schen russischen und deutschen Verhandlungsführern in bezug auf diese Konstrukte getestet werden.

Um dem Problem der Mehrfachtestung zu entgehen, wurde eine einfaktorielle multivariate Varianzanalyse berechnet. Es ergab sich ein hochsignifikanter Unterschied für den Faktor Nationalität der Befragten ($F[7,238] = 36,873$, $p < .001$). Die darauf folgenden univariaten Tests ergaben folgende Unterschiede: Deutsche Verhandlungsführer nehmen sich als prototypischer wahr als russische Verhandlungsführer ($M = .49$ versus -.003, $F[1,244] = 33.95$, $p < .001$). Russische Verhandlungsführer kategorisieren sich stärker auf einer gemeinsamen übergeordneten Inklusions-ebene als die deutschen Verhandlungsführer ($M = 1.70$ *versus* .25, $F[1,244] = 135.19$, $p < .001$) und sie sagen das Verhalten der deutschen Verhandlungsführer genauer vorher als die deutschen Verhandlungsführer das russische Verhandlungsverhalten vorhersagen ($M = .7$ *versus* .5, $F[1,244] = 299.6$, $p = .005$). Deutsche Verhandlungsführer nehmen deutsch-russische Verhandlungen als konflikthafter wahr als russische Verhandlungsführer ($M = .65$ *versus* $M = -1$, $F[1,244] = 108.09$, $p < .001$). Keine Unterschiede bestehen zwischen russischen und deutschen Verhandlungsführern in bezug auf das Ausmaß der Akzentuierung der Intergruppenunterschiede ($F[1,244] = 1.94$, $p > .15$), Konsens zwischen individuellem Fremdstereotyp und fremdkulturellem Eigenstereotyp ($F[1,244] = 3.25$, $p > .05$) und „wahrgenommener Verhandlungserfolg" ($F[1,244] = .86$, $p > .3$).

Definition von Verhandlungserfolg

Nachdem bereits festgestellt wurde, daß sich russische und deutsche Verhandlungsführer nicht in der quantitativen Ausprägung des „wahrgenommenen Verhandlungserfolges" unterscheiden, soll hier der Frage nachgegangen werden, ob deutsche und russische Verhandlungsführer Verhandlungserfolg unterschiedlich definieren. In anderen Worten, welche Kriterien müssen für die russischen und welche für die deutschen Verhandlungsführer erfüllt sein, damit die Verhandlungen als erfolgreich wahrgenommen werden. Diese Kriterien wurden in Anlehnung an Underdal (1991) operationalisiert. Die Reliabilität für die Kriterien von „wahrgenommenem Verhandlungserfolg" Verteilung von Kosten und Gewinn (standardisiertes Cronbach-$\alpha = .17$[32]), Effizienz (standardisiertes Cronbach-$\alpha = .22$[33]), Stabilität (standardisiertes Cronbach-$\alpha = .64$[34]) und Abstand von den Ausgangspositionen (standardisiertes Cronbach-$\alpha = .51$[35]) sind sehr niedrig, was nicht verwundert, wenn man die Heterogenität der Konstrukte betrachtet.

Da die angenommene Struktur sich nicht in den Reliabilitäten widerspiegelt, soll über die Faktorenanalyse exploriert werden, ob sich eine sinnvolle Struktur für die

[32] Cronbach-α wurde über acht Items berechnet.

[33] Cronbach-α wurde über vier Items berechnet.

[34] Cronbach-α wurde über vier Items berechnet.

[35] Cronbach-α wurde über vier Items berechnet..

Erfolgskriterien in Verhandlungen ergibt. Anhand der Faktorenanalyse lassen sich Skalen für die Kriterien bilden und den einzelnen Verhandlungsführern zuweisen. Diese Skalenwerte sind dann wiederum die Grundlage für die spätere Diskriminanzanalyse, durch welche die Frage beantwortet werden soll, ob russische und deutsche Verhandlungsführer Verhandlungserfolg unterschiedlich definieren.

Daher wurde über alle Items eine Hauptkomponentenanalyse durchgeführt, die Varimax rotiert wurde. Die Anzahl der Faktoren wurde nach Zuhilfenahme des Scree-Plots und der Betrachtung der Faktorladungen[36] auf vier beschränkt. Das Kaiser-Kriterium wurde ohnehin in allen Fällen erreicht. Diese Lösung klärt insgesamt zwar auch nur 50,58 Prozent der Varianz auf, jedoch ist sie zufriedenstellender als eine Betrachtung auf Itemebene oder eine Beibehaltung der ursprünglichen Konstrukte. So ergeben sich nach der Varimax-Rotation vier Faktoren, die hier folgendermaßen benannt werden sollen: Verteilung von Gewinn und Kosten zu eigenen Gunsten (Eigenwert= 3,59; 17,93 % Varianzaufklärung), Stabilität (Eigenwert= 2,34; 11,67 % Varianzaufklärung), Effizienz (Eigenwert= 2,23; 11,14 % Varianzaufklärung) und Abstand von den Ausgangspositionen (Eigenwert= 1.97; 9,85 % Varianzaufklärung). Zur Interpretation werden die Items verwendet, deren Faktorenwerte in der rotierten Faktormatrix über .5 liegen (s. Tabelle 7).

[36] Mindestens vier Faktorladungen sollten höher als .4 sein.

Tabelle 7: Faktoren als Grundlage für die Kriterien zur Bewertung des Verhandlungserfolgs: 1) Verteilung von Gewinn und Kosten zu eigenen Gunsten, 2) Stabilität, 3) Effizienz, 4) Abstand von den Ausgangspositionen

	Komponente			
	Verteilung von Gewinn und Kosten zum eigenen Vorteil	Stabilität	Effizienz	Abstand von den Ausgangspositionen
Wettbewerb: Kosten und Gewinn	**,87**			
Wettbewerb: Gewinn	**,76**	,30		
Eigene Kosten	**-,63**			,32
Verteilung nach Leistung	**,60**			
Gleichverteilung	**-,59**			
Prozeßkosten	**-,53**		-,38	,36
Gewinn des Partners	**-,54**	**,53**		
Eigener Gewinn	,32	**,83**		
Zukünftiges Engagement des Unternehmens		**,68**		
Zukünftige individuelle Tätigkeit in der deutsch-russischen Zusammanarbeit		**,52**	,31	
Erfolgsvorstellungen		**,42**	,30	
Transparenz des Partners			**,72**	
Eigenes Vetrauen			**,67**	
Vertrauen des Verhandlungspartners			**,60**	
Eigene Transparenz			**,50**	
Zugeständnisse des Partners vor Vertrag				**,69**
Zugeständnisse des Partners nach Vertrag				**,65**
Eigene Zugeständnisse vor Vertrag	-,30			**,43**
Eigene Zugeständnisse nach Vertrag		-,42		**,41**

Extraktionsmethode: Hauptkomponentenanalyse
Rotationsmethode: Varimax mit Kaiser-Normalisierung.
Die Rotation ist in 9 Iterationen konvergiert.
Ladungen < .3 werden nicht aufgeführt.

Nachdem die Reliabilitätsfrage geklärt wurde, soll der Frage nachgegangen werden, in bezug auf welche Kriterien russische und deutsche Verhandlungsführer zwischen erfolgreichen und nicht erfolgreichen Verhandlungen unterscheiden. Zu diesem Zweck werden für die deutschen und russischen Verhandlungsführer zwei getrennte schrittweise Diskriminanzanalysen durchgeführt. Die abhängige Variable bildet der global „wahrgenommene Verhandlungserfolg", der nach dem Kriterium des Mediansplits dichotomisiert wurde. Als Prädiktoren dienen die über die Faktorenanalyse ermittelten Skalenwerte für die Kriterien:

- Übereinkunft (die prozentualen Vertragsabschlüsse),
- Verteilung von Gewinn und Kosten zu eigenen Gunsten,
- Stabilität,
- Effizienz und
- Abstand von den Ausgangspositionen.

Für die Kriterien Verteilung von Gewinn und Kosten zu eigenen Gunsten, Stabilität, Effizienz und Abstand von den Ausgangspositionen wurden den Personen aufgrund der vorausgegangenen Faktorenanalyse Skalenwerte zugeordnet.

Für die *russischen Verhandlungsführer* wurde die Diskriminanzfunktion mit den zwei Prädiktoren *„Vertragsabschlüsse in Prozent"* und die Verteilung von Gewinn und Kosten des eigenen und fremdkulturellen Unternehmens, hier die *Verteilung von Gewinn und Kosten zu den eigenen Gunsten* (das heißt höherer Gewinn und geringere Kosten als der Verhandlungspartner) und Stabilität hochsignifikant (Wilks-Lambda = .58, $Chi^2[3,84] = 45.92$, $p < .001$)[37]. Aufgrund der Diskriminanzfunktion werden 79,5 % der russischen Verhandlungsführer richtig klassifiziert. Der wichtigste Prädiktor bildet die Übereinkunft.

Für die *deutschen Verhandlungsführer* wurde die Diskriminanzfunktion mit den drei Prädiktoren *Übereinkunft (Vertragsabschlüsse in Prozent) und Stabilität* hochsignifikant (Wilks-Lambda = .62, $Chi^2[2,137] = 64.69$, $p < .001$).[38] Aufgrund der Diskriminanzfunktion werden 80 Prozent der deutschen Verhandlungsführer richtig klassifiziert. Wie bei den russischen Verhandlungsführern stellt der wichtigste Prädiktor die Übereinkunft und der zweitwichtigste Prädiktor die Stabilität dar. Jedoch leistet der Prädiktor Verteilung von Gewinn und Kosten zu eigenen Gunsten keine zusätzliche Varianzaufklärung.

---

[37] Eigenwert = .72, kanonische Korrelation $r = .65$

[38] Eigenwert = .60, kanonische Korrelation $r = .61$

Tabelle 8: Unterschiede zwischen russischen und deutschen Verhandlungsführern in der Wichtigkeit der Kriterien zur Beurteilung des Verhandlungserfolges

	Russische Verhandlungsführer	*Deutsche Verhandlungsführer*	Z
Übereinkunft	.86	.76	2.26*
Stabilität	.53	.74	2.70**
Verteilung von Gewinn und Kosten zu eigenen Gunsten	.13	.03	.73
Effizienz[a]	.21	.05	1.17
Abstand von den Ausgangspositionen[a]	.09	-.06	1.09

$p < .05$, ** $p < .01$, [a]Diese Variable wird in der Analyse nicht verwendet.

Gemeinsame Korrelationen innerhalb der Gruppen zwischen Diskriminanzvariablen und standardisierten kanonischen Diskriminanzfunkrionen

Bei einem Vergleich der Wichtigkeit der Kriterien zur Beurteilung des Verhandlungserfolges zeigt sich, daß sich diese in ihrer Bedeutung zur Beurteilung des Verhandlungserfolges unterscheiden. So ist für die russischen Verhandlungsführer die Übereinkunft und die Verteilung von Gewinn und Kosten zu eigenen Gunsten wichtiger als für die deutschen Verhandlungsführer, während für die deutschen Verhandlungsführer die Stabilität der Zusammenarbeit größere Bedeutung besitzt.

7.5.2 Herstellen und Aufrechterhalten nationaler Identität

Es wurden die Hypothesen aufgestellt, daß Verhandlungsführer deutsch-russische Wirtschaftsverhandlungen konflikthafter und weniger erfolgreich wahrnehmen, wenn sie über die Stereotypisierung distinkte nationale Identität herstellen. Diese Hypothesen beinhalten Annahmen über folgendes Modell: Nationale Identität wird hergestellt über die „Betonung der Unterschiede zwischen russischem und deutschem Verhandlungsstil". Es wird erwartet, daß bei der Herstellung nationaler Identität der „wahrgenommene Konflikt" in deutsch-russischen Wirtschaftsverhandlungen zunimmt und der „wahrgenommene Verhandlungserfolg" abnimmt. Supranationale Identität wird hergestellt, wenn die Verhandlungsführer sich auf einer übergeordneten Inklusionsebene kategorisieren. Da bei einer „Kategorisierung auf einer übergeordneten Inklusionsebene" die „Betonung der Unterschiede" und die „wahrgenommene Prototypizität" reduziert werden, ist auch eine Abnahme des

„wahrgenommenen Konfliktes" und des „wahrgenommenen Verhandlungserfolges" zu erwarten.

Um dem Problem der Mehrfachtestung zu entgehen; wurde dieses Modell in getrennten Regressionsanalysen für russische und deutsche Verhandlungsführer überprüft. Die Prädiktoren bildeten drei unterschiedliche Facetten der Stereotypisierungsfunktion, „nationale Identität herzustellen": „Betonung der Unterschiede zwischen russischem und deutschem Verhandlungsstil", „wahrgenommene Prototypizität des individuellen Verhandlungsstils" und „Kategorisierung auf einer übergeordneten Inklusionsebene". Die abhängige Variable war entweder „wahrgenommener Konflikt" oder „wahrgenommener Verhandlungserfolg".

Für die deutschen Verhandlungsführer wurde die *erste Hypothese* bestätigt, daß Verhandlungsführer deutsch-russische Wirtschaftsverhandlungen konflikthafter wahrnehmen, wenn sie distinkte nationale Identität herstellen (korrigiertes R^2 = .17, F[3; 138] = 10.49, p < .001), nicht jedoch für die russischen Verhandlungsführer (korrigiertes R^2= -.01, F[3; 121] = .44, p > .7). Dieser Unterschied ist hochsignifikant (R= .43 versus R= .10, z = 2.5 > z =2.33 , p < .01). Einen signifikanten Beitrag zur Varianzaufklärung für „wahrgenommenen Konflikt" leisteten in der deutschen Stichprobe die Prädiktoren „Betonung der Unterschiede" und „wahrgenommene Prototypizität" (s. Tabelle 9).

Eine Überprüfung der einzelnen dem Modell zugrundeliegenden Annahmen ergibt bei einer adjustierten Fehlerwahrscheinlichkeit für mehrere Korrelationen von einem Prozent (p < .01) die gleichen Ergebnisse (vgl. Bortz, 1999; Hager & Westermann, 1983):

Die Annahme, daß mit der „Betonung der Unterschiede zwischen russischem und deutschem Verhandlungsstil" der „wahrgenommene Konflikt" in deutsch-russischen Wirtschaftsverhandlungen zunimmt, konnte für die deutschen Verhandlungsführer bestätigt werden (r = .34, p < .001, n = 143), jedoch nicht für die russischen Verhandlungsführer (r = -.07, p > .2, n = 126). Der Unterschied zwischen beiden Korrelationen ist hochsignifikant (z =3.44 > z =2.33, p < .005).[39]

Die Annahme, daß mit zunehmender wahrgenommener Prototypizität des eigenen Verhandlungsverhaltens für die eigene Kultur deutsch-russische Wirtschaftsverhandlungen konflikthafter wahrgenommen werden, kann nur für die deutschen Verhandlungsführer bestätigt werden (r = .38, p < .001, n = 142), jedoch nicht für die Stichprobe der russischen Verhandlungsführer (r = -.01, p > .4, n = 125). Der Unterschied zwischen den beiden Korrelationen ist hochsignifikant (z = 3.32 > z = 2.33, p < .005).

Die Annahme, daß die „Kategorisierung auf einer übergeordneten Inklusionsebene" mit geringerem „wahrgenommenen Konflikt" in deutsch-russischen Wirtschaftsverhandlungen eingeht, konnte ebenfalls nur für die deutsche Stichprobe

[39] vgl. Bortz (1999, S. 211) zum Test zweier Korrelationen aus zwei unabhängigen Stichproben auf einen Unterschied.

bestätigt werden ($r = -.19, p < .01, n = 158$) und nicht für die russische ($r = -.07, p > .2, n = 133$). Es besteht jedoch kein signifikanter Unterschied in der Stärke der Korrelationen ($z = .97 < z = 1.65, p > .05$).

Tabelle 9: Zusammenfassung der Regressionsanalyse für die Prädiktoren, die „wahrgenommenen Konflikt" für die deutschen Verhandlungsführer vorhersagen ($N = 126$)

	B	*SE*	*β*	*t*	*p*
Betonung der Unterschiede	.39	.15	.22	2.55	.01
Wahrgenommene Prototypizität	.47	.15	.29	3.25	.001
Übergeordnete Inklusionsebene	-.02	.10	-.02	-.18	.85

Auch die *zweite Hypothese*, daß Verhandlungsführer deutsch-russische Wirtschaftsverhandlungen weniger erfolgreich wahrnehmen, wenn sie distinkte nationale Identität herstellen, wurde für die deutschen Verhandlungsführer bestätigt (korrigiertes $R^2 = .09, F[3; 138] = 5.64, p < .001$), nicht jedoch für die russischen Verhandlungsführer (korrigiertes $R^2 = .02, F[3; 122] = 2.01, p > .1$). Dieser Unterschied ist nicht signifikant ($R= .33$ versus $R= .22$, $z = .97 < z = 1.65, p > .05$). Keiner der Prädiktoren erbrachte für sich allein eine signifikante Varianzaufklärung (s. Tabelle 10).

Tabelle 10: Zusammenfassung der Regressionsanalyse für die Prädiktoren, die „wahrgenommenen Verhandlungserfolg" für die deutschen Verhandlungsführer vorhersagen ($N = 126$)

	B	*SE*	*β*	*t*	*p*
Betonung der Unterschiede	-.29	.21	-.16	-1.77	.08
Wahrgenommene Prototypizität	-.28	.16	-.17	-1.83	.07
Übergeordnete Inklusionsebene	.14	.10	.12	1.33	.19

Eine Überprüfung der einzelnen dem Modell zugrundeliegenden Annahmen ergibt bei einer Adjustierung der Fehlerwahrscheinlichkeit auf ein Prozent ($p < .01$)[40] die gleichen Ergebnisse: Die Annahme, je stärker die Unterschiede im Verhandlungsverhalten zwischen Deutschen und Russen betont würden, desto geringer falle der Verhandlungserfolg aus, wurde nur für die deutschen Verhandlungsführer bestä-

[40] Zur Adjustierung von Fehlerwahrscheinlichkeiten bei Mehrfachtestung vgl. Bortz (1999) und Hager & Westermann (1983)

tigt. Der Unterschied zwischen den Korrelationen für die deutschen Verhandlungsführer ($r = -.26, p < .001, n = 143$) und für die russischen Verhandlungsführer ($r = -.08, p > .1, n = 127$) ist jedoch nicht signifikant ($z = -.15 < z = -1.96, p > .05$).

Für die Stichprobe der deutschen Verhandlungsführer ($r = -.27, p \leq .001, n = 142$) wurde die Annahme bestätigt, daß je prototypischer ein Verhandlungsführer seinen Verhandlungsstil wahrnimmt, desto geringer der Verhandlungserfolg ausfällt. Für die Stichprobe der russischen Verhandlungsführer wird der Zusammenhang bei einer Fehlerwahrscheinlichkeit von einem Prozent knapp nicht mehr signifikant ($r = -.18, .01 > p < .05, n = 126$).Die Stärke des Zusammenhangs unterscheidet sich nicht signifikant zwischen der deutschen und russischen Stichprobe ($z = .08 < z = 1.96, p > .05$).

Es stellt sich die Frage, wie sich die Ergebnisse in bezug auf die Stereotypisierungsfunktion, „nationale Identität herzustellen", erklären lassen,

- daß sich für die deutsche Stichprobe sowohl der Zusammenhang zwischen der Stereotypisierungsfunktion und „wahrgenommenem Konflikt" als auch zwischen dieser Stereotypisierungsfunktion und „wahrgenommenem Verhandlungserfolg" zeigt,
- daß sich keiner dieser Zusammenhänge für die russische Stichprobe zeigt,
- daß sich russische und deutsche Verhandlungsführer signifikant in bezug auf den Zusammenhang zwischen dieser Stereotypisierungsfunktion und „wahrgenommenem Konflikt" unterscheiden, nicht jedoch in bezug auf den Zusammenhang zwischen dieser Stereotypisierungsfunktion und „wahrgenommenem Verhandlungserfolg".

Ohne eine Inflation des Alpha- oder Beta-Fehlers kann keine eindeutige Entscheidung für oder gegen einen Unterschied in der Bedeutung der Stereotypisierungsfunktion, *„nationale Identität herzustellen"*, für russische und deutsche Verhandlungsführer getroffen werden. Möglicherweise lassen sich diese Ergebnisse auch auf den Prädiktor *„wahrgenommener Konflikt"* zurückführen.

Möglicherweise lassen sich die unterschiedlichen Ergebnisse auch auf Unterschiede in der Struktur der Stereotypisierungsfunktion zurückführen. So zeigt sich, das sich russische und deutsche Verhandlungsführer in bezug auf die dem Modell zugrunde liegenden angenommenen Zusammenhänge zwischen den Konstrukten „Betonung der Unterschiede", „wahrgenommene Prototypizität" und „Kategorisierung auf einer übergeordneten Inklusionsebene" unterscheiden: Bei den deutschen Verhandlungsführern korrelieren, wie angenommen, die Konstrukte „Betonung der Unterschiede" und „wahrgenommene Prototypizität" signifikant positiv miteinander ($r = .41, p < .001, n = 142$), nicht jedoch bei den russischen Verhandlungsführern. Für die russischen Verhandlungsführer scheint sich sogar der umgekehrte Zusammenhang zu zeigen ($r = -.17, .01 < p < .05, n = 126$). Der Unterschied zwischen beiden Korrelationen ist hochsignifikant ($z = 4.98 > z = 2{,}33, p \leq .005$). Zwar zeigt sich sowohl für die russischen als auch für die deutschen Verhandlungsführer der angenommene negative Zusammenhang zwischen „Kategorisierung auf einer übergeordneten Inklusionsebene" und „Betonung der Unterschiede" (russische Verhandlungsführer: $r = -.23, p < .01, n = 125$; deutsche Verhandlungsführer: $r = -.29, p < .001, n = 142$; $z = .33 < z = 1.65, p > .05$), jedoch geht nur für die deutschen Verhandlungsführer eine „Kategorisierung auf einer übergeordneten Inklusionsebene" auch mit einer Reduktion der wahrgenommenen Prototypizität einher (deutsche Verhandlungsführer: $r = -.36, p < .001, n = 142$; russische Verhandlungsführer: $r = .10, p > .1, n = 125$; $z = 3.95 > z = 2.33, p < .005$).

Vorherige Analysen ergaben, daß sich russische und deutsche Verhandlungsführer zwar nicht in bezug auf die „Betonung der Unterschiede" unterscheiden, daß sich jedoch die deutschen Verhandlungsführer als prototypischer wahrnahmen als die russischen Verhandlungsführer und daß sich die russischen Verhandlungsführer stärker auf einer übergeordneten Inklusionsebene kategorisieren.

Eine *Erklärung der Unterschiede* in der Struktur der Stereotypisierungsfunktion, „nationale Identität herzustellen", könnte darin liegen, daß sich die deutschen Verhandlungsführer im Gegensatz zu den russischen Verhandlungsführern positiv von den fremdkulturellen Verhandlungsführern abgrenzen (Herstellen positiver nationaler Distinktheit) (vgl. auch Mlicki & Ellemers, 1996). Diese Erklärung soll im folgenden überprüft werden.

Die *unterschiedlichen Ergebnisse* für die Zusammenhänge zwischen der Erfüllung der Stereotypisierungsfunktion einerseits und „wahrgenommenem Verhandlungserfolg" andererseits scheinen durch Unterschiede in der Funktion von Stereotypen für die russischen und die deutschen Verhandlungsführer erklärbar zu sein. Bei der Erklärung wird auf die Theorie der sozialen Identität (Tajfel & Turner, 1986) zurückgegriffen. Es wird angenommen, daß sich die Unterschiede in den erwarteten Zusammenhängen dadurch erklären lassen, daß die deutschen Verhandlungsführer im Gegensatz zu den russischen Verhandlungsführern über die „Betonung von Unterschieden" auch positive nationale Distinktheit herstellen.

Wenn Personen über den sozialen Vergleich positive nationale Distinktheit herstellen können, dann ist eine Definition als Gruppenmitglied selbstwertsteigernd. Folglich sollte positive nationale Distinktheit mit wahrgenommener Prototypizität einhergehen. Schneidet die eigene Gruppe im sozialen Vergleich nicht positiv ab, dann ist es nicht selbstwertsteigernd, sich als prototypisches Gruppenmitglied zu definieren. Wenn die deutschen Verhandlungsführer also über die „Betonung der Unterschiede" positive nationale Distinktheit herstellen, dann sollten sie sich mit wachsender „Betonung der Unterschiede" auch als prototypischer wahrnehmen. Stellen die russischen Verhandlungsführer hingegen über die „Betonung der Unterschiede" keine positive nationale Distinktheit her, dann ist auch nicht zu erwarten, daß mit wachsender „Betonung der Unterschiede" die „wahrgenommene Prototypizität" zunimmt. Diese Erklärung wird auch dadurch gestützt, daß russische und deutsche Verhandlungsführer zwar im gleichen Maße die Unterschiede betonen, die deutschen Verhandlungsführer sich jedoch als prototypischer wahrnehmen.

Im weiteren Verlauf soll untersucht werden, ob sich die unterschiedlichen Ergebnisse für die russischen und die deutschen Verhandlungsführer dadurch erklären lassen, daß die deutschen Verhandlungsführer im Gegensatz zu den russischen Verhandlungsführern über die „Betonung von Unterschieden" positive nationale Distinktheit herstellen. Die Erklärung ist dann zu unterstützen, wenn erstens nachgewiesen wird, daß deutsche Verhandlungsführer im Gegensatz zu russischen Verhandlungsführern über die „Betonung von Unterschieden" positive nationale Identität herstellen. Zweitens sollte nachgewiesen werden, daß sich die Verhandlungsführer auf den Vergleichsdimensionen als prototypischer wahrnehmen, auf denen sie die eigenkulturellen Verhandlungsführer positiver bewerten als die fremdkulturellen Verhandlungsführer.

Die Verhandlungsführer können die eigenkulturellen Verhandlungsführer positiver bewerten, indem sie ihnen in stärkerem Maße positiv bewertetes Verhandlungsverhalten und in geringerem Maße negativ bewertetes Verhandlungsverhalten zuschreiben als den fremdkulturellen Verhandlungsführern. Positiv bewertetes Verhandlungsverhalten sind die kooperativen Verhaltenskomponenten *Zugeständnisse* und *Problemlösen*, während zu den negativer bewerteten Verhaltenskomponenten die unkooperativen Verhaltenskomponenten *Kämpfen* und *Vermeiden* gehören (vgl. Ergebnisse 7.4.4, S. 128).

7.5.2.1 Herstellung positiver nationaler Distinktheit über die Betonung von Unterschieden

Zur Überprüfung der Hypothese, daß die deutschen Verhandlungsführer über die „Betonung von Unterschieden" positive nationale Distinktheit herstellen, jedoch nicht die russischen Verhandlungsführer, wurde eine zweifaktorielle multivariate Varianzanalyse mit Meßwiederholungen berechnet. Die unabhängigen Variablen bilden der Faktor Beurteilungsobjekte mit den zwei Stufen eigenkulturelle und fremdkulturelle Verhandlungsführer und der Faktor Nationalität der Befragten mit den zwei Stufen russisch und deutsch. Als abhängige Variablen dienen die zugeschriebenen Verhaltensweisen Zugeständnisse, Problemlösen, Kämpfen und Vermeiden.

Sowohl die Haupteffekte für die Faktoren Beurteilungsobjekte ($F[4,265] = 6.97$, $p < .001$) und Nationalität ($F[4,265] = 10.10$, $p < .001$) als auch die zweifachen Interaktionen zwischen den Faktoren Beurteilungsobjekte und Nationalität ($F[4,265] = 8.94$, $p < .001$) sind hochsignifikant.

Zur Überprüfung der Annahme, daß die deutschen Verhandlungsführer über die „Betonung von Unterschieden" positive nationale Distinktheit herstellen, nicht jedoch die russischen Verhandlungsführer, sollen die Interaktionen zwischen Beurteilungsobjekten und Nationalität näher betrachtet werden.

So zeigt sich die Interaktion auf den abhängigen Variablen Problemlösen ($F[1,268] = 7.86$, $p \leq .005$), Kämpfen ($F[1,268] = 9.32$, $p < .005$) und Vermeiden ($F[1,268] = 25.94$, $p < .001$), nicht jedoch auf der abhängigen Variable Zugeständnisse ($F[1,268] = .00$, $p > .9$).

Die Interaktionen lassen sich unter Bezugnahme auf die Interaktionsdiagramme interpretieren. Reichen die Profildiagramme nicht, dann werden zusätzlich t-Tests für abhängige Stichproben herangezogen.

Die ordinale Interaktion für die abhängige Variable Problemlösen läßt sich so interpretieren, daß die deutschen Verhandlungsführer zwischen eigenkulturellen und fremdkulturellen Verhandlungsführern differenzieren ($T[149] = 5.09$, $p < .001$), nicht jedoch die russischen Verhandlungsführer ($T[127] = 1.66$, $p > .1$). Dabei schreiben die deutschen Verhandlungsführer den eigenen Landsleuten im stärkeren Maße Problemlösen zu als den fremdkulturellen russischen Verhandlungsführern (M = 1.22 versus M = .69).

Die hybride bis disordinale Interaktion für die abhängige Variable Kämpfen indiziert, daß die deutschen Verhandlungsführer den fremdkulturellen Verhandlungsführern in stärkerem Maße die unkooperative Verhaltensweise Kämpfen zuschreiben als den eigenen Landsleuten (M = .71 versus M = .24, $T[148] = -4.29$, $p < .001$), während die russischen Verhandlungsführer dies nicht tun ($T[126] = -.07$, $p > .9$).

Die disordinale Interaktion für die abhängige Variable Vermeiden zeigt, daß die deutschen Verhandlungsführer den fremdkulturellen russischen Verhandlungsführern Vermeiden in stärkerem Maße zuschreiben als den eigenen Landsleuten (M = -1.44 versus M = -1.09), während die russischen Verhandlungsführer den eigenen Landsleuten Vermeiden in stärkerem Maße zuschreiben als den fremdkulturellen Verhandlungsführern (M = -.95 versus M = -1.30) (s Abbildung 6).

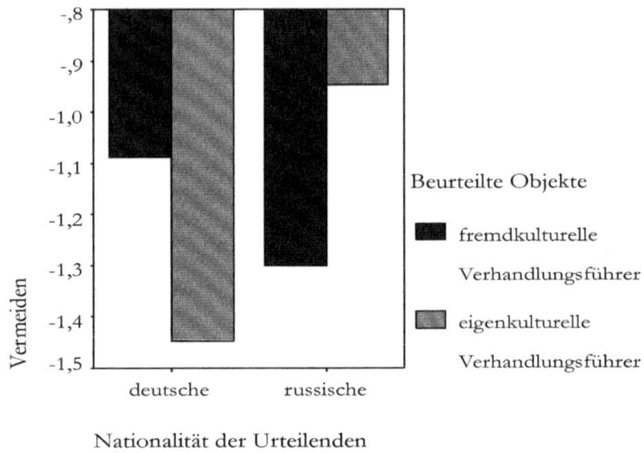

Abbildung 6: Herstellung positiver nationaler Distinktheit über die Beurteilung des Vermeidungsverhaltens der russischen und deutschen Verhandlungsführer

7.5.2.2 Wahrgenommene Prototypizität bei positiver nationaler Distinktheit

Da russische und deutsche Verhandlungsführer in unterschiedlichem Maße auf den vier Verhaltensdimensionen positive Distinktheit herstellen, muß die Hypothese, daß Verhandlungsführer sich auf den Verhandlungsdimensionen als prototypischer wahrnehmen, auf denen sie positive nationale Distinktheit herstellen, in getrennten Stichproben getestet werden.

In getrennten einfaktoriellen multivariaten Varianzanalysen mit Meßwiederholungen für die russische und die deutsche Stichprobe wurde überprüft, auf welchen Dimensionen sie sich als prototypisch wahrnehmen. Es wurde festgesetzt, daß sich Personen dann als prototypisch wahrnehmen, wenn sie zwischen individuellem bevorzugten Verhandlungsverhalten und fremdkulturellem Verhandlungsverhalten signifikant stärker differenzieren als zwischen individuellem bevorzugten Verhandlungsverhalten und eigenkulturellem Verhandlungsverhalten. Der Abstand zwischen individuellem Selbst und fremdkulturellen Verhandlungsführern und der Abstand zwischen individuellem Selbst und eigenkulturellen Verhandlungsführern stellt dann auch den Faktor Selbstkategorisierung dar.

Die vier abhängigen Variablen bilden Zugeständnisse, Problemlösen, Kämpfen und Vermeiden.

Die Ergebnisse sollen nun getrennt für die russische und die deutsche Stichprobe beschrieben werden.

Da die *russischen Verhandlungsführer* nur auf der Verhaltensdimension Zugeständnisse positive nationale Distinktheit herstellen, wird erwartet,

- daß sich die russischen Verhandlungsführer in bezug auf die kooperative Verhaltensweise Zugeständnisse prototypisch wahrnehmen,
- daß sich die russischen Verhandlungsführer in bezug auf die Verhaltensdimensionen Problemlösen, Kämpfen und Vermeiden als nicht prototypisch definieren.

Es zeigte sich ein hochsignifikanter Haupteffekt für den Faktor Selbstkategorisierung ($F[4;120] = 5.65, p < .001$).

In Übereinstimmung mit den Hypothesen nehmen sich die russischen Verhandlungsführer auf der Dimension Zugeständnisse prototypisch wahr ($M = .93$ versus $M = 1.17$, $F[1,123] = 5.89$, $p < .05$) und als nicht prototypisch auf den Dimensionen Problemlösen ($F[1;123] = 1.37, p > .2$) und Vermeiden ($F[1;123] = .08, p > .8$). Entgegen den Erwartungen nehmen sie sich auch auf der Dimension Kämpfen prototypisch wahr ($M = .95$ versus $M = 1.27$, $F[1;123] = 15.02, p < .001$).

Da die *deutschen Verhandlungsführer* auf allen Verhaltensdimensionen positive nationale Distinktheit herstellen, wird erwartet, daß sie sich auch auf allen Verhaltensdimensionen als prototypisch wahrnehmen.

Es zeigte sich ein hochsignifikanter Haupteffekt für den Faktor Selbstkategorisierung ($F[4;142] = 18.14$, $p < .001$). Wie erwartet nehmen sich die deutschen Verhandlungsführer auf allen Verhaltensdimensionen als prototypisch wahr: Zugeständnisse ($M = .56$ versus $M = 1.23$, $F[1;145] = 61.85$, $p < .001$), Problemlösen ($M = .55$ versus $M = 1.27$, $F[1;145] = 62.82, p < .001$), Kämpfen ($M = .77$ versus $M = 1.29$, $F[1;145] = 27.84, p < .001$) und Vermeiden ($M = .65$ versus $M = 1.03$, $F[1;145] = 17.44, p <.001$).

Zusammenfassend wurden sieben von acht Tests bestätigt, die die Annahme prüfen sollten, daß Verhandlungsführer sich auf Verhaltensdimension als prototypisch wahrnehmen, auf denen sie positive nationale Distinktheit herstellen, jedoch nicht auf Verhaltensdimensionen, auf denen sie keine positive nationale Distinktheit herstellen. Es wurden alle Annahmen für die deutschen Verhandlungsführer bestätigt und drei von vier Annahmen für die russischen Verhandlungsführer.

7.5.3 Herstellen von Konsens über die Beziehung zwischen den Gruppen

Es wurde angenommen, daß Konsens über Stereotype auch Konsens über die Beziehung zwischen den Gruppen reflektiert und daß „wahrgenommener Konflikt" abnimmt und „wahrgenommener Verhandlungserfolg" zunimmt, wenn ein Konsens über die Beziehung zwischen den Gruppen hergestellt wird.

Die *dritte Hypothese* wurde nur für die deutschen Verhandlungsführer ($r = -.30, p < .001$, $n = 146$), jedoch nicht für die russischen Verhandlungsführer ($r = -.11, p > .1$, $n = 120$) bestätigt: Je besser das individuelle Fremdstereotyp über das Verhandlungsverhalten der fremdkulturellen Verhandlungsführer mit dem aggregierten fremdkulturellen Stereotyp über das eigenkulturelle Verhandlungsverhalten übereinstimmt, desto geringer ist der „wahrgenommene Konflikt". Deutsche und russische Verhandlungsführer unterscheiden sich jedoch nicht signifikant im Ausmaß des Zusammenhangs ($z = 1.576 < z = 1.65, p > .05$).

Die *vierte Hypothese* wurde nur für die russische Stichprobe ($r = .212, p = .01, n = 120$), jedoch nicht für die deutsche Stichprobe ($r = .13, p > .05, n = 146$) bestätigt: Je besser das individuelle Fremdstereotyp über das Verhandlungsverhalten der fremdkulturellen Verhandlungsführer mit dem aggregierten fremdkulturellen Stereotyp über das eigenkulturelle Verhandlungsverhalten übereinstimmt, desto größer ist der „wahrgenommene Verhandlungserfolg". Es besteht jedoch kein signifikanter Unterschiede zwischen russischen und deutschen Verhandlungsführern im Ausmaß des Zusammenhangs ($z = .68 < z = 1.65, p > .05$).

7.5.4 Vorhersage des von den fremdkulturellen Verhandlungsführern bevorzugten Verhandlungsverhaltens

Es wurde angenommen, daß Stereotype verwendet werden, um „das von den fremdkulturellen Verhandlungsführern bevorzugte Verhandlungsverhalten" vorherzusagen. Mit zunehmender Übereinstimmung von Stereotyp und bevorzugtem Verhalten sollte der „wahrgenommene Konflikt" abnehmen und der „wahrgenommene Verhandlungserfolg" zunehmen.

Die *fünfte Hypothese* wurde sowohl für die russischen Verhandlungsführer ($r = -.15, p < .05, n = 128$) als auch die deutschen Verhandlungsführer ($r = -.36, p < .001, n = 152$) bestätigt: Je genauer das „individuelle Fremdstereotyp" eines Verhandlungsführers über das fremdkulturelle Verhandlungsverhalten und mit dem „von den fremdkulturellen Verhandlungsführern bevorzugten Verhandlungsverhalten" übereinstimmt, desto geringer ist der „wahrgenommene Konflikt". Im Ausmaß des Zusammenhangs besteht ein signifikanter Unterschied zwischen den beiden Stichproben ($z = 1.92 > z = 1.65, p < .05$).

Die *sechste Hypothese* wurde ebenfalls sowohl für die russischen ($r = .15, p < .05, n = 128$) als auch die deutschen Verhandlungsführer ($r = .16, p < .05, n = 152$) bestätigt: Je größer die Übereinstimmung zwischen dem „individuellen Fremdstereotyp" eines Verhandlungsführers über das fremdkulturelle Verhandlungsverhalten und „dem von den fremdkulturellen Verhandlungsführern bevorzugten Verhandlungsverhalten" ist, desto größer ist der „wahrgenommene Verhandlungserfolg". Ein signifikanter Unterschied zwischen der Stärke des Zusammenhangs besteht nicht zwischen den beiden Stichproben ($z = .09 < z = 1.65, p > .05$).

Somit konnte gezeigt werden, daß die Erfüllung der Stereotypisierungsfunktion der „Verhaltensvorhersage" für den „wahrgenommenen Konflikt" und den „wahrgenommenen Verhandlungserfolg" eine Rolle spielt.

7.5.5 Gewichtung der drei Funktionen von Stereotypen in Hinsicht auf wahrgenommenen Konflikt und wahrgenommenen Verhandlungserfolg

Bisher konnte gezeigt werden, inwiefern für russische und deutsche Verhandlungsführer Zusammenhänge zwischen den Stereotypisierungsfunktionen einerseits und „wahrgenommenem Konflikt" und „wahrgenommenem Verhandlungserfolg" andererseits bestehen.

Im weiteren soll geklärt werden, wie gut die Stereotypisierungsfunktionen „wahrgenommenen Konflikt" und „wahrgenommenen Verhandlungserfolg" vorhersagen können und welchen Nutzen die Berücksichtigung der Stereotypisierungsfunktionen, *„Konsens über die Beziehungsdefinition herzustellen"* und *„das von den fremdkulturellen Verhandlungsführern bevorzugte Verhandlungsverhalten vorherzusagen"*, zusätzlich zu der Stereotypisierungsfunktion, *„nationale Identität herzustellen"*, erbringt. Aufgrund möglicher Korrelationen der Stereotypisierungsfunktionen untereinander ist denkbar, daß die aufgeklärten Varianzanteile redundant sind.

Diese Fragen sollen jeweils für russische und deutsche Verhandlungsführer getrennt betrachtet werden.

Zu diesem Zweck werden hierarchische Regressionsanalysen mit den abhängigen Variablen „wahrgenommener Konflikt" oder „wahrgenommener Verhandlungserfolg" durchgeführt. In einem ersten Schritt werden die Prädiktoren „Betonung von Intergruppenunterschieden", „wahrgenommene Prototypizität des eigenen Verhandlungsstils" und „Kategorisierung auf einer übergeordneten Inklusionsebene" für die Stereotypisierungsfunktion „Herstellung nationaler Identität" eingegeben. In einem zweiten Schritt folgen „Konsens zwischen individuellem Fremdstereotyp und fremdkulturellem Eigenstereotyp" für die Erfüllung der Stereotypisierungsfunktion, „Konsens über die Beziehungsdefinition herzustellen". Zuletzt in einem dritten Schritt wird die „Prognosegüte" als Indikator für die Erfüllung der Stereotypisierungsfunktion, „das von den fremdkulturellen Verhandlungsführern bevorzugte Verhandlungsverhalten vorherzusagen", eingegeben.

7.5.5.1 Prädiktoren für wahrgenommenen Konflikt

Im folgenden soll die Bedeutung der Stereotypisierungsfunktionen für „wahrgenommenen Konflikt" in deutsch-russischen Wirtschaftsverhandlungen betrachtet werden.

Die Prädiktoren erbringen für die *russischen Verhandlungsführer* keine signifikante Aufklärung der Varianz des „wahrgenommenen Konfliktes" (korrigiertes R^2= -.015, F[5; 107] = .67, p > .6). Für die deutschen Verhandlungsführer klären die Prädiktoren 19 % der Varianz des „wahrgenommenen Konfliktes" in deutsch-russischen Wirtschaftsverhandlungen auf (korrigiertes R^2= .19, F[5; 129] = 7.28, p < .001). Der Unterschied ist hochsignifikant (R= .15 versus R= .47, z = 2.77 , p < .005).

Für die deutsche Stichprobe klären von den Prädiktoren „Verhaltensvorhersage" (β= -.32, T= -2.11 p < .05), „wahrgenommene Prototypizität des eigenen Verhandlungsverhaltens" (β= .23, T= 2.61, p < .05) und „Betonung der Intergruppenunterschiede" (β= .20, T= 2.22, p < .05) zu einem signifikanten Anteil Varianz auf, jedoch nicht die Prädiktoren „Konsens über Stereotype" (β= .14, T= .89, p > .3) und „Kategorisierung auf einer übergeordneten Inklusionsebene" (β= .02, T= .19, p > .8). Betrachtet man die Beta-Gewichte, scheint die „Verhaltensvorhersage" der wichtigste Prädiktor zu sein.

Zusätzliche Varianzaufklärung zu der Erfüllung der Stereotypisierungsfunktion, „nationale Identität herzustellen" (Änderung in R^2 = .183, F[3,131] = 9.79, p < .001), erbringt die Erfüllung der Stereotypisierungsfunktion der „Verhaltensvorhersage" (Änderung in R^2 = .03, F[1,129] = 4.44, p < .05). Die Erfüllung der Stereotypisierungsfunktion, „Konsens über die Beziehungsdefinition herzustellen" (Änderung in R^2 = .01, F[1,130] = 1.66, $p \geq$ .2), kann hingegen keine zusätzliche Varianz aufklären. Trotz der hohen Korrelation zwischen den Stereotypisierungsfunktionen „Herstellen von Konsens" und „Verhaltensvorhersage" (s.

Tabelle 11) klärt die Funktion der „Verhaltensvorhersage" zusätzliche Varianz auf.

Tabelle 11: Interkorrelation der Stereotypisierungsfunktionen für die deutschen Verhandlungsführer (n = 133)

	Herstellen nationaler Identität			*Konsens*
	Akzentuierung	Prototypizität	Inklusion	
Nat. Identität				
Akzentuierung[1]				
Prototypizität[2]	.38***			
Inklusion[3]	-.27.***	-.34***		
Konsens[4]	-.48***	-.35***	.27***	
Prognose[5]	-.51***	-.38***	.26***	.79***

* $p \leq .05$, $p \leq .01$, $p \leq .001$

[1]Betonung der Unterschiede zwischen russischem und deutschem Verhandlungsstil

[2]Wahrgenommene Prototypizität des eigenen Verhandlungsstils

[3]Kategorisierung auf einer übergeordneten Inklusionsebene

[4]Konsens über die Beziehung zwischen den Gruppen

[5]Vorhersage des von den fremdkulturellen Verhandlungsführern bevorzugten Verhandlungsverhaltens

7.5.5.2 *Prädiktoren für wahrgenommenen Verhandlungserfolg*

Im folgenden soll die Bedeutung der Stereotypisierungsfunktionen für „wahrgenommenen Verhandlungserfolg" geklärt werden.

Tabelle 12: Zusammenfassung der Hierarchischen Regressionsanalyse für die Prädiktoren, die „wahrgenommenen Verhandlungserfolg" für die russischen Verhandlungsführer vorhersagen ($N = 113$)

	B	SE	β	t	p
1. Schritt					
Betonung der Unterschiede	-.21	.16	-.13	-1.32	.19
Wahrgenommene Prototypizität	-.32	.17	-.18	-1.92	.06
Übergeordnete Inklusionsebene	.13	.13	.09	.98	.33
Gesamt $F(3;110) = 1.90$, $p = .14$, korrigiertes $R^2 = .02$					
2. Schritt					
Betonung der Unterschiede	-.15	.16	-.09	-.93	.36
Wahrgenommene Prototypizität	-.31	.16	-.18	-1.92	.06
Übergeordnete Inklusionsebene	.07	.13	.06	.61	.54
Konsens zwischen Eigen- und Fremdstereotyp	.43	.21	.20	2.05	.04
Gesamt $F(4;109) = 2.52$, $p < .05$, korrigiertes $R^2 = .05$, $\Delta R^2 = .04$					
3. Schritt					
Betonung der Unterschiede	-.15	.16	-.09	-.90	.37
Wahrgenommene Prototypizität	-.32	.17	-.18	-1.93	.06
Übergeordnete Inklusionsebene	.08	.13	.06	.64	.52
Konsens zwischen Eigen- und Fremdstereotyp	.50	.30	.23	1.65	.1
Prognosegüte	-.11	.33	-.04	-.32	.75
Gesamt $F(5;108) = 2.02$, $p > .05$, korrigiertes $R^2 = .04$, $\Delta R^2 = .00$					

Russische Verhandlungsführer

Wie aus Tabelle 12 ersichtlich, klärt die Erfüllung der Stereotypisierungsfunktion, „nationale Identität herzustellen", für die *russischen Verhandlungsführer* keinen signifikanten Varianzanteil des „wahrgenommenen Verhandlungserfolges" auf, $p > .1$. Nur die Erfüllung der Stereotypisierungsfunktion, „Konsens über die Beziehungsfunktion herzustellen", kann einen signifikanten Anteil der Varianz des „wahrgenommenen Verhandlungserfolges" aufklären, $p < .05$. Die Varianzaufklärung über den Prädiktor „Konsens" ist somit trotz der Korrelation mit den Variablen „Betonung der Unterschiede" und „Kategorisierung auf einer übergeordneten Inklusionsebene" nicht redundant (vgl. Tabelle 12 und Tabelle 13). Der Prädiktor „Verhaltensvorhersage“ erbringt keine zusätzliche Varianzaufklärung. Die Vorhersage des „wahrgenommenen Verhandlungserfolges“ verschlechtert sich sogar, wenn in der hierarchischen Regression in einem dritten Schritt der Prädiktor „Verhaltensvorhersage“ zugefügt wird. Die durch die Prädiktoren „Konsens“ und „Verhaltensvorhersage“ aufgeklärten Varianzanteile sind somit redundant (s. Tabelle 12). Dieses Ergebnis ist auf die hohe Interkorrelation zwischen den Stereotypisierungsfunktionen, „Konsens über die Beziehung herzustellen“ und das „von den fremdkulturellen Verhandlungsführern bevorzugte Verhandlungsverhalten vorherzusagen“, zurückzuführen (s. Tabelle 13).

Mit dem besten Modell, hier das zweite Modell, werden 5 Prozent der Varianz des „wahrgenommenen Verhandlungserfolges“ aufgeklärt.

Tabelle 13: Interkorrelation der Stereotypisierungsfunktionen für die russischen Verhandlungsführer (n = 114)

	Akzentuierung	Prototypizität	Inklusion	Konsens
Akzentuierung[1]				
Prototypizität[2]	-.19*			
Inklusion[3]	-.21**	.15		
Konsens[4]	-.22**	.05	.22**	
Prognose[5]	-.12	-.01	.22**	.74***

* $p \leq .05$, $p \leq .01$, $p \leq .001$

[1] Betonung der Unterschiede zwischen russischem und deutschem Verhandlungsstil

[2] Wahrgenommene Prototypizität des eigenen Verhandlungsstils

[3] Kategorisierung auf einer übergeordneten Inklusionsebene

[4] Konsens über die Beziehung zwischen den Gruppen

[5] Vorhersage des von den fremdkulturellen Verhandlungsführern bevorzugten Verhandlungsverhaltens

Deutsche Verhandlungsführer

Die hierarchische Regressionsanalyse ergibt für die deutschen Verhandlungsführer, daß die Erfüllung der Stereotypisierungsfunktion, „nationale Identität herzustellen“, sieben Prozent des „wahrgenommenen Verhandlungserfolges“ erklärt. Eine weitere Varianzaufklärung durch die Stereotypisierungsfunktionen „Konsens“ oder „Verhaltensvorhersage“ ist nicht möglich (vgl. Tabelle 14). Von den einzelnen Prädiktoren wird keiner signifikant, $p > .05$. Insgesamt werden durch das Modell sechs Prozent der Varianz des „wahrgenommenen Verhandlungserfolges“ aufgeklärt.

Eine Vergleich des Modellfits ist aufgrund der unterschiedlichen Bedeutung der Prädiktoren nicht weiter sinnvoll.

Tabelle 14: Zusammenfassung der Hierarchischen Regressionsanalyse für die Prädiktoren, die „wahrgenommenen Verhandlungserfolg" für die deutschen Verhandlungsführer vorhersagen (N = 113)

	F	$df1$	$df2$	*korrig.* R^2	*Änderung* R^2	p
1. Schritt						
Betonung der Unterschiede	4.51	3	129	.07	.10	.005
Wahrgenommene Prototypizität						
Übergeordnete Inklusionsebene						
2. Schritt						
Betonung der Unterschiede	3.44	4	128	.07	.00	.01
Wahrgenommene Prototypizität						
Übergeordnete Inklusionsebene						
Konsens zwischen Eigen- und Fremdstereotyp						
3. Schritt						
Betonung der Unterschiede	2.78	5	127	.06	.00	.02
Wahrgenommene Prototypizität						
Übergeordnete Inklusionsebene						
Konsens zwischen Eigen- und Fremdstereotyp						
Prognosegüte						

7.5.6 Zusammenfassung

In bezug auf die *Ausprägung der Hypothesenkonstrukte* zeigten sich zwischen russischen und deutschen Verhandlungsführern folgende Gemeinsamkeiten und Unterschiede: Obwohl russische und deutsche Verhandlungsführer im gleichen Maße nationale Identität über die „Betonung der Unterschiede zwischen russischem und deutschem Verhandlungsstil" herstellen, nehmen sich die deutschen Verhandlungsführer als prototypischer wahr und kategorisieren sich in geringerem Maße auf einer übergeordneten Inklusionsebene. Sie stellen im gleichen Maße über die Stereotypisierung Konsens über die Beziehungsdefinition her (Konsens zwischen individuellem Fremdstereotyp und fremdkulturellem Eigenstereotyp), beurteilen jedoch mit unterschiedlicher Genauigkeit das von den fremdkulturellen Verhandlungsführern bevorzugte Verhandlungsverhalten. Die russischen Verhandlungsführer urteilen genauer. Obwohl russische und deutsche Verhandlungsführer deutsch-russische Verhandlungen gleich erfolgreich einschätzen, beurteilen die deutschen Verhandlungsführer die Verhandlungen als konflikthafter.

Bei identischer *Beurteilung des Verhandlungserfolges* verwenden russische und deutsche Verhandlungsführer gleichermaßen das *Kriterium* des Vertragsabschlusses. Das Kriterium der Stabilität der Zusammenarbeit verwenden sowohl russische als auch deutsche Verhandlungsführer, jedoch ist es für die deutschen Verhandlungsführer wichtiger. Nur die russischen Verhandlungsführer beurteilen die Verhandlungsergebnisse in bezug darauf, ob sie höhere Gewinne erzielten und niedrigere Kosten haben als der Verhandlungspartner.

In bezug auf die erwarteten Zusammenhänge zwischen der Erfüllung der drei Stereotypisierungsfunktionen einerseits und „wahrgenommenem Konflikt“ und „wahrgenommenem Verhandlungserfolg“ andererseits zeigten sich einige Gemeinsamkeiten aber auch Unterschiede.

Sowohl für die russischen als auch die deutschen Verhandlungsführer konnte gezeigt werden, daß je besser die Stereotypisierungsfunktion, das von den fremdkulturellen Verhandlungsführern bevorzugte Verhandlungsverhalten vorherzusagen, erfüllt wird (Verhaltensvorhersage), desto weniger konflikthaft und desto erfolgreicher die deutsch-russischen Wirtschaftsverhandlungen wahrgenommen werden. Für beide Gruppen zeigte sich auch, daß eine „Kategorisierung auf einer übergeordneten Inklusionsebene“ mit einem erhöhten „Konsens“und einer erhöhten „Prognosegüte" einhergeht.

Nur für die deutsche Gruppe konnte nachgewiesen werden, daß je stärker die Stereotypisierungsfunktion, *„nationale Identität herzustellen“*, erfüllt wird, desto konflikthafter und weniger erfolgreich die deutsch-russischen Verhandlungen wahrgenommen werden. Mit zunehmender Erfüllung der Stereotypisierungsfunktion, „Konsens über die Beziehungsdefinition herzustellen“, nehmen nur die deutschen Verhandlungsführer die deutsch-russischen Verhandlungen konflikthafter wahr.

Nur für die russischen Verhandlungsführer konnte der erwartete positive Zusammenhang zwischen der Erfüllung der Stereotypisierungsfunktion, „Konsens herzustellen“, einerseits und „wahrgenommenem Verhandlungserfolg“ andererseits belegt werden. Jedoch zeigte sich weder der erwartete Zusammenhang zwischen der Erfüllung der Stereotypisierungsfunktion, „nationale Identität herzustellen“, und „wahrgenommenem Konflikt“ noch der erwartete Zusammenhang zwischen dieser Stereotypisierungsfunktion und „wahrgenommenem Verhandlungserfolg“.

Es zeigte sich ein signifikanter Unterschied zwischen russischen und deutschen Verhandlungsführern in bezug auf den Zusammenhang zwischen der Erfüllung der Stereotypisierungsfunktion, „nationale Identität herzustellen“, und „wahrgenommenem Konflikt“ und ein nicht signifikanter Unterschied in bezug auf den Zusammenhang zwischen der Erfüllung dieser Stereotypisierungsfunktion und „wahrgenommenem Verhandlungserfolg“. In bezug auf die Unterschiede in den Zusammenhängen für diese Stereotypisierungsfunktion werden zwei Erklärungen angeboten: Deutsche und russische Verhandlungsführer unterscheiden sich in bezug auf die Validität des Kriteriums „wahrgenommener Konflikt“ und/oder sie unterscheiden sich in bezug auf die Stereotypisierungsfunktion, „nationale Identität herzustellen“. Belege existieren für beide Erklärungen. Indikatoren für Unterschiede in der Stereotypisierungfunktion liefern

- die Unterschiede in der Ausprägung der Facetten der Stereotypisierungsfunktion: „Betonung der Unterschiede zwischen russischem und deutschem Verhandlungsstil“, „wahrgenommene Prototypizität“ und „Kategorisierung auf einer übergeordneten Inklusionsebene“,
- die Unterschiede in den angenommenen Zusammenhängen zwischen diesen Facetten und
- die Unterschiede in der Herstellung positiver Distinktheit über die „Betonung von Unterschieden“ zwischen russischen und deutschen Verhandlungsführern: Deutsche Verhandlungsführer stellen über die „Betonung von Unterschieden“ positive nationale Distinktheit her. Tendenziell nehmen sich Verhandlungsführer auf den Verhandlungsdimensionen prototypisch wahr, auf denen sie positive nationale Distinktheit herstellen.

Die Untersuchung der *Relevanz der Prädiktoren für „wahrgenommenen Konflikt“ und „wahrgenommenen Verhandlungserfolg“* erbrachte auch unterschiedliche Ergebnisse für russische und deutsche Verhandlungsführer. Keiner der Prädiktoren konnte „wahrgenommenen Konflikt“ für die russischen Verhandlungsführer aufklären. Für die deutschen Verhandlungsführer wurden 19 Prozent der Varianz über die Erfüllung der Stereotypisierungsfunktionen Herstellung nationaler Identität und Verhaltensprognose aufgeklärt.

Für die russischen Verhandlungsführer konnte nur der Prädiktor „Konsens“einen signifikanten Anteil der Varianz des „wahrgenommenen Verhandlungserfolges“ aufklären. Im zweiten Schritt der hierarchischen Regressionsanalyse klärte er zusätzlich vier Prozent auf.

Für die deutschen Verhandlungsführer konnte die Stereotypisierungsfunktion, „nationale Identität herzustellen“, sieben Prozent der Varianz des „wahrgenommenen Verhandlungserfolges“ aufklären. Die weiteren Prädiktoren erbrachten keine zusätzliche Varianzaufklärung.

Im Gegensatz zur deutschen Stichprobe konnte für die russische Stichprobe nur für eine der drei Stereotypisierungsfunktionen ein Zusammenhang zwischen der Erfüllung der Stereotypisierungsfunktion und *„wahrgenommenem Konflikt“* nachgewiesen werden, in der deutschen Stichprobe für alle drei Stereotypisierungsfunktionen. Der Unterschied in den Zusammenhängen zwischen russischer und deutscher Stichprobe war in allen drei Fällen signifikant.

Für die russische Stichprobe konnten die Zusammenhänge zwischen den Stereotypisierungsfunktionen „Konsens“ und „Verhaltensprognose“ einerseits und „wahrgenommenem Verhandlungserfolg“ andererseits gezeigt werden, für die deutsche Stichprobe die Zusammenhänge zwischen den Stereotypisierungsfunktionen „Herstellung nationaler Identität“ und „Verhaltensprognose“ einerseits und „wahrgenommenen Verhandlungserfolg" andererseits. Die russische und die deutsche Stichprobe unterscheiden sich nicht signifikant in den drei angenommenen Zusammenhängen zwischen den Stereotypisierungsfunktionen und „wahrgenommenem Verhandlungserfolg".

8 Diskussion

8.1 Zusammenfassende Interpretation und Überblick

In dieser Arbeit wurde für den Bereich deutsch-russischer Wirtschaftsverhandlungen untersucht, ob die Erfüllung dreier Funktionen von Stereotypisierung in einem Zusammenhang mit „wahrgenommenem Konflikt" und „wahrgenommenem Verhandlungserfolg" steht. Diese Stereotypisierungsfunktionen sind die „Herstellung und Aufrechterhaltung nationaler Identität", die „Herstellung von Konsens über die Beziehung zwischen den Gruppen" und die „Vorhersage des von den fremdkulturellen Verhandlungsführern bevorzugten Verhandlungsverhaltens" (Verhaltensvorhersage). In der Analyse der Bedeutung dieser Stereotypisierungsfunktionen wurde berücksichtigt, daß sie für russische und deutsche Verhandlungsführer eine unterschiedliche Bedeutung haben können.

In Anlehnung an die Theorie der interkulturellen Kommunikationskompetenz (Gudykunst, 1993) und an den Ansatz der Normenverletzung (De Ridder & Tripathi, 1992) und aufgrund der Übertragung von Studien zu interpersonalen Verhandlungen auf interkulturelle Verhandlungen (Arunalcham & Dilla, 1995, Thompson & De Harpport, 1994) wurde erwartet, daß mit einer besseren „Verhaltensvorhersage" der „wahrgenommene Konflikt" abnimmt und der „wahrgenommene Verhandlungserfolg" zunimmt. Diese Hypothesen konnten bestätigt werden. Jedoch leistet die *Stereotypisierungsfunktion der Verhaltensvorhersage* nur für die deutschen Verhandlungsführer einen eigenständigen Beitrag zur Varianzaufklärung für „wahrgenommenen Konflikt".

Die Stereotypisierungsfunktionen „Herstellen nationaler Identität" und „Verhaltensvorhersage" klären den größten Varianzanteil für „wahrgenommenen Konflikt" auf. Einschränkend ist hinzuzufügen, daß es sich dabei in der Hauptsache um denselben Varianzanteil handelt. Somit ist für die deutschen Verhandlungsführer anzunehmen, daß das gemeinsame Konfliktpotential durch die Abwertung der fremdkulturellen Verhandlungsführer erklärbar ist. Die Abwertung stellt einen Beurteilungsfehler bei der Einschätzung des von den fremdkulturellen Verhandlungsführern bevorzugten Verhandlungsverhaltens dar. Jedoch scheint es auch Beurteilungsfehler zu geben, die nicht auf die Funktion zurückgeführt werden können, über die Stereotypisierung (positive) „nationale Identität herzustellen". Möglicherweise ist dies der Anteil, der auf das Wissen über die Fremdkultur zurückgeführt werden kann. Diese Hypothese muß jedoch in weiterführenden Studien untersucht werden.

In Anlehnung an die Theorie der Selbstkategorisierung (Turner et al., 1987) wurde angenommen, daß die Erfüllung der *Stereotypisierungsfunktion, „nationale Identität herzustellen"*, mit erhöhtem „wahrgenommenen Konflikt" und geringerem „wahrgenommenen Verhandlungserfolg" einhergeht. Diese Hypothesen konnten für die deutschen Verhandlungsführer bestätigt werden, jedoch nicht für die russischen Verhandlungsführer. Es konnte gezeigt werden, daß sich russische und deutsche Verhandlungsführer auch in ihrem Identitätsmanagement und somit in bezug auf die Stereotypisierungsfunktion, „nationale Identität herzustellen", unterscheiden. So zeigte sich zwar sowohl für die russischen als auch die deutschen Verhandlungsführer der erwartete Zusammenhang, daß bei der „Kategorisierung auf einer übergeordneten Inklusionsebene" die „Betonung der Intergruppenunterschiede" reduziert wird. Jedoch konnten die Zusammenhänge zwischen „wahrgenommener Prototypizität" einerseits und „Betonung der Intergruppenunterschiede" und der „Kategorisierung auf einer übergeordneten Inklusionsebene" andererseits nur für die deutschen Verhandlungsführer bestätigt werden.

Unter Bezug auf die Theorie der sozialen Identität (Tajfel & Turner, 1986) wurde angenommen, daß sich diese unterschiedlichen Ergebnisse für russische und deutsche Verhandlungsführer darüber erklären lassen, daß nur die deutschen Verhandlungsführer über die „Betonung von Unterschieden" positive nationale Distinktheit und somit *positive nationale Identität* herstellen. Folgende Belege konnten für diese Erklärung erbracht werden:

- Obwohl russische und deutsche Verhandlungsführer im gleichen Maße die Unterschiede zwischen russischen und deutschen Verhandlungsführer betonen, nehmen sich die deutschen Verhandlungsführer prototypischer wahr.
- Die deutschen Verhandlungsführer stellen über die „Betonung der Unterschiede" positive nationale Distinktheit her, nicht so jedoch die russischen Verhandlungsführer.
- Tendenziell nehmen sich sowohl russische als auch deutsche Verhandlungsführer auf den Dimensionen des Verhandlungsverhaltens positiv wahr, auf denen sie positive nationale Distinktheit herstellen.

Eine Schlußfolgerung könnte sein: Für den „wahrgenommenen Konflikt" und den „wahrgenommenen Verhandlungserfolg" ist nicht so sehr die „Herstellung nationaler Identität", sondern vielmehr die „Herstellung *positiver* nationaler Identität" als Funktion von Stereotypen bedeutsam.

Die Bedeutung der dritten *Stereotypisierungsfunktion, „Konsens über die Beziehungsdefinition herzustellen"*, wurde ebenfalls in Anlehnung an die Theorie der Selbstkategorisierung abgeleitet. Es wurde angenommen, daß durch den „Konsens über gegenseitige Stereotype" auch „Konsens über die Beziehung zwischen den Verhandlungsführern unterschiedlicher Kulturen oder Nationen" hergestellt wird.

Es konnte gezeigt werden, daß mit zunehmendem „Konsens"der „wahrgenommene Konflikt" nur für die deutschen Verhandlungsführer abnimmt und der „wahrgenommene Verhandlungserfolg" nur für die russischen Verhandlungsführer zunimmt. Nur für die russischen Verhandlungsführer konnte diese Stereotypisierungsfunktion zusätzliche Varianz zu der, „nationale Identität herzustellen", aufklären. Sie ist die einzige Variable für die russischen Verhandlungsführer, die einen bedeutsamen Beitrag zur Aufklärung der Varianz des „wahrgenommenen Verhandlungserfolges" liefert. Dieses Ergebnis könnte auch durch die höhere „wahrgenommene Prototypizität“ der deutschen Verhandlungsführer erklärt werden. Schließlich definieren sich die deutschen Verhandlungsführer stärker über das nationale Stereotyp als die russischen Verhandlungsführer. So wird es auch bedeutsamer, daß das Fremdstereotyp der russischen Verhandlungsführer mit dem Eigenstereotyp der deutschen Verhandlungsführer übereinstimmt.

Durch die gleiche Argumentation läßt sich auch für die deutschen Verhandlungsführer die zusätzliche Varianzaufklärung durch die Stereotypisierungsfunktion der „Verhaltensvorhersage“ erklären: Da sich die russischen Verhandlungsführer kaum über das eigenkulturelle Stereotyp definieren, wird die „Beurteilung des von den fremdkulturellen Verhandlungsführern bevorzugten Verhaltens“ für die Deutschen wichtiger als die „Herstellung eines Konsenses über die Beziehung zwischen den kulturellen Gruppen“.

Ein weiterer bedeutsamer Unterschied zwischen russischen und deutschen Verhandlungsführern besteht darin, daß für die deutschen Verhandlungsführer eine bedeutsame Aufklärung des *„wahrgenommenen Konfliktes“* über die Erfüllung der Stereotypisierungsfunktionen gelingt, während dies für die russischen Verhandlungsführer nicht möglich ist. Hingegen gelingt in beiden Gruppen eine überzufällige Varianzaufklärung für den „wahrgenommenen Verhandlungserfolg“ durch die Stereotypisierungsfunktionen. Es wird bei den Russen auch nur einer der drei erwarteten Zusammenhänge zwischen Stereotypisierungsfunktion und „wahrgenommenem Konflikt“ bestätigt, während sich für die deutschen Verhandlungsführer alle Zusammenhänge zeigen. Sowohl die Voruntersuchung als auch die Ergebnisse der Hauptuntersuchung ergaben, daß russische Verhandlungsführer Konflikte in der deutsch-russischen Zusammenarbeit verneinen. Die gleichen Erfahrungen werden von Wissenschaftlern (Holtbrügge, 1995) und Praktikern (Schmidt, 1996; Keil-Gurov & Gnann, 1995) berichtet. Diese Ergebnisse deuten darauf hin, daß die russischen Verhandlungsführer Konflikte auf andere Weise beurteilen als die deutschen Verhandlungsführer. Schlußfolgerungen über die Bedeutung der Stereotypisierungsfunktionen für „wahrgenommenen Konflikt“ sind verfrüht. Gründe für die unterschiedliche Konfliktbeurteilung werden in der Nationalität der Forscher gesehen. Diese sind in der Regel westlich. Aber auch der Versuch von russischen Geschäftsleuten, als Europäer anerkannt zu werden, könnte ein Grund sein. Sowohl der russische Außen- und Sicherheitsrat (Karaganov, Kozhokin, Malashenko & Fedorov, 1997) als auch die russische Industrie- und Handelskammer (1997, 1998) formulieren Strategien, um das schlechte Image des russischen Geschäftslebens zu verbessern und auf diese Weise westliche Investitionen zu fördern.

Nachdem die Ergebnisse hier zusammenfassend interpretiert wurden, soll im folgenden ein *Überblick* über die Diskussion gegeben werden.

In der genannten Reihenfolge sollen folgende Untersuchungsergebnisse diskutiert werden:

1. die Validierung des Konfliktmanagement-Gitters,
2. kulturelle Unterschiede im Verhandlungsverhalten und in der Konfliktbeurteilung
3. die Bedeutung der Stereotypisierungsfunktionen für den „wahrgenommenen Konflikt" und den „wahrgenommenem Verhandlungserfolg" unter Berücksichtigung kultureller Unterschiede zwischen russischen und deutschen Verhandlungsführern,
4. die Gewichtung der Stereotypisierungsfunktionen,
5. die Generalisierbarkeit der Ergebnisse und
6. die praktische Relevanz.

Zuletzt sollen Forschungsdesiderate dargestellt werden, die sich im Rahmen dieser Arbeit ergeben haben.

8.2 Validierung des Konfliktmanagement-Gitters

Sowohl für die russischen als auch für die deutschen Verhandlungsführer konnte die Struktur des bevorzugten Verhandlungsverhaltens teilweise validiert werden: Das heißt, das Verhandlungsverhalten läßt sich durch eine integrative und eine kooperative Dimension beschreiben, jedoch nicht durch die distributive Dimension. Es zeigt sich nicht nur die gleiche Struktur des Verhandlungsverhaltens für russische und deutsche Verhandlungsführer, sondern die Ergebnisse stimmen auch mit Validierungen früherer Untersuchungen überein. Läßt sich das Verhandlungsverhalten durch die distributive Dimension beschreiben, so bedeutet dies, daß die Verhandlungsführer das Verhandlungsverhalten nach der „Subjektiven Wichtigkeit eigener Ziele und Interessen" und der „Subjektiven Wichtigkeit der Ziele und Interessen der anderen Verhandlungspartei" differenzieren. In Übereinstimmung mit den Ergebnissen dieser Arbeit zeigte sich auch teilweise in früheren Untersuchungen, daß das Verhandlungsverhalten nicht aufgrund der Dimension "Subjektive Wichtigkeit der eigenen Ziele und Interessen" vorhergesagt werden kann, sondern nur aufgrund der Dimension "Subjektive Wichtigkeit der Ziele und Interessen der anderen Verhandlungspartei" (Janssen & Van de Vliert, 1996, Van de Vliert, 1997 im Gegensatz zu Ben-Yoav & Pruitt, 1984a, 1984b; Butler, 1994; Pruitt et al., 1983). Das Vorgehen dieser Untersuchungen unterscheidet sich von den zitierten darin, daß das Verhandlungsverhalten nicht aufgrund der Prädiktoren "Subjektive Wichtigkeit der eigenen Ziele und Interessen" und "Subjektive Wichtigkeit der Ziele und Interessen der anderen Verhandlungspartei" vorhergesagt wurde, sondern daß die dem Verhandlungsverhalten zugrundeliegende Struktur untersucht wurde.

Eine mögliche Erklärung für diese Befunde könnte darin bestehen, daß es für selbstverständlich erachtet wird, daß die eigenen Interessen und Ziele wichtig sind.

8.3 Kulturelle Unterschiede im bevorzugten Verhandlungsverhalten

Insgesamt gesehen überwiegen die Gemeinsamkeiten zwischen russischen und deutschen Verhandlungsführern. Zu diesen Gemeinsamkeiten gehören die Orientierung an der Reziprozitätsnorm für die Verhaltensweisen Zugeständnisse, Kämpfen und Vermeiden, sowie die Ausprägung der kooperativen Verhaltensweisen Zugeständnisse und Problemlösen und die Reihenfolge der Präferenzen für die Verhaltensweisen. Problemlösen wird als präferierte Verhaltensweise genannt, gefolgt von Zugeständnissen, Kämpfen und zuletzt Vermeiden.

Unterschiede zeigen sich 1. in bezug auf die stärkere Ausprägung der Verhaltensweisen Kämpfen und Vermeiden für die russischen Verhandlungsführer, 2. in bezug auf die schwächere Ausprägung der Reziprozitätsnorm für Zugeständnisse, 3. in bezug auf die Prinzipien, die das Problemlöseverhalten steuern und 4. in bezug auf den Zusammenhang der Verhaltensweisen Zugeständnisse und Vermeiden.

1. Da die Verhaltenskomponenten Kämpfen und Vermeiden positiv miteinander korrelieren, kann von einer stärkeren Ausprägung des Indirekten Kämpfens ausgegangen werden.
2. Die schwächere Ausprägung der Reziprozitätsnorm für die russischen Verhandlungsführer bedeutet nicht, daß sie in geringerem Maß auf kooperatives Verhalten auch kooperativ reagieren, sondern daß sie auf das Kampfverhalten des Verhandlungspartners, wie zum Beispiel Druck seinerseits, wahrscheinlicher mit Zugeständnissen reagieren.
3. Die Prinzipien, die dem Problemlöseverhalten zugrunde liegen, lassen sich nicht durch die Reziprozitätsnorm beschreiben. Vielmehr bevorzugen die russischen Verhandlungsführer Problemlöseverhalten in gleichem Maße, unabhängig vom Verhalten des Verhandlungspartners, während das deutsche Verhandlungsverhalten in Abhängigkeit vom Verhalten des Verhandlungspartners variiert. Die deutschen Verhandlungsführer reagieren am stärksten mit Problemlösen auf Problemlöseverhalten und am schwächsten auf Zugeständnisse seitens des Verhandlungspartners.
4. Bei zunehmender Tendenz zu Zugeständnissen neigen die russischen Verhandlungsführer in geringerem Maße zu Vermeidungsverhalten, während für die deutschen Verhandlungsführer keinerlei Abhängigkeit zwischen den zwei Verhaltenskomponenten besteht.

Diese Ergebnisse widersprechen insofern dem *westlichen Stereotyp* des russischen und sowjetischen Verhandlungsverhaltens, als daß russischen Verhandlungsführern in der Regel zugeschrieben wird, kaum zu Zugeständnissen bereit zu sein und auch nicht sehr zum Problemlösen zu neigen. Zudem wird davor gewarnt, auf eigene Zugeständnisse Zugeständnisse der russischen oder sowjetischen Seite zu erwarten. Hingegen entspricht die stärkere Neigung zu Kampfverhalten und Vermeiden und zum indirekten Kämpfen dem Stereotyp des russischen Verhandlungsverhaltens (Kappel et al., 1994; Glen, Witmeyer & Stevenson, 1977; Jönsson, 1979, Rajan &

Graham, 1991; Smith, 1991). Diese Tendenz kann nicht mehr auf die Motivation der russischen Verhandlungsführer zurückgeführt werden, in jeder Verhandlung einen ideologisch-missionarischen Kampf zu gewinnen (z. B. Smith, 1991). Erklärungen für die stärkere Ausprägung der Verhaltenskomponenten Kämpfen und Vermeiden können gesucht werden bei unterschiedlichen kulturellen Wertorientierungen, in unterschiedlichen „Lose- oder Win-frames", in der Stabilität der Gesellschaft und den wirtschaftlichen Beziehungen. Auf einige soll im folgenden genauer eingegangen werden:

Eine Möglichkeit bestünde darin, die stärkere Tendenz zu Kämpfen und Vermeiden durch eine höhere Ausprägung der Wertorientierungen Macht (Boehnke, 1997; Smith, Dugan & Trompenaars, 1996; Liutho, 1991) und Maskulinität (Liutho, 1991) einerseits und Kollektivismus andererseits (Doktorov, 1999, Shikhirev, 1994, Smith, Dugan & Trompenaars et al., 1996) zu erklären. Die Orientierung auf Macht und Maskulinität fördert eine stärkere Vertretung der eigenen Interessen und somit das Kampfverhalten, die kollektivistische Orientierung verbietet jedoch einen offenen Kampf, womit die Wahl des indirekten Kämpfens begünstigt wird. Da diese Orientierungen jedoch nicht miterhoben werden konnten und die Ergebnisse zur Ausprägung des russischen Kollektivismus im Geschäftsbereich zudem widersprüchlich sind (vgl. Boehnke, 1997; Jadow, 1999; Liutho, 1991), kann hierüber nur spekuliert werden. Daher sollen eher Erklärungen in Betracht gezogen werden, für die in der gegebenen Untersuchung Hinweise existieren.

Eine zweite Erklärung besteht darin, den russischen und deutschen Verhandlungsführern unterschiedliche Ausprägungen der Verlustorientierung (Lose frame) oder Gewinnorientierung (Win frame) zuzuschreiben. Eine Verlustorientierung ist gegeben, wenn ein Verhandlungsführer einen Verlust zu minimieren versucht, wie die Minimierung des „Verlustes" des eigenen Geldes bei einem Käufer. Hingegen ist eine Gewinnorientierung gegeben, wenn der Verhandlungsführer versucht, den eigenen Gewinn zu maximieren, wie zum Beispiel beim Verkäufer, der versucht für seine Ware im Tausch möglichst viel Geld zu erhalten. Eine Verlustorientierung führt zu einem stärkeren Beharren auf den eigenen Interessen als eine Gewinnorientierung und daher eher zu Kampfverhalten. Verkäufer zeichnen sich eher durch einen „Win frame" aus und Käufer eher durch einen „Lose frame" (Pruitt & Carnevale, 1993). Die russischen Befragten führen mehrheitlich Verhandlungen mit den Deutschen, um Waren zu beziehen und weniger, um Waren abzusetzen, während die deutschen Verhandlungsführer größtenteils bezwecken, Ware abzusetzen und in geringerem Maße versuchen, Ware zu beziehen. Zudem könnte bei den russischen Verhandlern dadurch eine „Lose-Orientierung" entstehen, daß die Deutschen im Vergleich zu Russen als reich gelten. Eine zusätzliche multivariate Varianzanalyse mit den Kovariaten Zweck der Verhandlungen, getrennt für Personen, die die Verhandlungen mit dem Ziel des Verkaufens führen und solchen, die Verhandlungen mit dem Ziel des Kaufens führen, führte jedoch zu keinen anderen Ergebnissen für die Ausprägung der Verhaltensweisen Kämpfen und Vermeiden. Daher kann die Alternativerklärung,

daß die Unterschiede auf unterschiedlichen Orientierungen beruhen, ausgeschlossen werden.
Drittens könnte die stärkere Tendenz zu Kämpfen und zum Vermeiden könnte durch eine größere Unberechenbarkeit der Umwelt verursacht sein, wie sie für eine Transformationsgesellschaft charakteristisch ist. Eine instabile Umwelt fördert einerseits eine Orientierung auf kurzfristige Gewinne, was die Wahrscheinlichkeit von Kampfverhalten erhöht. Zum anderen sind die Verhandlungsführer darauf angewiesen, daß sie sich nicht die Beziehungen oder Kontakte verderben. Diese Konstellation erhöht die Wahrscheinlichkeit indirekten Kämpfens. (Zur Effektivität des indirekten Kämpfens, vgl. auch Van de Vliert, 1997). Hinweise auf diese Argumentation geben die unterschiedlich gewichteten Kriterien zur Bewertung des Verhandlungserfolges bei russischen und deutschen Verhandlungsführern. Die Stabilität der zukünftigen Zusammenarbeit ist für die russischen Verhandlungsführer zur Definition des „wahrgenommenen Verhandlungserfolges" weniger wichtig als für die deutschen Verhandlungsführer. Zudem ziehen die russischen Verhandlungsführer im Gegensatz zu den deutschen Verhandlungsführern das Kriterium Verteilung von Kosten und Gewinnen zu den eigenen Gunsten zur Definition von Verhandlungserfolg heran.

Die Unterschiede im Verhandlungsverhalten können nicht eindeutig auf eine der drei Erklärungen zurückgeführt werden. Während die zweite Erklärung der Unterschiede im Verhandlungsverhalten über „Gewinn- und Verlustorientierungen" ausgeschlossen werden kann, gibt es keine empirischen Hinweise für die erste Erklärung über unterschiedliche Wertorientierungen. Am naheliegendsten ist im gegebenen Untersuchungskontext die dritte Erklärung über den unterschiedlichen Zeithorizont in bezug auf die deutsch-russische Zusammenarbeit.

Es wurden nicht nur Unterschiede in der Ausprägung der Verhaltenskomponenten zwischen russischen und deutschen Verhandlungsführern untersucht, sondern auch, ob sich die *situative Abhängigkeit des Verhandlungsverhaltens* bei den russischen und deutschen Verhandlungsführern durch die *Reziprozitätsnorm* beschreiben läßt. Es zeigten sich folgende Ergebnisse:

Für die Verhaltensweise Zugeständnisse ist die Reziprozitätsnorm bei den deutschen Verhandlungsführer ausgeprägter als bei den russischen, jedoch nicht in dem Sinne, daß die russischen Verhandlungsführer weniger kooperativ reagieren, sondern daß sie auf Druck in stärkerem Maße mit Zugeständnissen reagieren als die deutschen Verhandlungsführer.

Hingegen scheint die situative Abhängigkeit der Verhaltensintention Problemlösen bei russischen und deutschen Verhandlungsführern nicht der Reziprozitätsnorm, sondern einer anderen Logik zu folgen: Die Absicht zum Problemlösen wird bei den russischen Verhandlungsführern nicht situativ beeinflußt, das Problemlöseverhalten der deutschen Verhandlungsführer hingegen schon. Die situativen Variationen des deutschen Problemlöseverhaltens lassen sich jedoch nicht im Sinne der Reziprozitätsnorm interpretieren: Zwar bevorzugen es die deutschen Verhandlungsführer, auf

Problemlösen eher mit Problemlösen zu reagieren als auf Druck, jedoch ziehen sie es entgegen der Reziprozitätsnorm eher vor, in Reaktion auf Druck Problemlösen zu zeigen als in Reaktion auf Zugeständnisse. Möglicherweise muß ein Mindestdruck von seiten des Verhandlungspartners vorliegen, damit die deutschen Verhandlungsführer Problemlöseverhalten wählen. Untersuchungen (z. B. McGillicuddy, Pruitt & Sina, 1984) belegen, daß Kampfverhalten Problemlösen nach sich ziehen kann und in der Folge zu einem maximalen gemeinsamen Profit beiträgt (vgl. auch Pruitt & Carnevale, 1993). Daß dieses Prinzip jedoch nicht ohne weiteres auf andere Kulturen übertragen werden kann, belegt eine Studie von Rognes und Shapiro (1996): So zeigte sich in einem Vergleich zwischen norwegischen Verhandlungsführern und US-amerikanischen Verhandlungsführern, daß ein dominantes Verhandlungsverhalten bei US-Amerikanern Problemlösen und integrative Ergebnisse begünstigen kann, jedoch nicht bei Norwegern. Rognes und Shapiro (1996) erklären die Unterschiede durch eine eher individualistische, maskuline Orientierung der us-amerikanischen Verhandlungsführer und eine im Vergleich dazu eher kollektivistische, feminine Orientierung der norwegischen Verhandlungsführer. Vor dem Hintergrund, daß in bezug auf die anderen Verhaltensweisen Zugeständnisse, Kämpfen und Vermeiden die Verhandlungsführer der Reziprozitätsnorm folgen, scheint hier ein Unterschied in der Denkweise vorzuliegen. Möglicherweise hat sich das Problemlöseverhalten in Rußland aufgrund der täglich zu bewältigenden Schwierigkeiten zur Norm entwikkelt, während in Deutschland erst Probleme angepackt werden, wenn eine Notwendigkeit dazu besteht oder eine Problemlösung aussichtsreich erscheint.

Vor dem Hintergrund der Literatur (Gudykunst, Gao, Schmidt, Nishida, Bond et al., 1992; Insko et al., 1990; Komorita & Lapworth, 1982; Kramer, 1991; Linskold et al., 1977, Peirce et al., 1991; Schopler et al. 1991) ist es erstaunlich, daß die *Nationalität des Verhandlungspartners* weder das Verhalten der russischen noch der deutschen Verhandlungsführer beeinflußt; zumal sich bei der Stereotypisierung zeigte, daß von fremdkulturellen Verhandlungsführern ein anderes Verhalten erwartet wird als von den eigenkulturellen Verhandlungsführern. Möglicherweise kann dieses Ergebnis darauf zurückgeführt werden, daß durch den ständigen Vergleich des russischen und deutschen Verhandlungsverhalten die Kategorie der Nationalität bereits so salient war, daß automatisch stereotypen-konsistentes Verhalten aktiviert wird, unabhängig davon, ob es sich bei dem Verhandlungspartner um einen russischen oder einen deutschen Verhandlungsführer handelt (Chen & Bargh, 1997). Möglicherweise war die zu verarbeitende Information auch zu komplex, so daß die Nationalität des Verhandlungspartners vernachlässigt wurde. Angesichts einschlägiger Untersuchungsergebnisse zur Stereotypisierung erscheint es problematisch, zu folgern, daß die Nationalität des Verhandlungspartners das Verhandlungsverhalten überhaupt nicht beeinflußt.

8.4 Bedeutung der drei unterschiedlichen Funktionen von Stereotypen für den wahrgenommenen Konflikt und den wahrgenommenen Verhandlungserfolg

Das Ziel dieser Untersuchung bestand darin, Ursachen für „wahrgenommenen Konflikt" zu identifizieren und darauf aufbauend Faktoren zu formulieren, die die Vorhersage von „wahrgenommenem Verhandlungserfolg" erlauben. Es wurde angenommen, daß die Erfüllung dreier unterschiedlicher Funktionen von Stereotypen den „wahrgenommenen Konflikt" reduziert und den „wahrgenommenen Verhandlungserfolg" fördert.

Zu den Funktionen gehören die „Herstellung und Aufrechterhaltung sozialer Identität" sowie der „Konsens über die Beziehung zwischen den Gruppen" und die „Vorhersage des von den fremdkulturellen Verhandlungsführern bevorzugten Verhandlungsverhaltens".

Die Annahmen wurden teilweise nur für eine der zwei Teilstichproben der russischen und deutschen Verhandlungsführer bestätigt. Da erst das Muster der bestätigten und nicht bestätigten Hypothesen für die unterschiedlichen Stichproben eine sinnvolle Interpretation erlaubt, sollen diese zusammen diskutiert werden.

Zunächst sollen Unterschiede zwischen russischen und deutschen Verhandlungsführern in Hinsicht auf die Kriterien „wahrgenommener Konflikt" und „wahrgenommener Verhandlungserfolg" betrachtet werden, bevor die Zusammenhänge zwischen diesen Kriterien und den Stereotypisierungsfunktionen diskutiert werden.

8.4.1 Wahrgenommener Konflikt

Die russischen Verhandlungsführer beurteilen die Konflikthaftigkeit deutsch-russischer Wirtschaftsverhandlungen geringer als die deutschen Verhandlungsführer, während in der Wahrnehmung des Verhandlungserfolges kein Unterschied besteht. In die gleiche Richtung weist die Erfahrung in der Anwendung der Methode kritischer Ereignisse: Es war kaum möglich, von den russischen Befragten konkrete Konfliktsituationen zu erfahren. Die Befragten betonten als Reaktion auf die Frage nach kritischen Situationen die guten deutsch-russischen Beziehungen.

Es stellt sich die Frage, ob die russischen Führungskräfte tatsächlich keine Konflikte wahrnehmen oder ob sie diese nur nicht berichten. Sollte die letztere Annahme zutreffen, wäre nteressant, warum die russischen Führungskräfte die Konflikte nicht berichten und wie man Konflikte valider erheben könnte.[41]

Hinweise darauf, warum russische Verhandlungsführer die Verhandlungen als weniger oder nicht konflikthaft beurteilen, liefern Ergebnisse dieser Untersuchung, aber auch die Literatur.

---

[41] In dieser Frage offenbart sich mit Sicherheit eine deutsche Sichtweise. Genauso könnte man fragen, warum die deutschen Verhandlungsführer Konflikte wahrnehmen oder pointierter, warum sie immer über Konflikte und Schwierigkeiten stöhnen müssen.

Einen Hinweis darauf, warum die russischen Befragten keine oder kaum Konflikte berichten, könnte die „Kategorisierung auf einer übergeordneten Inklusionsebene" geben. Die russischen Verhandlungsführer kategorisieren sich stärker auf einer übergeordneten Inklusionsebene als die deutschen Verhandlungsführer. Es wurde bereits argumentiert, daß im gegebenen Vergleichskontext diese Kategorisierung für die russischen Verhandlungsführer mit einer Aufwertung verbunden ist. Auf der Itemebene zeigt sich, daß sich russische und deutsche Verhandlungsführer in bezug auf das Item „Rußland sollte in die Europäische Gemeinschaft aufgenommen werden" unterscheiden. Während die russischen Verhandlungsführer die Aufnahme favorisieren, lehnen die deutschen Verhandlungsführer die Aufnehme Rußlands in die EU eher ab (M= 1.8 *versus* -.87, $T(292)$= -12.2, $p< .001$). Es ist somit anzunehmen, daß die russischen Verhandlungsführer von den Mitgliedern der Europäischen Union und somit auch von den Deutschen akzeptiert werden wollen. Daher ist es für die russischen Verhandlungsführer nicht funktional, Konflikte zu betonen, was damit verbunden wäre, Ansprüche zu stellen. Vielmehr sollten die russischen Verhandlungsführer den Eindruck hervorrufen, daß sie keine Bedrohung darstellen und daß die Beziehung zu den Deutschen positiv gewertet werden kann.[42]

Einen weiteren Hinweis darauf, warum die russischen Verhandlungsführer die Verhandlungen als nicht konflikthaft beurteilen, liefert Jadow (1999). Die Notwendigkeit, das Überleben zu sichern, erfordert die pragmatische Tendenz, die Beziehungen mit Personen, von denen man abhängig ist, nicht zu verderben (Jadow, 1999). Sollte diese Erklärung zutreffen, reflektiert der *gemessene* „wahrgenommene Konflikt" nicht den *tatsächlich* „wahrgenommenen Konflikt".

Eine weitere Erklärung wäre, daß die russischen Verhandlungsführer aufgrund der täglichen zu bewältigenden Schwierigkeiten eine höhere Toleranzschwelle für Situationen besitzen, die sie als konflikthaft bewerten.

Für die Zukunft gilt, daß (zusätzlich) indirekte Maße für den Konflikt erarbeitet werden müssen (s. 8.7 Ausblick, 182), um darüber zu entscheiden, ob die russischen Verhandlungsführer die Verhandlungen tatsächlich als weniger konflikthaft erleben.

Unabhängig jedoch davon, warum russische und deutsche Verhandlungsführer die Verhandlungen in unterschiedlichem Maße als konflikthaft beurteilen, zeigt sich, daß gerade in diesem Punkt der Konflikt besteht. Denn Konflikte sind dann gegeben, wenn mindestens eine der Konfliktparteien einen Konflikt wahrnimmt.

Für die Bewertung der Zusammenhänge zwischen „wahrgenommenem Konflikt" und den Stereotypisierungsfunktionen in der russischen Stichprobe bedeutet

[42] Der russische Konfliktforscher Kremenyuk (1994) führt das Leugnen von politisch-gesellschaftlichen Konflikten auf die kommunistische Doktrin zurück. Nach dieser Doktrin war eine friedliche Koexistenz anzustreben. Konflikte, die das Bild einer friedlichen Koexistenz in Frage stellten, wurden geleugnet, um nicht die Diskrepanz zwischen Ideal und Wirklichkeit zu offenbaren. Da es keine Konflikte geben durfte, enstand auch keine Tradition der Konfliktbearbeitung.

dies, daß nichtsignifikante Zusammenhänge nicht zwingenderweise Rückschlüsse auf die Bedeutung der jeweiligen Stereotypisierungsfunktion erlauben.

8.4.2 Definition des Verhandlungserfolges

Es wurde untersucht, aufgrund welcher Kriterien russische und deutsche Verhandlungsführer den „wahrgenommenen Verhandlungserfolg" definieren.

Sowohl für die russischen als auch die deutschen Verhandlungsführer war das wichtigste Kriterium für Verhandlungserfolg die Übereinkunft (Vertragsabschluß), für die russischen Verhandlungsführer noch etwas mehr als für die deutschen.

Auch stimmen russische und deutsche Verhandlungsführer in bezug auf das zweitwichtigste Kriterium überein, die Stabilität der Zusammenarbeit, jedoch ist diese für die deutschen Verhandlungsführer wichtiger als für die russischen Verhandlungsführer. Das drittwichtigste Kriterium, Verteilung von Gewinnen und Kosten zu den eigenen Gunsten, trennt nur erfolgreichere und weniger erfolgreiche russische Verhandlungsführer voneinander, jedoch nicht erfolgreichere und weniger erfolgreiche deutsche Verhandlungsführer.

Es fällt auf, daß die relevanten Kriterien sich auf die Bewertung des Verhandlungs*ergebnisses* beziehen. Hingegen spielen die Kriterien, die sich auf die Bewertung des Verhandlungs*prozesses* beziehen, wie die Effizienz und der Abstand von den Ausgangspositionen, weder für die russischen noch für die deutschen Verhandlungsführer eine wichtige Rolle für die Bestimmung des Verhandlungserfolges.

Weiterhin ist vor dem Hintergrund der Theorie der sozialen Identität (Tajfel & Turner, 1986) zunächst erstaunlich, daß sich die russischen Verhandlungsführer im Gegensatz zu den deutschen Verhandlungsführern bei der Definition einer erfolgreichen Verhandlung an dem Kriterium der „Verteilung von Gewinn und Kosten zu den eigenen Gunsten" orientieren. Die Theorie der sozialen Identität geht von unterschiedlichen Strategien aus, um für die eigene Gruppe positive Distinktheit herzustellen. Dazu gehört sowohl die bessere Bewertung der eigenen Gruppe auf bestimmten Merkmalsdimensionen als auch die Bevorzugung der eigenen Gruppe bei der Verteilung von Gewinn. Während die deutschen Verhandlungsführer eine stärkere Bevorzugung der Eigengruppe in bezug auf die Bewertung des eigenen Verhandlungsverhaltens und somit in bezug auf den Prozeß demonstrierten, zeigen die russischen Verhandlungsführer die Bevorzugung der eigenen Gruppe in bezug auf die Verteilung von Gewinnen und Kosten zu den eigenen Gunsten. Für diese Ergebnisse können unterschiedliche Erklärungen herangezogen werden:

1. die situationsabhängige Relevanz der Strategien, „positive nationale" bzw. „nationale Identität herzustellen",
2. die Bezugskategorie,
3. die Vorstellungen von Gewinn und
4. die makroökonomischen Bedingungen.

Diese Erklärungen müssen sich jedoch nicht gegenseitig ausschließen, sondern können als komplementär betrachtet werden.

Als erste Erklärung wurde die situationsabhängige Relevanz der Strategien angeführt. Nach der Theorie der sozialen Identität versuchen Personen bei einer Wahrnehmung von illegitimen aber veränderbaren Statusbeziehungen, diese durch sozialen Wettbewerb zu verändern. Eine Möglichkeit, die Statusbeziehungen, die sich auf wirtschaftliche Stärke stützen, zu verändern, besteht darin, einen höheren Gewinn und geringere Kosten als die andere Gruppe zu erreichen.

Es ist jedoch auch in Betracht zu ziehen, daß sich bei der Definition des Gewinns die Vergleichskategorie ändern kann. So ist zu unterscheiden zwischen der nationalen Kategorie „Russe" oder „Deutscher", auf die sich die Beurteilung des Verhandlungsverhaltens richtet, und der Beurteilung des Erfolges des konkreten eigenen Unternehmens, das möglicherweise die Befragten mit aufgebaut haben (Radaew, 1993, Saslawskaja, 1999; Schkataran & Radaew, 1995).

Eine dritte Erklärungsmöglichkeit könnte in einer unterschiedlichen Definition von Gewinn zu finden sein: Möglicherweise zeigt sich hier das etwas andere Verständnis von Gewinn in Rußland, das von der westlichen marktwirtschaftlichen Definition abweicht, oder auch die fehlende Bezugsgröße dafür, was als Gewinn betrachtet werden kann (Jadow, 1999). Erfolg, der sich über den Wettbewerb definiert, führt zu einem stärkeren Null-Summen-Denken. Dieses wird von Personalberatern als in Rußland vorherrschend berichtet (Keil-Gurov, 1995, Schmidt, 1996).

Zuletzt sind auch die makroökonomischen Bedingungen zu berücksichtigen. Sowohl russische als auch deutsche Verhandlungsführer erachten das Ziel, eine langfristige Zusammenarbeit aufzubauen, für wichtig. Für die deutschen Verhandlungsführer hat aber das Kriterium der Stabilität der zukünftigen Zusammenarbeit eine größere Bedeutung für die Definition des „wahrgenommenen Verhandlungserfolges". Dieses Ergebnis deckt sich mit den unterschiedlichen Zielsetzungen, die eine stabile, gesättigte Gesellschaft wie die Bundesrepublik Deutschland, und eine instabile Transformationsgesellschaft wie die der Russischen Föderation hervorbringen. In Interviews mit der Geschäftselite Rußlands zeigte sich zum Beispiel, daß sie sich stets bewußt ist, von einem Tag auf den anderen ihren schnell erworbenen Reichtum auch wieder verlieren zu können (z. B. Tschirikowa, 1997).

8.4.3 Herstellen nationaler Identität oder positiver nationaler Identität?

Zunächst wurde untersucht, inwiefern eine Ursache für Konflikte in der Herstellung und Aufrechterhaltung der nationalen Identität der Verhandlungsführer zu suchen ist. Auf der Grundlage der Theorie der Selbstkategorisierung (Turner et al., 1987) wurde angenommen, daß Verhandlungsführer, die stärker dazu tendieren, ihre *nationale Identität* in Verhandlungen *herzustellen und aufrechtzuerhalten*, diese als konflikthafter und weniger erfolgreich wahrnehmen. Es wurden drei Unterkonstrukte für die Stereotypisierungsfunktion, „nationale Identität herzustellen", formuliert: „Betonung der Unterschiede zwischen russischem und deutschem Verhandlungsstil", „wahrgenommene Prototypizität des eigenen Verhandlungsstils" und „Kategorisierung auf einer übergeordneten Inklusionsebene". Es wurde erwartet, daß ein negativer Zusammenhang zwischen den Unterkonstrukten „Betonung der Unterschiede" und „wahrgenommene Prototypizität" einerseits und dem Unterkonstrukt „Kategorisierung auf einer übergeordneten Inklusionsebene" andererseits besteht.

Während für die deutschen Verhandlungsführer gezeigt werden konnte, daß die Stereotypisierungsfunktion, „nationale Identität herzustellen", sowohl einen signifikanten Anteil der Varianz des „wahrgenommenen Konfliktes" als auch einen signifikanten Anteil der Varianz des „wahrgenommenen Verhandlungserfolges" aufklärt, leistet diese Stereotypisierungsfunktion keine signifikante Varianzaufklärung für die russische Stichprobe. Das läßt darauf schließen, daß sich russische und deutsche Verhandlungsführer in bezug auf die Stereotypisierungsfunktion, „nationale Identität herzustellen", unterscheiden.

Folgende Ergebnisse weisen auf *Unterschiede im Identitätsmanagement und somit in der Stereotypisierungsfunktion, „nationale Identität herzustellen"*, hin:

Während beide Stichproben Unterschiede zwischen russischem und deutschem Verhandlungsstil betonen, nehmen sich die deutschen Verhandlungsführer prototypischer wahr, und die russischen Verhandlungsführer kategorisieren sich im stärkeren Maße auf einer übergeordneten Inklusionsebene.

Auch die Zusammenhänge zwischen den Unterkonstrukten der Stereotypisierungsfunktion, „nationale Identität herzustellen", unterscheiden sich: Zwar geht, wie erwartet, sowohl für die russische als auch die deutsche Stichprobe die „Kategorisierung auf einer übergeordneten Inklusionsebene" mit einer reduzierten „Betonung der Unterschiede zwischen russischem und deutschem Verhandlungsstil" einher. Jedoch konnten nur für die deutschen Verhandlungsführer die Annahmen bestätigt werden, daß die „wahrgenommene Prototypizität" bei einer „Kategorisierung auf der übergeordneten Inklusionsebene" abnimmt und mit der „Betonung der Unterschiede" zwischen den Gruppen zunimmt.

Möglicherweise greifen die kognitiven Erklärungen der Selbstkategorisierungs-Theorie hier zu kurz. Da in der russischen Stichprobe im Gegensatz zur deutschen Stichprobe kein positiver Zusammenhang zwischen der „Betonung der Unterschiede" zwischen den Gruppen und der „wahrgenommenen Prototypizität" besteht, ist anzunehmen, daß nicht die Salienz der Intergruppensituation allein dazu führt, daß sich die Verhandlungsführer auch als typische Vertreter ihrer Gruppe definieren. Als vermittelnder Faktor ist die kontextuelle positive Bewertung der sozialen Identität anzunehmen, die die soziale Identifikation fördert. Die soziale Identifikation wird wiederum als motivationale Voraussetzung für die „wahrgenommene Prototypizität" angesehen (vgl. Spears, Doosje & Ellemers, 1997). Somit muß auf die motivationalen Annahmen der Theorie der sozialen Identität (Tajfel & Turner, 1986) zurückgegriffen werden. Zahlreiche Belege dieser Untersuchung weisen darauf hin, daß die deutschen Verhandlungsführer durch die „Betonung der Unterschiede" die eigenkulturellen Verhandlungsführer gegenüber den fremdkulturellen Verhandlungsführern aufwerten und somit die fremdkulturellen Verhandlungsführer abwerten (positive soziale Distinktheit herstellen). So zeigte sich,

- daß die deutschen Verhandlungsführer über die „Betonung der Unterschiede" positive soziale Distinktheit herstellen, nicht jedoch die russischen Verhandlungsführer,
- daß sich die Verhandlungsführer tendenziell auf den Verhandlungsdimensionen prototypisch wahrnehmen, auf denen sie die eigenkulturellen Verhandlungsführer positiver bewerten als die fremdkulturellen Verhandlungsführer.

Die Ergebnisse, daß nur die deutschen Verhandlungsführer positive nationale Distinktheit herstellen und daß das Herstellen von positiver nationaler Distinktheit mit „wahrgenommener Prototypizität" einhergeht, können erklären, warum sich mit der „Kategorisierung auf einer übergeordneten Inklusionsebene" zwar für beide Stichproben die „Betonung der Unterschiede" reduziert, nicht jedoch die „wahrgenommene Prototypizität": Für die deutschen Verhandlungsführer wird mit einer geringeren „Betonung der Unterschiede" auch die positive nationale Distinktheit verringert. Bei einer „Kategorisierung auf einer übergeordneten Inklusionsebene" reduziert sich für sie nicht nur die „Betonung der Unterschiede", sondern auch die „wahrgenommene Prototypizität". Hingegen verändert sich die positive nationale Distinktheit für die russischen Verhandlungsführer nicht, wenn sie die Unterschiede schwächer betonen. Daher ist es logisch, daß für sie mit der „Kategorisierung auf einer übergeordneten Inklusionsebene" zwar die „Betonung der Unterschiede" abnimmt, nicht jedoch die „wahrgenommene Prototypizität".

Folglich stellen die deutschen Verhandlungsführer *positive nationale* Identität über die Stereotypisierung her. Da die russischen Verhandlungsführer den eigenkulturellen Verhandlungsstil nicht besser bewerten als den fremdkulturellen Verhandlungsstil, stellen sie keine positive nationale Identität her. Da sie jedoch die Unterschiede zwischen russischem und deutschem Verhandlungsstil im gleichen Maß betonen wie die deutschen Verhandlungsführer, stellen sie ebenfalls *nationale Identität* her. Da sie ebenfalls versuchen, sich selbst positiv zu bewerten, stellen sie *positive Identität* über die Stereotypisierung her.

Bei der Herstellung *positiver nationaler Identität* sind jedoch aus zwei Gründen eine Zunahme des „wahrgenommenen Konfliktes" und eine Abnahme des „wahrgenommenen Verhandlungserfolges" zu erwarten. *Erstens* werden bei der Herstellung positiver nationaler Identität die fremdkulturellen Verhandlungsführer abgewertet. Folglich sind affektive Konflikte zu erwarten. Affektive Konflikte beeinträchtigen sowohl die Effizienz als auch die Effektivität der Zusammenarbeit (Amason & Schweiger, 1997; Jehn, 1997).

Zweitens bedeutet die Herstellung positiver nationaler Identität zwangsweise eine Wettbewerbsorientierung. Wettbewerbsorientierungen in Verhandlungen zeigen sich darin, daß der Gewinn einer Partei gleichzeitig auch immer als Verlust der anderen Partei betrachtet wird (Win-Lose-Orientierung). Bei dieser Win-Lose-Orientierung werden integrative Problemlösungen vernachlässigt, so daß sich die Wahrscheinlichkeit eines maximalen gemeinsamen Profites verringert (Pruitt & Carnevale, 1993; Thomas, 1992).

Überträgt man diese zwei Erklärungen auf diese Untersuchung lassen sich die unterschiedlichen Ergebnisse für die russischen und die deutschen Verhandlungsführer folgendermaßen erklären:

Wenn für die deutschen Verhandlungsführer die Herstellung nationaler Identität mit der Herstellung *positiver* nationaler Identität einhergeht, sollten sie auch mit zunehmender Herstellung nationaler Identität die deutsch-russischen Wirtschaftsverhandlungen als konflikthafter und weniger erfolgreich wahrnehmen, wie dies in dieser Untersuchung gezeigt wurde. Wenn für die russischen Verhandlungsführer die Herstellung nationaler Identität nicht zwingenderweise mit der Herstellung *positiver* nationaler Identität einhergeht, dann ist auch plausibel, daß sich kein Zusammenhang zwischen der Herstellung nationaler Identität einerseits und „wahrgenommenem Konflikt" und „wahrgenommenem Verhandlungserfolg" andererseits zeigt.

In diesem Kontext scheinen die motivationalen Annahmen der Theorie der sozialen Identität die Ergebnisse besser zu erklären als die rein kognitiven Annahmen der Theorie der Selbstkategorisierung. Inwiefern „wahrgenommener Konflikt" und insbesondere „wahrgenommener Verhandlungserfolg" in internationalen Verhandlungen besser durch die Erfüllung der Stereotypisierungsfunktion, „*positive* nationale Identität herzustellen", vorhergesagt und erklärt werden können als durch die Stereotypisierungsfunktion, „nationale Identität herzustellen", muß in Folgeuntersuchungen geklärt werden.

Bisher wurden die Ergebnisse aus einer allgemeinen Perspektive betrachtet, um zu nomothetischen Aussagen zu gelangen, wie sie in den Theorien der sozialen Identität und der Selbstkategorisierung formuliert werden. Die Ergebnisse sollen jedoch auch *vor dem Hintergrund von Studien zur aktuellen gesellschaftlichen Situation* beleuchtet werden. Stützen aktuelle Studien die Ergebnisse, daß die russischen Verhandlungsführer im gegebenen Vergleichskontext keine positive nationale Identität herstellen und daß ihre „wahrgenommene Prototypizität" als Indikator für die nationale Identifikation instabil ist? Des weiteren ist interessant, ob sie Erklärungen für diese Ergebnisse anbieten.

Zunächst soll von Studien berichtet werden, die sich auf die negative soziale Identität der russischen Unternehmer und Manager sowie ihre geringe „wahrgenommene Prototypizität" beziehen. Im Anschluß daran soll die Instabilität der wahrgenommenen Prototypizität für die russischen Manager und Unternehmer beleuchtet werden.

In Studien zum Ost-West-Vergleich werden östliche Gruppen meist als statusniedriger eingeschätzt. Diese statusniedrigere Einschätzung zieht zwar nicht immer eine globale negative soziale Identität mit sich, aber doch zumindest eine negative soziale Identität auf den statusrelevanten Vergleichsdimensionen (Dietze & Lettgen, 1994; Haeger, Mummendey, Mielke, Blanz & Kanning, 1996; Kanning & Mummendey, 1993; Leuschner, 1996). Zusätzlich zum Ost-West-Vergleich spricht der Kontext deutsch-russischer Wirtschaftsverhandlungen die Vergleichsdimension wirtschaftliche Stärke direkt an. Auf dieser Dimension wird Rußland aufgrund seiner zurückgehenden Produktion, der Inflation, des Börsenkrachs, ausstehender Löhne, Korruption, krimineller Verflechtungen im Vergleich zum Westen wesentlich negativer bewertet (vgl. Karaganow et al., 1997; Saslawskaja, 1999, Torgogo Promyschlennaja Palata [Russische Industrie- und Handelskammer], 1997, 1998). Da es sich bei der Schicht der Manager und Unternehmer in Rußland um eine neu entstandene Gesellschaftsschicht in Rußland handelt, (auch wenn sie bereits vor der Oktoberrevolution in Rußland existierte), existiert noch kein einheitliches Stereotyp und kein eindeutiger Status. Häufig werden die russischen Unternehmer und Manager sowohl von der eigenen als auch von der fremden Bevölkerung negativ bewertet: Sie werden mit der Mafia und illegitimer Bereicherung assoziiert (Karaganow et al., 1997; Saslawskaja, 1999).

In persönlichkeitspsychologischen Untersuchungen Jadows et al. (1999) zeigte sich, daß russische Unternehmer und Manager relativ untypische Russen sind. Im Gegensatz zur Mehrheit besitzen sie eine stärkere interne Kontrollüberzeugung und geringere Konformität, sie sind individualistischer und aktiver als die Mehrheit der Russen.

Sowohl die Untersuchungen in bezug auf die negative soziale Identität russischer Unternehmer und Manager im deutsch-russischen Wirtschaftskontext als auch persönlichkeitspsychologische Untersuchungen sind konsistent mit Ergebnissen der vorliegenden Untersuchung, daß die russischen Verhandlungsführer sich stärker von ihrer eigenen Gruppe abgrenzen als die deutschen Verhandlungsführer und sich als weniger prototypisch oder sogar atypisch wahrnehmen.

Aufgrund der Untersuchungsergebnisse, daß die deutschen Verhandlungsführer positive nationale Identität herstellen, nicht jedoch die russischen Verhandlungsführer, läßt sich nicht auf die russische und deutsche Populationen im Allgemeinen schließen. Nach einer Studie Lewadas (1999) stellt der zweite Weltkrieg, der auch als der große vaterländische Krieg bezeichnet wird, und der Sieg über die Deutschen noch heute das wichtigste geschichtliche Ereignis für das russische Nationalbewußtsein dar. Die Studie impliziert, daß Russen sich auf dieser Vergleichsdimension den Deutschen überlegen betrachten.

Simon et al. (1995) zeigten, daß sich deutsche Studenten aufgrund ihrer negativen sozialen Identität stärker von der eigenen Gruppe abgrenzten als andere europäische Studenten, und erklärten diesen Befund unter Bezug auf Noelle-Neumann und Koecher (1987) und Elias (1992) mit den durch das Nazi-Deutschland begangenen Verbrechen.

Beide Studien unterscheiden sich von dieser Studie darin, daß eine andere Vergleichsdimension gewählt wird oder zumindest nicht die wirtschaftliche Vergleichsdimension expliziert wird. So unterscheidet sich die Studie von Simon et al. in zweierlei Hinsicht von dieser Studie. Hier wurde nicht das Maß der Selbststereotypisierung als Differenz zwischen Individuum und Eigengruppe verwendet. Vielmehr wurde mit der wahrgenommenen Prototypizität ein Maß für die Stereotypisierung der eigenen Person eingesetzt, das den kontextabhängigen Vergleich explizit macht. Zudem wurde der Vergleichskontext durch die zwei Nationen Deutschland-Rußland

und über den Wirtschaftsbereich definiert, der den sozialen Vergleich auf der Dimension wirtschaftliche Stärke impliziert und nicht über die Geschichte des zweiten Weltkrieges und des dritten Reiches. Es zeigte sich zwar auch, daß die deutschen Verhandlungsführer sich von der eigenen Gruppe abgrenzten, jedoch grenzten sie sich wesentlich stärker von den russischen Verhandlungsführern ab. Die Betrachtung der Selbststereotypisierung hätte hier irreführende Hinweise geliefert.
Hieraus können zwei Schlüsse gezogen werden:

1. Die Deutschen zeichnen sich nicht generell durch eine negative nationale Identität und durch eine stärkere Abgrenzung von der eigenen Gruppe aus, genausowenig wie sich die Russen generell durch eine negative nationale Identität auszeichnen, sondern die Bewertung der nationalen Identität hängt vom Vergleichskontext ab.
2. Der Vergleichskontext muß auch bei der Stereotypisierung der eigenen Person berücksichtigt werden. Das heißt erstens, die Bezugsgruppen, die die Stereotypisierung der eigenen Person über den sozialen Vergleich bestimmen, sollten miterfaßt werden. Zweitens bedeutet dies, daß inhaltliche Vergleichsdimensionen zusätzlich zu einem abstrakten Vergleich der wahrgenommenen Ähnlichkeit oder Unterschiedlichkeit sinnvoll sind.

Insgesamt konnte in zweierlei Hinsicht gezeigt werden, *wie kontextabhängig die soziale Identität und in der Folge auch die Stereotypisierung der eigenen Person ist.*

Die Untersuchung ergab nicht nur, daß die russischen Verhandlungsführer im geringeren Maße positive soziale Identität herstellten und sich weniger prototypisch wahrnahmen, sondern daß die *„wahrgenommene Prototypizität"* *instabil* war. So definieren die russischen Verhandlungsführer ihr Verhandlungsverhalten teilweise als prototypisch und teilweise nicht. Ihren globalen Verhandlungsstil beurteilen sie nicht als typisch russisch, während sie ihren situationsspezifischen Verhandlungsstil als leicht prototypisch wahrnehmen (M= -.06 versus .18, T(117)= -3,23, p< .005). Solche Veränderungen zeigen sich nicht bei den deutschen Verhandlungsführern (M= .51 versus .57, T(132)= -.75, p> .4). Auch dieses Ergebnis bedarf einer Erklärung.

Wie bedeutsam die wirtschaftliche Vergleichsdimension für eine stabile nationale Identifikation in Rußland ist, zeigen Studien Jadows (1999). Jadow identifiziert zwischen 1992 und 1994 vier Perioden stark wechselnder Identifikationen in Abhängigkeit von der wirtschaftlichen und politischen Situation Rußlands.

Hinzu kommt, daß Rußland einen Transformationsprozeß durchmacht, der neben der Auflösung des ehemaligen Sowjetimperiums auch die Übernahme westlicher Wirtschafts- und Demokratiemodelle einschließt. Dieser Prozeß ist mit einer Auflösung der herkömmlichen sozialen Kategorien und dem Entstehen neuer Kategorien verbunden. Auch die Identifikationen sind noch nicht stabil (Andreewa, 1999). Zuvor gab es eine klar vorgegebene hierarchische Kategorisierung mit der obersten Kategorie des „Sowjetmenschen". Heute ist zu beobachten, daß die Kluft zwischen der Identifikation mit ethnischer Nationalität und einer Identifikation mit dem Staat zugunsten der Nationalität auseinandergeht. Auch die Kluft zwischen der Identifikation mit dem kleinsten Kreis, der Familie und den Freunden im Gegensatz zu abstrakteren symbolischen Identifikationen nimmt zu (vgl. Andreewa, 1997, 1999, Gosman, 1993, 1997, Jadow, 1999, Saslawskaja, 1999).

Fazit

Stereotype des Verhandlungsverhaltens in deutsch-russischen Verhandlungen dienen nicht nur der „Funktion, nationale Identität herzustellen“, sondern auch der „Funktion, *positive* nationale Identität herzustellen“. Möglicherweise ist die „Funktion, positive nationale Identität herzustellen“, nicht nur bedeutsamer für die Erklärung des Identitätsmanagements, sondern auch für die Erklärung von „wahrgenommenem Verhandlungserfolg“ in deutsch-russischen Wirtschaftsverhandlungen. Weitere Studien sind jedoch notwendig, um diese Annahme zu erhärten. Hier würde die Theorie der sozialen Identität eine bessere Erklärung der Zusammenhänge leisten als die Theorie der Selbstkategorisierung. Dabei ist das Identitätsmanagement und folglich auch die Stereotypisierung der eigenen Person kontextabhängig: Beide hängen ab von der Vergleichsdimension und der Bezugskategorie. In dem hier gegebenen Kontext deutsch-russischer Wirtschaftsverhandlungen konnte gezeigt werden, daß die Dimensionen des Verhandlungsverhaltens bedeutsam sind, um *nationale* Identität, *positive personale* Identität und *positive nationale* Identität herzustellen“.

Darüber hinaus war das Ziel, ausgehend von der Identifikation von Ursachen für „wahrgenommenen Konflikt“ in deutsch-russischen Wirtschaftsverhandlungen Erfolgsfaktoren zu formulieren. Es konnte gezeigt werden, daß Verhandlungsführer, die die fremdkulturellen Verhandlungsführer in geringerem Maße abwerten und sich selbst als weniger prototypisch wahrnehmen, deutsch-russische Wirtschaftsverhandlungen als erfolgreicher beurteilten.

8.4.4 Herstellen von Konsens über die Beziehung zwischen den Gruppen

Es wurde davon ausgegangen, daß über Stereotypisierung auch „Konsens oder Dissens über die Beziehung zwischen den Gruppen“ hergestellt wird, wie zum Beispiel über die Statusrelation. Ein „Konsens über die Beziehung zwischen der Gruppe der russischen Geschäftsleute und der Gruppe der deutschen Geschäftsleute“ wäre dann gegeben, wenn das russische und das deutsche Stereotyp vom russischen Verhandlungsverhalten übereinstimmen, oder umgekehrt, wenn das deutsche und das russische Stereotyp vom deutschen Verhandlungsverhalten übereinstimmen. Im Rahmen dieser Untersuchung interessiert, inwiefern Unterschiede im „Stereotypenkonsens“ sich auf den „wahrgenommenen Konflikt“ und den „wahrgenommenen Verhandlungserfolg“ auswirken. Es wurde erwartet, daß auch eine Infragestellung des Stereotyps der eigenen Gruppe affektive Konflikte auslöst, welche sich negativ auf den Verhandlungserfolg auswirken. Daher wurde erwartet, daß mit zunehmendem „Stereotypenkonsens“ der „wahrgenommene Konflikt“ abnimmt und der „wahrgenommene Verhandlungserfolg“ zunimmt.

Für die deutschen Verhandlungsführer wurde die Erwartung bestätigt, daß mit zunehmendem „*Konsens*" der „wahrgenommene Konflikt" abnimmt. Jedoch zeigte sich für die deutschen Verhandlungsführer kein Zusammenhang zwischen „Konsens" und „wahrgenommenem Verhandlungserfolg". Hingegen zeigte sich für die russischen Verhandlungsführer der erwartete Zusammenhang, daß mit dem „Konsens über die Stereotype" auch der „wahrgenommene Verhandlungserfolg" zunimmt, jedoch nicht der erwartete Zusammenhang zwischen „Konsens" und „wahrgenommenem Konflikt".

Diese Ergebnisse sollen vor dem Hintergrund der Annahme diskutiert werden, daß Personen sich nicht nur über ihre individuellen Merkmale definieren, sondern auch über die Merkmale, die ihrer Gruppe zugeschrieben werden (Stereotype). Diese Annahme wurde nur bedingt bestätigt. Die deutschen Verhandlungsführer definieren sich ohne Zweifel über das Stereotyp der deutschen Verhandlungsführer, nicht jedoch die russischen Verhandlungsführer über das Stereotyp der russischen. Daher sollte es für die russischen Verhandlungsführer wichtiger sein, daß ihre Fremdstereotype mit den deutschen Eigenstereotypen übereinstimmen. In anderen Worten: Es ist anzunehmen, daß es für die russischen Verhandlungsführer wichtig ist, das Eigenstereotyp der deutschen Verhandlungsführer zu bestätigen. Diese Annahme wurde für das Kriterium „wahrgenommener Verhandlungserfolg" auch bestätigt, wenn auch nicht für das Kriterium „wahrgenommener Konflikt".[43] Da die russischen Verhandlungsführer sich jedoch teilweise vom Eigenstereotyp der russischen Verhandlungsführer abgrenzen, könnte man erwarten, daß für die deutschen Verhandlungsführer die Bestätigung des russischen Eigenstereotyps unbedeutend ist. Trotzdem zeigt sich für die deutschen Verhandlungsführer der erwartete Zusammenhang zwischen „Konsens" und „wahrgenommenem Konflikt", wenn auch nicht zwischen „Konsens" und „wahrgenommenem Verhandlungserfolg". Eine mögliche Erklärung für das Ergebnis könnte folgende sein: Auch wenn sich die russischen Verhandlungsführer vom Stereotyp des Verhandlungsstils ihrer eigenen Gruppe abgrenzen, steht es den deutschen Verhandlungsführern nicht zu, das Stereotyp vom russischen Verhandlungsstil zu bestimmen. Schließlich macht es immer noch einen Unterschied, ob ich über meine eigene Gruppe urteile oder ob fremde Personen über meine Gruppe urteilen. Hinweise auf die Berechtigung einer solchen Erklärung gibt eine Untersuchung von Simon (1995): So grenzen sich Mitglieder der Minderheit unter Bedingungen, die keine Bedrohung für die eigene Gruppe darstellen, vom negativen Gruppenstereotyp ab. Diese Strategie dient der Herstellung positiver Identität. Wird jedoch

---

[43] Daß sich für die russischen Verhandlungsführer kein Zusammenhang zwischen Konsens über die Stereotype und „wahrgenommenen Konflikt" ergibt, ist aufgrund der vorhergehenden Diskussion nicht erstaunlich (s. 8.4.3 Herstellen nationaler Identität oder positiver nationaler Identität?, S. 164). Da die russischen Urteile über den Konflikt möglicherweise nicht die bestehenden Konflikte reflektieren, bildet der Zusammenhang zwischen der Erfüllung der Stereotypisierungsfunktionen mit „wahrgenommenen Konflikt" keinen bedeutsamen Indikator, um über die Bedeutsamkeit der Stereotypisierungsfunktionen für die russischen Verhandlungsführer zu urteilen.

die Behandlung der eigenen statusniedrigeren Gruppe durch andere Gruppen bewußt, dann stereotypisieren sich die Minderheitsmitglieder in größerer Übereinstimmung mit dem Gruppenstereotyp.[44]

Generell kann somit geschlußfolgert werden, daß eine konsensuale Beziehungsdefinition aufgrund der Gruppenzugehörigkeit bedeutsam ist, sogar wenn sich die fremdkulturellen Verhandlungsführer, wie im Fall der russischen Verhandlungsführer, nicht als prototypisch definieren.

8.4.5 Vorhersage des von den fremdkulturellen Verhandlungsführern bevorzugten Verhandlungsverhalten

Es wurden Hypothesen über die Bedeutung der „Verhaltensvorhersage über Stereotypen" für den „wahrgenommenen Konflikt" und den „wahrgenommenen Verhandlungserfolg" in deutsch-russischen Wirtschaftsverhandlungen aufgestellt. Diese Hypothesen basieren auf der Theorie Interkultureller Kommunikationskompetenz (Gudykunst, 1993), auf dem Ansatz der Normenverletzung von DeRidder & Tripathi (1992) und auch auf empirischen Ergebnissen zur Einschätzung des Verhandlungspartners in interpersonalen Verhandlungen (Arunalcham & Dilla, 1995; Thompson, 1990a, 1990b; Thompson & De Harpport, 1994).

Gudykunst geht davon aus, daß mit einer genaueren Kenntnis der kulturellen Gemeinsamkeiten und Unterschiede die kognitive und emotionale Unsicherheit in der Interaktion mit fremdkulturellen Verhandlungspartnern abnimmt und die Effektivität der Kommunikation zunimmt.

DeRidder & Tripathi (1992) erwarten, daß bei Unterschieden in den kulturellen Normen diese Normen in interkulturellen Begegnungen verletzt werden. In der Folge kommt es zu Mißverständnissen und Konflikten. Diese können jedoch bei Kenntnis der fremdkulturellen Normen vermieden werden.

Aus diesen Ansätzen wurde abgeleitet, daß mit zunehmender Genauigkeit der „Vorhersage des von den fremdkulturellen Verhandlungsführern bevorzugten Verhandlungsverhaltens" der „wahrgenommene Konflikt" abnimmt und der „wahrgenommene Verhandlungserfolg" zunimmt.

Da sowohl für die russischen als auch für die deutschen Verhandlungsführer die Hypothesen bestätigt wurden, daß mit zunehmender *Genauigkeit der „Verhaltensvorhersage"* der „wahrgenommene Konflikt" abnimmt und der „wahrgenommene Verhandlungserfolg" zunimmt, scheint die Stereotypisierungsfunktion, „das von den fremdkulturellen Verhandlungsführern bevorzugte Verhandlungsverhalten vorherzusagen", für russische und deutsche Verhandlungsführer gleichermaßen bedeutsam zu

[44] In entsprechender Weise interpretierten auch Mlicki und Ellemers (1996) ihre Ergebnisse zum Eigen- und Fremdstereotyp polnischer und niederländischer Studenten. Die starke Identifikation mit einem negativ bewerteten nationalen Stereotyp auf der Seite der polnischen Studenten erklären sie über die fortwährende geschichtliche Bedrohung durch die umgebenden Großmächte.

sein. Über diesen Zusammenhang hinaus sollte noch die zusätzliche Erklärungsleistung der Stereotypisierungsfunktion der „Verhaltensvorhersage" zu den anderen Stereotypisierungsfunktionen analysiert werden.

8.4.6 Gewichtung der drei Stereotypisierungsfunktionen

Es wurde der Frage nachgegangen, welches Gewicht die Stereotypisierungsfunktionen für die Aufklärung der Varianz des „wahrgenommenen Konfliktes" und „wahrgenommenen Verhandlungserfolges" in deutsch-russischen Wirtschaftsverhandlungen haben. Dabei sollte berücksichtigt werden, ob die Stereotypisierungsfunktionen, „Konsens über die Beziehungsdefinition herzustellen" (Konsens) und das „von den fremdkulturellen Verhandlungsführern bevorzugte Verhandlungsverhalten vorherzusagen" (Verhaltensvorhersage), zusätzlich zu der Stereotypisierungsfunktion, „nationale Identität herzustellen" (nationale Identität), Varianz aufklären. Auf der Grundlage der Annahmen der Selbstkategorisierungstheorie (Turner, 1991) zum Sozialen Einfluß kann erwartet werden, daß Personen, die sich auf einer übergeordneten Inklusionsebene kategorisieren, ihre Stereotype über die andere Gruppe stärker in Interaktion mit dieser Gruppe validieren, während Personen, die im stärkeren Maße nationale Identität herstellen, ihre Fremdstereotype stärker im Austausch mit Mitgliedern der Eigengruppe überprüfen. Daher sind positive Zusammenhänge zwischen den Stereotypisierungsfunktionen zu erwarten. Diese positiven Zusammenhänge wurden auch bestätigt. Wenn diese positiven Zusammenhänge zwischen den Konstrukten bestehen, stellt sich die Frage, inwiefern die drei Stereotypisierungsfunktionen eine eigenständige Varianzaufklärung leisten. Eine zusätzliche Varianzaufklärung zu der Stereotypisierungsfunktion, „nationale Identität herzustellen", wäre erstrebenswert, um den Aufwand bei der Erhebung der Stereotypisierungsfunktionen der „Konsensherstellung" und der „Verhaltensvorhersage" zu rechtfertigen.

Die statistischen Analysen ergaben folgende Ergebnisse: Für die russischen Verhandlungsführer findet für das Kriterium des *„wahrgenommenen Konfliktes"* keine ausreichende Varianzaufklärung statt, während für die deutschen Verhandlungsführer die Erfüllung der Stereotypisierungsfunktionen „Herstellen nationaler Identität" und „Verhaltensvorhersage" 19 Prozent der Varianz des „wahrgenommenen Konfliktes" aufklärt.

Während in der russischen Stichprobe die Erfüllung der Stereotypisierungsfunktion „Konsens" vier Prozent der Varianz des Kriteriums *„wahrgenommener Verhandlungserfolg"* aufklärt, leistet in der deutschen Stichprobe die Erfüllung der Stereotypisierungsfunktion „nationale Identität" sieben Prozent an Varianzaufklärung.

Hier sollen nun der Anteil der Varianzaufklärung sowie die Bedeutung der Prädiktoren und die Unterschiede der Ergebnisse für die russische und die deutsche Stichprobe diskutiert werden.

Auf den ersten Blick erscheint der *Anteil der Varianzaufklärung für den „wahrgenommenen Verhandlungserfolg"* sehr gering, im insbesonderen vor dem Hintergrund, daß es sich bei dem „wahrgenommenen Verhandlungserfolg" um ein subjektives Maß handelt. Daher wäre zu erwarten, daß psychologische Faktoren eine größere Varianzaufklärung leisten. Andererseits stützt sich der subjektive Verhandlungserfolg auf objektive Kriterien. Wenn der „wahrgenommene Verhandlungserfolg" objektive Kriterien reflektiert, so können vier Prozent Varianzaufklärung sehr viel bedeuten. Die Erwartung, daß psychologische Faktoren die Erklärung von Verhandlungserfolg durch andere primär betriebswirtschaftliche oder volkswirtschaftliche Faktoren wie Angebot und Nachfrage, Qualität und Konkurrenz oder auch politische und wirtschaftliche Instabilität ersetzen können, ist meiner Meinung nach unrealistisch. Geht man davon aus, daß der „wahrgenommene Verhandlungserfolg" den objektiven Verhandlungserfolg erfaßt, so stellt sich die Frage, was eine Varianzaufklärung von vier oder sieben Prozent bedeutet. Bedeuten vier Prozent zum Beispiel vier Prozent des Gewinns, so läßt sich folgende Überlegung anstellen: Wenn ein Vertrag über 100.000 DM abgeschlossen wird, sind das 4.000 DM, bei einem Vertrag über eine Million 40.000 DM. Wenn man aufrechnet, welche Kosten durch ein effizientes Training oder durch eine gerichtete Auswahl der Mitarbeiter entstehen und welche Kosten auf lange Sicht erspart bleiben, können vier Prozent sehr viel bedeuten. Somit steht und fällt die Bedeutung der Varianzaufklärung mit der Antwort, wie gut der „wahrgenommene Verhandlungserfolg" mit objektiven Kriterien wie zum Beispiel dem tatsächlichen Gewinn übereinstimmt. Diese Frage kann hier jedoch nicht eindeutig geklärt werden.

Die *Aufklärung der Varianz des „wahrgenommenen Konfliktes"* in deutsch-russischen Wirtschaftsverhandlungen ist mit 19 Prozent schon wesentlich höher als die Aufklärung des „wahrgenommenen Verhandlungserfolges". Ohne Zweifel ist eine Varianzaufklärung von 19 Prozent bedeutsam. Trotzdem könnte man kritisch nach den Variablen fragen, die die restlichen 81 Prozent der Varianz des „wahrgenommenen Konfliktes" erklären. Eine Verhandlung ist jedoch nichts anderes als Konfliktmanagement. Es liegt im Wesen von Wirtschaftsverhandlung, daß die teils widersprüchlichen, teils komplementären Sachinteressen abgeglichen werden müssen. Häufig wird ein Primat ökonomischer Rationalität angesetzt. Insofern erscheinen knapp 20 Prozent der Varianzaufklärung des „wahrgenommenen Konfliktes" als ein recht beträchtlicher Anteil. Schließlich wäre es nicht plausibel, wenn die Konflikte in wirtschaftlichen Verhandlungen ausschließlich affektiver Art wären und wenn der Verhandlungserfolg ausschließlich von der interkulturellen Kompetenz abhinge. Trotzdem ist es möglich, daß Verhandlungen aufgrund dysfunktionaler Stereotypen scheitern.

Bei der Generalisierung der Ergebnisse auf die Population der russischen und deutschen Verhandlungsführer muß beachtet werden, daß die Stichprobe zwangsweise verzerrt ist. Die Personen, die an der Untersuchung teilgenommen haben, sind vermutlich besonders kooperativ und auch an der anderen Kultur interessiert. Auch konnten die Personen nicht erfaßt werden, die aufgrund von Mißerfolgen völlig aus der deutsch-russischen Zusammenarbeit ausgestiegen sind.

Nachdem die Höhe der Varianzaufklärung diskutiert wurde, soll nun das *Gewicht der Prädiktoren* betrachtet werden: Aus ökonomisch-pragmatischen Gründen wäre es interessant, die Bedeutung der Stereotypisierungsfunktionen „Konsens" und „Verhaltensvorhersage" zu bewerten, da deren Erfassung einen wesentlich größeren Aufwand erfordert als die Erhebung der Stereotypisierungsfunktion „nationale Identität".

Nun zeigte sich für die *russische Stichprobe*, daß die Stereotypisierungsfunktion, „nationale Identität herzustellen", keinen Beitrag leistet, die Varianz des „wahrgenommenen Verhandlungserfolges" aufzuklären. Einen signifikanten Beitrag leistet nur die Stereotypisierungsfunktion, „Konsens über die Beziehung herzustellen" (Konsens zwischen individuellem Fremdstereotyp und fremdkulturellem Eigenstereotyp), wenn auch eine sehr geringe. Folglich sollte sie trotz des hohen Erhebungsaufwandes nicht vernachlässigt werden.

Daß die Stereotypisierungsfunktionen für die russische Stichprobe keine Varianz für das Kriterium „wahrgenommener Konflikt" aufklären, läßt sich plausibler durch die Beurteilung des Konfliktes erklären als durch Unterschiede in den Funktionen der Stereotypen (s. Kapitel 8.4.1 Wahrgenommener Konflikt, S. 161).

Für die *deutsche Stichprobe* zeigt sich, daß die Stereotypisierungsfunktion der „Verhaltensvorhersage" zusätzlich zu der Funktion, „nationale Identität herzustellen", Varianz des „wahrgenommenen Konfliktes" aufklärt. Zwar ist die zusätzliche Varianzaufklärung mit drei Prozent gering. Da die Stereotypisierungsfunktion der Verhaltensvorhersage in der Regressionsgleichung jedoch sogar ein größeres Beta-Gewicht erhält als die anderen Prädiktoren, sollte die Stereotypisierungsfunktion der „Verhaltensvorhersage" nicht vorschnell vernachlässigt werden.

Für die Vorhersage des „wahrgenommenen Verhandlungserfolges" stellte sich in der deutschen Stichprobe jedoch nur die Stereotypisierungsfunktion, „nationale Identität herzustellen", als bedeutsam heraus.

Bei einem abschließenden Urteil ist zu bedenken, daß nicht der tatsächliche Verhandlungserfolg, sondern der „wahrgenommene Verhandlungserfolg" erfaßt wurde. Wahrgenommener Konflikt, „wahrgenommener Verhandlungserfolg" und die Stereotypen, aufgrund derer nationale Identität hergestellt wird, werden aus einer Perspektive beurteilt. Daher sind höhere Zusammenhänge zwischen „wahrgenommenem Verhandlungserfolg" oder „wahrgenommenem Konflikt" und der Stereotypisierungsfunktion, „nationale Identität herzustellen", zu erwarten als zwischen „wahrgenommenem Verhandlungserfolg" oder „wahrgenommenem Konflikt" und den anderen Stereotypisierungsfunktionen.

Die Ergebnisse sollten daher dazu ermutigen, den Fragen nachzugehen,

- ob nicht nur die Kenntnis kultureller Gemeinsamkeiten sondern auch die Kenntnis kultureller Unterschiede relevant ist, um Mißverständnisse zu vermeiden und die kommunikative Effektivität zu erhöhen und
- wann die Stereotypisierungsfunktion, „Konsens über die Beziehungsdefinition herzustellen", in internationalen Verhandlungen bedeutsam ist.

Eine Erklärung, wann diese Stereotypisierungsfunktion in internationalen Verhandlungen bedeutsam ist, bietet die Betrachtung der *Unterschiede zwischen russischen und deutschen Verhandlungsführern.*

Da für die russische Stichprobe keine Varianz des Kriteriums „wahrgenommener Konflikt“ aufgeklärt wird, kann nur die Gewichtung der Prädiktoren für den „wahrgenommenen Verhandlungserfolg“ verglichen werden. Für die deutschen Verhandlungsführer kann nur die Stereotypisierungsfunktion, „nationale oder positive nationale Identität herzustellen“, einen überzufälligen Anteil der Varianz des „wahrgenommenen Verhandlungserfolges“ aufklären. Für die russischen Verhandlungsführer leistet dies nur die Stereotypisierungsfunktion, „Konsens über die Beziehungsdefinition herzustellen“.

Diese Ergebnisse sind konsistent mit den bisherigen Ergebnissen zum Zusammenhang der Erfüllung der Stereotypisierungsfunktionen und „wahrgenommenen Verhandlungserfolg“.

Da nur die *deutschen Verhandlungsführer* über die Stereotypisierung *positive nationale Identität herstellen* und nur diese im Zusammenhang mit „wahrgenommenem Verhandlungserfolg“ steht, ist auch nur für die deutschen Verhandlungsführer zu erwarten, daß diese Stereotypisierungsfunktion eine signifikante Varianzaufklärung leistet. Dieser Zusammenhang wurde zum einen dadurch erklärt, daß die Herstellung positiver nationaler Identität Beziehungskonflikte fördert, die die Erreichung von Sachzielen erschwert (Amason & Schweiger, 1997; Jehn, 1997). Zum anderen wurde angenommen, daß entgegen den Annahmen von Tajfel (1978, Tajfel & Turner, 1986) die Herstellung nationaler bzw. sozialer Identität nicht zwingenderweise eine Wettbewerbsorientierung fördert, sondern nur die Herstellung positiver nationaler Identität. Somit wird bei der Herstellung positiver nationaler Identität die Wahrnehmung gefördert, daß der Gewinn der einen Verhandlungspartei immer auch zugleich den Verlust der anderen Verhandlungspartei bedeutet (Win-Lose-Orientierung). Dadurch wird das Erreichen integrativer Lösungen und eines gemeinsamen maximalen Profites unwahrscheinlicher (Pruitt & Carnevale, 1993; Thomas, 1992).

Nun soll der Frage nachgegangen werden, warum es für die *russischen Verhandlungsführer* wichtiger ist, über die Stereotypisierung einen *„Konsens über die Beziehungsdefinition herzustellen“* bzw. das deutsche Eigenstereotyp zu bestätigen. Es wurde davon ausgegangen, daß Konsens über die Beziehung zwischen den Gruppen gegeben ist, wenn die gegenseitigen Eigen- und Fremdstereotype übereinstimmen. Es wurde angenommen, daß sich Personen nicht nur über ihre individuellen Merkmale definieren, sondern auch über die Merkmale, die ihrer Gruppe zugeschrieben werden (Stereotype). Daher sollte eine Infragestellung des Stereotyps der Gruppe affektive Konflikte auslösen. Diese affektiven Konflikte sollten sich wiederum schädlich auf die Effizienz und Effektivität der Zusammenarbeit auswirken. Folglich sollte der Verhandlungserfolg geringer wahrgenommen werden (s. Kapitel 8.4.4 Herstellen von Konsens über die Beziehung zwischen den Gruppen, S. 170).

Die Grundannahme, daß sich die Verhandlungsführer auch über das Eigenstereotyp der Gruppe definieren, ist jedoch nur für die deutschen Verhandlungsführer bestätigt worden und nicht für die russischen Verhandlungsführer. Daher ist zu erwarten, daß es für die russischen Verhandlungsführer wichtiger ist, daß ihre Stereotype des deutschen Verhandlungsverhaltens mit dem deutschen Eigenstereotyp übereinstimmt als umgekehrt. Vor diesem Hintergrund ist das Ergebnis plausibel, daß die Stereotypisierungsfunktion, „Konsens herzustellen", nur für die russische Stichprobe eine eigenständige Varianzaufklärung des Kriteriums „wahrgenommener Verhandlungserfolg" leistet. Es bleibt jedoch die Frage, warum sich dann für die deutschen Verhandlungsführer ein Zusammenhang zwischen „Konsens" und „wahrgenommenem Konflikt" zeigt, obwohl sich die russischen Verhandlungsführer von dem Eigenstereotyp der eigenkulturellen Verhandlungsführer abgrenzen. Hier sei auf die Erklärung in Kapitel 8.4.4 (S. 170) verwiesen.

Festgehalten werden kann, daß die drei Stereotypisierungsfunktionen, „positive nationale Identität" sowie „Konsens" und „Verhaltensvorhersage", bedeutsam für deutsch-russische Wirtschaftsverhandlungen sind. Welche Funktion wichtig ist, hängt davon ab, ob „wahrgenommener Konflikt" oder „wahrgenommener Verhandlungserfolg" als Kriterium gewählt wird, ob die Verhandlungsparteien positive nationale Identität herstellen und ob sie sich über das jeweilige eigenkulturelle Eigenstereotyp definieren.

So sollten in weitergehenden Untersuchungen die hier angebotenen Erklärungen überprüft werden, nämlich

- daß nicht die „Herstellung nationaler Identität", sondern die „Herstellung *positiver* nationaler Identität" eine Vorhersage über den „wahrgenommenen Erfolg" in internationalen Wirtschaftsverhandlungen erlaubt,
- daß die Herstellung von „Konsens über die Beziehungsdefinition oder über das Stereotyp der Fremdkultur" wichtig ist, wenn sich die fremdkulturellen Verhandlungsführer über das kulturelle Stereotyp definieren,
- daß nicht nur die Kenntnis kultureller Gemeinsamkeiten, sondern auch die Kenntnis kultureller Unterschiede für erfolgreiche internationale Verhandlungen relevant ist.

8.4.7 Fazit

Es konnte gezeigt werden, daß sämtliche drei Funktionen von Stereotypen, „Herstellen von nationaler oder positiver nationaler Identität" sowie „Herstellen von Konsens" und die „Verhaltensvorhersage", bedeutsam sind für den „wahrgenommenen Konflikt" oder den „wahrgenommenen Verhandlungserfolg". Ob und auch welche Stereotypisierungsfunktionen bedeutsam sind, hängt ab von dem Kriterium „wahrgenommener Konflikt" und „wahrgenommener Verhandlungserfolg" und auch von der Nationalität der Verhandlungsführer.

Es konnten Hinweise dafür gewonnen werden, daß Stereotype nicht nur eine negative Rolle in Verhandlungen spielen. In Abhängigkeit von der Funktion, die sie erfüllen, und ihrer Ausprägung können sie auch eine positive Funktion für den

„wahrgenommenen Konflikt" und den „wahrgenommenen Verhandlungserfolg" in deutsch-russischen Wirtschaftsverhandlungen übernehmen.

Aufgrund der Ergebnisse der vorliegenden Untersuchung wurde der Akzent verschoben: von einer Erklärung über die „Herstellung nationaler Identität" hin zu einer Erklärung über die „Herstellung *positiver* nationaler Identität". Während für die „Herstellung nationaler Identität" die Bewertung der Stereotype irrelevant war, ist für die „Herstellung positiver nationaler Identität" die Positiv-Negativ-Bewertung der Stereotype unabdinglich. Somit fand mit der Akzentverschiebung von nationaler Identität hin zu positiver nationaler Identität gleichzeitig eine Akzentverschiebung statt von der Betrachtung wertneutraler Stereotypen hin zu bewerteten Stereotypen. Diese Akzentverschiebung geschah sowohl für die Erklärung des Identitätsmanagements über Stereotype als auch für die Erklärung von „wahrgenommenem Konflikt" und „wahrgenommenem Verhandlungserfolg".

8.5 Generalisierbarkeit

Es konnte gezeigt werden, daß die drei Funktionen von Stereotypen „Herstellen positiver nationaler Identität sowie von Konsens über die Beziehung" und „Verhaltensvorhersage", bedeutsam sind für die Wahrnehmung von deutsch-russischen Verhandlungen als konflikthaft oder als erfolgreich. Es ist anzunehmen, daß diese Funktionen auch in internationalen Verhandlungen zwischen anderen Nationen und Kulturen bedeutsam sind. Es hat sich jedoch gezeigt, daß sie in Abhängigkeit von der kulturellen Zugehörigkeit der Verhandlungsführer und den Kriterien „wahrgenommener Konflikt" und „wahrgenommener Verhandlungserfolg" eine unterschiedliche Bedeutung in deutsch-russischen Wirtschaftsverhandlungen haben. Daher muß eine Gewichtung der Stereotypisierungsfunktionen im gegebenen Zielkontext vorgenommen werden.

Auch läßt sich generalisieren, daß die Erklärung und Vorhersage des Identitätsmanagements und die Zusammenhänge zwischen Identitätsmanagement einerseits und „wahrgenommenem Konflikt" und „wahrgenommenem Verhandlungserfolg" andererseits nicht allein aufgrund kognitiver Prozesse erklärt und vorhergesagt werden können, wie die Selbstkategorisierungs-Theorie dies versucht. Es muß vielmehr die Motivation, eine positive Identität herzustellen und aufrechtzuerhalten, berücksichtigt werden, wie dies die Theorie der sozialen Identität leistet. Hier konnten weitere Hinweise auf die Kontextabhängigkeit des Identitätsmanagements und die mit dem Identitätsmanagement verbundene Kategorisierung gegeben werden. Den Kontext bildeten die Vergleichsdimensionen, die Bezugsgruppen für den Vergleich und die mit diesem Vergleich implizite Bewertung. So zeigte sich, daß sich russische und deutsche Verhandlungsführer in Abhängigkeit vom Kontext systematisch unterscheiden.

In dieser Studie zeigte sich, daß die deutschen Verhandlungsführer positive nationale Identität herstellen, während vielfach den Deutschen eine negative nationale

Identität zugeschrieben wird (Elias, 1992; Noelle-Neumann & Köcher, 1987;Simon, Pantaleo & Mummendey, 1995). In den anderen Studien werden andere Vergleichsdimensionen und Bezugsgruppen gewählt. Daher kann darauf geschlossen werden, daß Deutsche nicht generell eine negative nationale Identität besitzen. In einem Vergleichskontext, der wirtschaftliche Überlegenheit indiziert, stellen deutsche Verhandlungsführer positive nationale Identität her, indem sie die russischen Verhandlungsführern abwerten. Dies zeigt auch eine Studie von Blank & Schmidt (1993). Gerade diese unterschiedlichen Ergebnisse zur Bewertung der nationalen Identität, die keine Generalisierung auf die Population der Russen oder die Population der Deutschen erlauben, bestätigen die Annahmen der Selbstkategorisierungs-Theorie, daß Stereotypisierung und Identitätsmanagements kontextabhängig sind.

Es ist davon auszugehen, daß eine Generalisierung auf die Population der russischen und deutschen Verhandlungsführer für den Kontext der deutsch-russischen Wirtschaftsverhandlungen solange möglich ist, wie sich der Vergleichskontext nicht verändert, das heißt wie die deutsch-russischen Beziehungen stabil bleiben. Mit einem Wandel der außenpolitischen und wirtschaftspolitischen Beziehungen zwischen Rußland und Deutschland können sich auch die Stereotype und die nationale Identität verändern (vgl. z. B. Buchanan, 1951, Haslam et al., 1992, Karlins et al., 1969, Prothro & Melikian, 1955, Sinha & Upadhaya, 1960 zit. von Oakes, Haslam & Turner, 1994; Yatani & Bramel, 1989). In den 80er bis Ende der 90er Jahre konnten extreme Veränderungen in den Beziehungen beobachtet werden: Von einer „Honeymoon-Phase“ zur Zeit von Glasnost und Perestroika nach Ende des kalten Krieges, die durch die Vernachlässigung russischer nationaler Interessen charakterisiert war, zu einer Ernüchterung Anfang der 90er Jahre und einer Rückbesinnung auf die eigenen nationalen Interessen Rußlands und seinem Versuch, sich (als ehemalige Großmacht) gegenüber der (verbliebenen) Großmacht USA zu behaupten. Besonders aufgrund der Tatsache, daß Rußland sich in einem Transformationsprozeß befindet, kann nicht von stabilen Beziehungen ausgegangen werden (Baur, 1999) und auch nicht von einer stabilen sozialen und nationalen Identität (Andreewa, 1999). Für eine Generalisierung über den Untersuchungszeitpunkt hinaus spricht, daß die Beziehung zwischen Rußland und Deutschland geringeren Schwankungen unterworfen sind als die amerikanisch-russischen bzw. amerikanisch-sowjetischen, und auch, daß sich eine Stabilisierung in den Identifikationen in den letzten Jahren anzeigt (Jadow, 1999, Lewada, 1999). Es ist auch nicht zu erwarten, daß das Verhandlungsverhalten und die Prinzipien, die das Verhandlungsverhalten leiten, wie zum Beispiel die Reziprozitätsnorm, sich grundlegend ändern.

Einschränkend muß für die gefundenen Zusammenhänge hinzugefügt werden, daß diese keine Kausalrichtung belegen. Da hier nur Korrelationen gegeben sind, die auf der Grundlage von Daten aus einer Querschnittsuntersuchung berechnet wurden, können keine Aussagen über eine Kausalität getroffen werden, das heißt, die Ergebnisse können nur als Hinweise auf Wirkzusammenhänge, nicht jedoch als Belege verstanden werden.

8.6 Praktische Relevanz

Aus den Ergebnissen können Schlußfolgerungen für die Vorbereitung deutscher Führungskräfte auf Verhandlungen mit russischen Unternehmen gezogen werden. Es sollten folgende Punkte beachtet werden:

Die stärkere Abwertung der russischen Verhandlungsführer durch die deutschen Verhandlungsführer birgt ein Konfliktpotential und auch ein Potential für die Eskalation des Konfliktes. De Dreu et al. (1995) zeigten, daß selbstwertdienlich verzerrte Wahrnehmungen zur Konflikteskalation beitragen können. Eine Bewußtmachung und Sensibilisierung für diese Bewertungstendenzen auf deutscher Seite kann förderlich sein. Jedoch ist in Anlehnung an Untersuchungen aus dem Bereich der Sozialen Identität zu erwarten, daß eine Sensibilisierung nicht ausreicht. Das Schaffen übergeordneter gemeinsamer Identitäten, bei denen die eigene nationale Identität nicht bedroht wird (Gaertner et al., 1989, 1993, 1996, Piontkowski & Öhlschlegel, 1999) kann zwar prinzipiell Konflikte zwischen Gruppen verringern. So zeigte sich in dieser Untersuchung, daß deutsche Verhandlungsführer, die eine gemeinsame übergeordnete Identität wie die als Europäer oder die als Geschäftsleute im geringeren Maß die Verhandlungen als konflikthaft annahmen. Jedoch zeigte sich auch, daß gerade der Wunsch der russischen Verhandlungsführer nach einer übergeordneten gemeinsamen Identität und die Ablehnung der deutschen Verhandlungsführer einen Konflikt darstellt. Wenn in einer solchen Situation übergeordnete Identitäten erzwungen werden, lassen sich Konflikte oder Eskalationen des Konfliktes erwarten. Es sollte vielmehr darüber nachgedacht werden, wie eine gemeinsame Aufwertung der russischen und deutschen Verhandlungsführer aussehen sollte.

Es ist auch möglich, in Seminaren und Trainings zur Vorbereitung von Deutschen auf Verhandlungen mit Russen Gemeinsamkeiten zu vermitteln. So bietet diese Untersuchungen zahlreiche Ergebnisse zu kulturellen Gemeinsamkeiten, auf die in Trainings zurückgegriffen werden kann, wie beispielsweise die Prioritäten in bezug auf das Verhandlungsverhalten, das konglomerierte Verhandlungsverhalten und die in beiden Kulturen relevante Reziprozitätsnorm. Jedoch ist zu erwarten, daß eine rein kognitive Vermittlung der Gemeinsamkeiten nicht ausreicht, um eine bessere Bewertung der russischen Verhandlungsführer zu erreichen.

Bei der Vermittlung von Kenntnissen über die fremde Kultur sollte zwischen der Vermittlung von Stereotypen und zwischen der Vermittlung von kulturellen Tendenzen getrennt werden. So zeigt sich, daß Diskrepanzen zwischen dem Gruppenstereotyp und dem Selbstbild bestehen, wenn sich die Personen nicht oder nicht sehr stark mit dem Gruppenstereotyp identifizieren: Für die russischen Verhandlungsführer fand sich eine klare Trennung zwischen dem individuell bevorzugten Verhandlungsverhalten und dem Stereotyp des eigenkulturellen Verhandlungsverhaltens. Es zeigte sich, daß es nicht nur sinnvoll ist, zwischen Stereotypen und kulturellen Unterschieden zu trennen, sondern daß es wichtiger wird, die Eigenstereotype der Fremdkultur zu kennen, wenn sich die fremdkulturellen Verhandlungsführer auch in Übereinstimmung mit dem Eigenstereotyp der eigenen Kultur stereotypisieren. In diesem

Fall ist es besonders wichtig, in Seminaren auch die Eigenstereotype der Fremdkultur zu vermitteln. Jedoch auch, wenn sich die fremdkulturellen Verhandlungsführer nicht in Übereinstimmung mit dem Stereotyp der eigenen Gruppe stereotypisieren, ist eine konsensuale Definition des Stereotyps der fremdkulturellen Gruppe bedeutsam. Die Kenntnis darüber, ob sich die fremdkulturellen Verhandlungsführer in Übereinstimmung mit dem Eigenstereotyp der eigenen Kultur stereotypisieren, kann zusätzliche wertvolle Hinweise liefern.

Folgende kulturelle Unterschiede können auf der Grundlage der vorliegenden Untersuchung in Vorbereitungen vermittelt werden: ein unterschiedliches Konzept von Problemlösen und eine unterschiedliche Wahrnehmung von Konflikten oder ein vermeidender Umgang mit Konflikten.

Für die *russischen Verhandlungsführer* zeigt sich eine geringere Bedeutsamkeit der Stereotypisierungsfunktionen „Herstellen nationaler Identität" und „Verhaltensvorhersage", möglicherweise, weil sie die deutschen Verhandlungsführer in geringerem Maße abwerten als umgekehrt.

Daher sind für die russischen Verhandlungsführer andere Schlußfolgerungen zu ziehen als für die deutschen Verhandlungsführer. Auch wenn die russischen Verhandlungsführer keinen Konflikt konstatieren, ist ein Konflikt gegeben. Denn ein Konflikt zwischen zwei Parteien ist gegeben, sobald nur eine Partei einen Konflikt wahrnimmt. Darauf verweisen nicht nur die Ergebnisse dieser Untersuchung, sondern auch Praxisberichte, nach denen westliche Führungskräfte ein Hauptproblem darin sehen, daß die russischen Mitarbeiter die Konflikte, die die deutschen oder westlichen Führungskräfte ansprechen, verneinen. (Keil-Gurov & Gnann, 1995; Schmidt, 1996). Eine einseitige Wahrnehmung von Konflikten stellt immer einen Konflikt zwischen den Parteien dar. Um ihn lösen zu können, muß man ihn noch besser verstehen.

Aufgrund dieser Untersuchung kann ein Hinweis auf mögliche Ursachen der unterschiedlichen Konfliktbeurteilung gegeben werden: Die russischen Verhandlungsführer kategorisieren sich in stärkerem Maße auf einer übergeordneten Inklusionsbene als die Deutschen. Insbesondere wünschen sich die russischen Verhandlungsführer eine Aufnahme Rußlands in die Europäische Union, die deutschen Verhandlungsführer jedoch nicht. Für die russischen Verhandlungsführer bedeutete die „Kategorisierung auf einer übergeordneten Inklusionsebene" eine Aufwertung der sozialen Identität, jedoch nicht für die deutschen Verhandlungsführer. So versuchen beide Seiten, positive soziale Identität herzustellen. Ihre Lösungen sind jedoch nicht kompatibel.

Da kein Konflikt mehr gegeben ist, wenn zwei Parteien eine konsensuale Definition der Beziehung erreichen, könnte dies ein Ziel für die russischen Verhandlungsführer darstellen. In diesem Sinne lassen sich auch die Ergebnisse zur Bedeutung der Stereotypisierungsfunktion, „Konsens über die Beziehungsdefinition herzustellen", interpretieren. Für die russischen Verhandlungsführer ist es bedeutsam, das Stereotyp des deutschen Verhandlungsverhaltens zu bestätigen und somit über die Stereotypisierung eine konsensuelle Beziehungsdefinition aufzubauen.

8.7 Ausblick

Da sich die drei Funktionen von Stereotypen, „(positive) nationale Identität herzustellen und aufrechtzuerhalten", sowie eine „konsensuale Beziehungsdefinition zwischen den Gruppen herzustellen und zu reflektieren" und das „von den fremdkulturellen Verhandlungsführern bevorzugte Verhandlungsverhalten vorherzusagen", als bedeutsam in deutsch-russischen Wirtschaftsverhandlungen erwiesen haben, ist es sehr erfolgversprechend, in dieser Richtung weiter zu forschen.

So wäre es interessant, den folgenden Frage nachzugehen:

Wie sieht der Kausalzusammenhang aus? Beeinflußt die Erfüllung der Stereotypisierungsfunktionen den „wahrgenommenen Konflikt" und den „wahrgenommenen Verhandlungserfolg"?

Wie relevant ist die Kenntnis kultureller Unterschiede? Sind Verhandlungsführer, die auch die kulturellen Unterschiede genau einschätzen, erfolgreicher als Verhandlungsführer, die dies nicht tun? Nehmen die russischen Verhandlungsführer tatsächlich keinen Konflikt wahr oder differenziert eine direkte Erhebung der Konfliktwahrnehmung unzureichend? Ist die ungenaue Einschätzung der kulturellen Unterschiede nur auf Unkenntnis zurückzuführen, oder blockiert die Annahme, daß eine Konstatierung kultureller Unterschiede mit einer Abwertung der Fremdgruppe einhergehen muß, das Erkennen kultureller Unterschiede?

Hier sollten andere Untersuchungsstrategien eingesetzt werden: Zur Überprüfung der Kausalhypothesen muß eine zeitliche Abfolge sichergestellt sein. Zwar sind Laborexperimente nicht sinnvoll und die Analyse realer deutsch-russischer Wirtschaftsverhandlungen nicht möglich. Jedoch könnten im Rahmen von Weiterbildungen Rollenspiele durchgeführt werden, denen die Erhebung individueller Verhaltensintentionen, von Erwartungen über das Verhalten des fremdkulturellen Verhandlungspartners und der Erwartung des Verhaltens eines eigenkulturellen Verhandlungspartners vorausgehen müßte.

Zur Untersuchung der Frage, ob die Kenntnis kultureller Unterschiede den erfolgreichen Verlauf von Verhandlungen fördern kann, wäre ein experimentelles Vorgehen sinnvoll. Unterschiedliche Gruppen könnten unterschiedlichen Verhandlungstrainings unterzogen werden. So würde es sich anbieten, eine Gruppe auf die kulturellen Unterschiede und eine andere Gruppe auf die kulturellen Gemeinsamkeiten vorzubereiten und eine weitere Gruppe einem kulturunabhängigen Verhandlungstraining zu unterziehen.

Es sollten zusätzliche Konfliktmaße eingesetzt werden, die eine indirekte Erhebung des Konfliktes auf nicht reaktive Weise erlauben. Rollenspiele könnten eine Gelegenheit bieten, da in Trainings häufig Videoaufzeichnungen verwendet werden, um diese für ein Feedback zu verwenden. Anhand dieser Videoaufzeichnungen könnten zahlreiche Konfliktindikatoren auf indirekt nicht-reaktive Weise gemessen werden. Dazu gehören verbale Indikatoren wie zum Beispiel die Verletzung von Kommunikationsprinzipien, wie etwa der lokalen oder neutralen Kohärenz (vgl.

Öhlschlegel-Haubrock, 1998), und auch nonverbale Indikatoren wie Gestik und Mimik.

Eine solches Vorgehen erfordert einen großen institutionellen Rahmen: einen langen Zeithorizont und die Zusammenarbeit von Forschern aus den Zielkulturen und Praktikern, die die Zusammenarbeit zwischen Wissenschaft und Praxis fördern.

In der Untersuchung konnte gezeigt werden, daß Stereotype in ihrer Funktion, zum einen „(positive) nationale Identität herzustellen", zum anderen, „Konsens über die Beziehung herzustellen und zu reflektieren" und zuletzt auch das „von den fremdkulturellen Verhandlungsführern bevorzugte Verhandlungsverhalten vorherzusagen", bedeutsam für die deutsch-russische Wirtschaftsverhandlungen sind. Daher hoffe ich, daß das Interesse von Forschern und Praktikern geweckt wurde, sich an ein solches Projekt zu wagen.

9 Literaturverzeichnis

Adler, N. J., & Graham, J. L. (1989). Cross-cultural interaction: The international comparison fallacy? *Journal of International Business Studies, 10*, 515-541.

Ajzen, I., & Fishbein, M. (1977). Attitude behavior relations: A theoretical analysis and review of empirical research. *Psychological Bulletin, 84*, 888-918.

Amason, A. C., & Schweiger, D. M. (1997). The effects of conflict on strategic decision making effectivness and organizational performance. In C. K. D. Dreu & E. V. d. Vliert (Eds.), *Using conflict in organizations* (pp. 101-115). London: Sage.

Anderson, L., & Wilson, S. (1997). Critical incident technique. In D. L. Whetzel, G. R. Wheaton, et. al. (Eds.), *Applied measurement methods in industrial psychology* . Palo Alto, CA: Davies Black Publishing.

Anderson, R., & Schichirew, P. (1994). *"Akuly" i "delfiny": Psichologika i etika delovogo kultura.* Moskwa: Delo Ltd.

Andreewa, G. A. (1997). *Psichologi'a sozial'naja Posnania.* Moskwa: Aspekt Press.

Andreewa, G. A. (1999). Das Problem der Identität im Prozeß der radikalen sozialen Umgestaltung Rußlands. In H. Steiner & W. A. Jadow (Eds.), *Rußland - wohin? Rußland aus der Sicht russischer Soziologen* (Vol. 1, pp. 67-72). Berlin: trafo verlag dr. wolfgang weist.

Argyle, M. (1967). *The psychology of interpersonal behavior.* Hammondsworth: Penguin Books.

Arunalacham, V., & Dilla, W. N. (1995). Judgment accuracy and outcomes in negotiations: A causal modelling analysis of decision aiding effects. *Organizational Behavior and Human Decision Processes, 61*(3), 289-304.

Axelrod, R. (1984). *The evolution of cooperation.* New York: Basic Books.

Babaewa, L. W., & Lapina, G. P. (1997). *Malij bisnes w Rossii w epochu ekonomitscheskich reform.* Moskwa: Rossijskaja Akademija Nauk, Institut Soziologii.

Bacharach, S. B., & Lawler, E. J. (1981). *Bargaining: power, tactics and outcomes.* San Francisco: Jossey Bass.

Backhaus, K., Erichson, B., Plinke, W., & Weiber, R. (1994). *Multivariate Analysemethoden.* (7 ed.). Berlin, Heidelberg: Springer.

Bales, R. F., & Slater, P. E. (1955). Role differentiation in small decision making groups. In T. Parson & R. F. Bales (Eds.), *Family, Socializing and interaction process* . Glencoe: Free Press.

Baron, R. A. (1997). Positive effects of conflict: insights form social cognition. In C. D. Dreu & E. V. d. Vliert (Eds.), *Using conflict in organizations* (pp. 177-191). London: Sage Publications.

Bauer, S. (1994). *Identifikation zentraler chinesischer Kulturstandards, analysiert am Handlungsfeld deutscher Studenten in der CR China.* Diplomarbeit, Universität Regensburg.

Baumgart, A., & Jänecke, B. (1997). *Rußlandknigge*. München und Wien: R. Oldenbourg.

Baur, J. (1999). Russische Außen- und Sicherheitspolitik: Entwicklungen und Tendenzen. *Osteuropa - Zeitschrift für Gegenwartsfragen des Ostens, 49*(3), 241-255.

Baxter, L. A. (1982). Conflict Management: An episodic approach. *Small Group Behavior, 13*, 23-42.

Beliaev, E., Mullen, T., & Punnett, B. J. (1985). Understanding the cultural environment: U.S. - U.S.S.R. trade negotiations. *California Management Review, XXVII*(2), 100-112.

Bell, E. C., & Blakeney, R. N. (1977). Personality Correlates of conflict resolution modes. *Human Relations, 30*, 849-857.

Ben-Yoav, O., & Pruitt, D. G. (1094b). Accountability to constituents: A two edged sword. *Organizational Behavior and Human Performance, 34*, 283-195.

Ben-Yoav, O., & Pruitt, D. G. (1984a). Resistance to yielding and the expectation of cooperative future interaction in negotiation. *Journal of Experimental Social Psychology, 20*, 323-335.

Berry, J. W., Poortinga, Y. H., Segall, M. H., & Dasen, P. R. (1992). *Cross-cultural psychology: Reseach and applications*. Cambridge: Cambridge University Press.

Bideleux, R. (1996). Introduction. European Integration and disintegration. In R. Bideleux & R. Taylor (Eds.), *European integration and disintegration. East and west* (pp. 1-21). London: Routledge.

Bideleux, R. (1996). Introduction. European Integration and disintegration. In R. Bideleux & R. Taylor (Eds.), *European integration and disintegration. East and west* (pp. 1-21). London: Routledge.

Binnendijk, H. (Ed.). (1987). *National negotiating styles* . Arlington, Virginia - Washington, D.C.: Department of State Publication Foreign Service Institute - Center for the Study of Foreign Affairs.

Blake, R. R., & Mouton, J. S. (1964). *The managerial grid*. Houston, TX: Gulf.

Blake, R. R., & Mouton, J. S. (1970). The fifth achievement. *Journal of Applied Behavioral Science, 6*, 413-426.

Blake, R. R., Mouton, J. S., & Bidwell, A. C. (1962). Managerial grid. *Advanced Management Office Express, 1*(9), 12-15.

Blank, T. & Schmidt, P. (1993). Verletzte oder verletzende Nation? Empirische Befunde zum Stolz auf Deutschland. *Journal für Soziaforschung*, 33(4), 391-415.

Blanz, M. (1999). Accessibility and fit as determinants of the salience of social categorization. *European Journal of Social Psychology, 29*(1), 43-74.

Blanz, M. (1999a). *Wahrnehmung von Personen als Gruppenmitglieder* (Vol. 4). Münster: Waxmann.

Blanz, M. (1999b). *On the role of category accessibility and category fit in the salience of social categorizations* (Unveröffentlichtes Manuscript No.). Fachbereich Psychologie der Universität Münster, Fliednerstr. 21, 48149 Münster.

Blanz, M. (1999c). *Priming of social categorizations: Effects on category accesibility and category salience* (Unveröffentlichtes Manuskript No.). Fachbereich Psychologie der Universität Münster, Fliednerstr. 21, 48149 Münster.

Bochner, s. (1992). *Cultures in contact. Studies in cross-cultural interaction.* Oxford: Pergamon Press.

Bodenhausen, G. V. (1988). Stereotypic biases in social decision making and memory: Testing process models for stereotype use. *Journal of Personality and Social Psychology, 55*, 726-737.

Bodenhausen, G. V. (1990). Stereotypes as judgmental heuristics: Evidence of circadian variations in discrimination. *Psychological Science, 1*, 319-322.

Bodenhausen, G. V. (1992). Information-processing functions of generic knowledge structures and their role in context effects in social judgment. In N. Schwarz & S. Sudmann (Eds.), *Context effects in social and psychological research* (pp. 267-278). New York: Springer Verlag.

Bond, M. H. (1988). *The Cross-Cultural Challenge to Social Psychology.* London: Sage Publications.

Bond, M. H. (1988). Invitation to a wedding: Chinese values and global economic growth. In D. Sinha, H. S. R. Kao, & e. al. (Eds.), *Social values and development. Asian perspectives* (pp. 197-209). New Delhi, India: Sage Publications.

Bond, M. H., Chiu, C. K., & Wan, K. C. (1984). When modesty fails: The social impact of group-effacing attributions following success or failure. *European Journal of Social Psychology, 14*(3), 335-338.

Bond, M. H., Hewstone, M., & Wan, K. C. (1983). Social facts and social attributions: The explanation of intergroup differences in Hong Kong. *Social Cognition, 2*(2), 142-157.

Bond, M. H., Hewstone, M., Wan, K. C., & Chiu, C. K. (1985). Group serving attributions across intergroup contexts: Cultural differences in the explanation of sex-typed begaviors. *European Journal of Social Psychology, 15*(4), 435-451.

Bond, M. H., Leung, K., & Schwartz, S. (1992). Explaining choices in procedural and distributive justice across cultures. *International Journal of Psychology, 27*(2), 195-209.

Bornstein, G., & Ben-Yossef, M. (1994). Cooperation in intergroup and single-group social dilemmas. *Journal of Experimental Social Psychology, 30*, 52-67.

Bornstein, G., & Erev, I. (1997). The enhancing effect of intergroup competition on group performance. In C. D. Dreu & E. V. d. Vliert (Eds.), *Using conflict in organizations* . London: Sage.

Bornstein, G., Erev, I., & Rosen, O. (1990). Intergroup competition as a structural solution for social dilemmas. *Social Behavior, 5*, 247-260.

Bortz, J. (1999). *Statistik für Sozialwissenschaftler.* (5 ed.). Berlin und Heidelberg: Springer.

Bourhis, R. Y. (1993). *Intergroup communication and Ethnicity in Quebec: A case Study.* Paper presented at the Summerschool on "Migration conflicts", Münster, Deutschland.

Breuer, F. (1977). *Wissenschaftstheorie für Psychologen. Eine Einführung.* Münster: Aschendorff.

Brewer, M., & Kramer, R. M. (1986). Choice behavior in social dilemmas: Effects of social identity, group size and decision framing. *Journal of Personality and Social Psychology, 50*, 543-549.

Brewer, M. B. (1988). A dual process model of impression formation. In T. K. Srull & R. S. Wyer (Eds.), *Advances in Social Cognition* (Vol. 1, pp. 1-36).

Brislin, R. W. (1986). A culture general assimilator: Preparation for various types of sojournes. *International Journal of Intercultural Relations, 10*(2), 215-284.

Bronfenbrenner, U. (1961). The mirror image in Soviet-American relations; A social psychologist's report. *Journal of Social Issues, 17*(3).

Brown, R., & Wade, G. (1987). Superordinate goals and intergroup behaviour: the effect of role ambiguity and status on intergroup attitudes and task performance. *European Journal of Social Psychology, 17*, 131-142.

Brown, R. J., & Turner, J. C. (1979). The criss-cross categorization effect in intergroup discrimination. *British Journal of Social and Clinical Psychology, 18*, 371-383.

Buchanan, W. (1951). Stereotypes and tensions as revealed by the UNESCO International Poll. *International Social Science Bulletin, 3*, 515-528.

Buckley, A. D., & Kenney, M. C. (1995). *Negotiating Identity. Rhetoric, Metaphor and Social Drama in Northern Ireland.* London: Smithsonian Institution Press.

Burn, S. M., & Oskamp, S. (1989). Ingroup Biases and the U.S.- Soviet Conflict. *Journal of Social Issues, 45*(2), 73-89.

Burton, J. (1986). The history of international conflict resolution. In E. Azar & J. Burton (Eds.), *International conflict resolution: theory and practice* (pp. 40-55). Boulder, CO: Lynne Reiner.

Butler, J. K. J. (1994). Conflict styles and outcomes in a negotiation with fully-integrative potential. *International Journal of Conflict Management, 5*, 309-325.

Cahn, D. D. (1994). *Conflict in personal relationships.* Hillsdale, N. J.: Lawrence Erlbaum Associates Inc.

Cai, D. (1993, Nov.). *Determinants of facework in negotiation: An intercultural perspective.* Paper presented at the Annual meeting of the Speech Communication Association, Miami, FL.

Campbell, N. C., Graham, J. L., Jolibert, A., & Meissner, H. G. (1988). Marketing negotiations in France, Germany, the United Kingdom and the United States. *Journal of Marketing, 52*(2), 49-62.

Cannon, W. B. (1929). *Bodily changes in pain, hunger, fear and rage.* New York: Appleton.

Carnevale, P. J., & Probst, T. M. (1997). Good news about competitive people. In C. D. Dreu & E. V. d. Vliert (Eds.), *Using conflict in organizations* . London: Sage.

Chen, C. C., Chen, X.-P., & Meindl, J. R. (1998). How can cooperation be fostered? The cultural effects of individualism-collectivism. *Academy of Management Review, 23*(2), 285-304.

Chen, L. (1995). Interaction involvement and patterns of topical talk: A comparison of intercultural and intracultural dyads. *International Journal of Intercultural Relations, 19*(4), 463-482.

Chen, M., & Bargh, J. A. (1997). Nonconscious behavioral confirmation of stereotypes

processes: The self-fulfilling consequences of automatic stereotype activation. *Journal of Experimental Social Psychology, 33*(5), 541-560.

Cholopowa, T. I., & Lebedewa, M. M. (1995). *Protokol i etiket d'ja delowych l'udej.* Moskwa: Ankil.

Cohen, R. (1993). International Negotiation: Does Culture make a difference? An advocate's view. In G. O. Faure & J. Z. Rubin (Eds.), *Culture and negotiation* (pp. 17-21). London: Sage Publications.

Coleman (1957). .

Condon, W. S. (1968). *Linguistic-kinesic research and dance therapy.* Paper presented at the A. D. T. A. Convention Proceedings.

Cross, J. G. (1991). Economic perspective. In V. A. Kremenyuk (Ed.), *International negotiation: Analysis, approaches, issues* (pp. 164-179). San Francisco: Jossey Bass.

Daves, W. F., & Holland, C. L. (1989). The structure of conflict behavior of managers assessed with self- and subordinate ratings. *Human Relations, 42*, 741-756.

Davidson, A. R., & Jaccard, J. J. (1979). Variables that moderate the attitude-behavior relation: results of a longitudinal survey. *Journal of Personality and Social Psychology, 37*(1364-76).

De Dreu, C. K. W. (1996). Gain-loss-frame in outcome-interdependence: Does it influence equality or equity considerations? *European Journal of Social Psychology, 26*, 315-324.

De Dreu, C. K. W. (1997). Productive Conflict: The importance of conflict management and conflict issue. In C. K. W. D. Dreu & E. V. d. Vliert (Eds.), *Using conflict in organizations* (pp. 9-23). London: Sage.

De Dreu, C. K. W., Carnevale, P. J. D., Emans, B. J. M., & Van de Vliert, E. (1995). Outcome frames in bilateral negotiation: Resistance to concession making and frame adoption. (Vol. 6, pp. 97-126).

De Dreu, C. K. W., Evans, B. J. M., & Van de Vliert, E. (1992). Frames of reference and cooperative social decision-making. *European Journal of Social Psychology, 22*, 297-302.

De Dreu, C. K. W., Lualhati, J. C., & McCusker, C. (1994). Effects of gain-loss frames on satisfaction with self-other outcome-differences. *European Journal of Social Psychology, 24*, 497-510.

De Dreu, C. K. W., Nauta, A., & Van de Vliert, E. (1995). Self-serving evaluations of conflict behavior and escalation of the dispute. *Journal of Applied Social Psychology, 25*(23), 2049-2066.

De Dreu, C. K. W., Nauta, A., & Van de Vliert, E. (1995). Self-serving evaluations of conflict behavior and escalations of the dispute. *Journal of Applied Social Psychology, 25*(23), 2049-2066.

De Dreu, C. K. W., & Van Lange, P. A. M. (1995). The impact of social value orientations on negotiator cognition and behavior. *Personality and Social Psychology Bulletin, 21*(11), 1178-1188.

De Dreu, C. K. W., Yzerbyt, V. Y., & Leyens, J.-P. (1995). Dilution of stereotype-based cooperation in mixed-motive interdependence. *Journal of Experimental Social Psychology, 31*(575-593).

De Dreu, C. K. W., Yzerbyt, V. Y., & Leyens, J.-P. (1995). Dilution of stereotype-based cooperation in mixed-motive interdependence. *Journal of Experimental Social Psychology, 31*, 575-593.

DeDreu, C. K., & Van de Vliert, E. (1997). *Using conflict in organizations.* London: Sage.

DeRidder, R., & Tripathi, R. C. (1992). *Norm Violation and Intergroup Relations.* Oxford: Clarendon Press.

Deschamps, J. C. (1977). Effect of crossing category memberships on quantitive judgments. *European Journal of Social Psychology, 7*, 517-521.

Deschamps, J. C., & Doise, W. (1978). Crossed category membership in intergroup relations. In H. Tajfel (Ed.), *Differentiation between social groups* . London: Academic Press.

Deschamps, J.-C., & Brown, R. (1983). Superordinate goals and intergroup conflict. *British Journal of Social Psychology, 22*(189-195).

Deutsch, M. (1949). A theory of cooperation and competition. *Human Relations, 2*, 129-151.

Deutsch, M. (1973). *The resolution of conflict: Constructive and destructive processes.* New Haven, Conn.: Yale University Press.

Diab, L. N. (1962). National stereotypes and the "reference group" concept. *Journal of Social Psychology, 57*(2), 339-351.

Dietze, C., & Lettgen, S. (1994). *Der Zusammenhang relativer Deprivation mit Stereotypen, Vorurteilen und Diskriminierung.* Diplomarbeit, Westfälische Wilhelms-Universität.

Doktorow, B. S. (1999). Rußland im europäischen soziokulturellen Raum. In H. Steiner & W. A. Jadow (Eds.), *Rußland - wohin? Rußland aus der Sicht russischer Soziologen* (Vol. 1, pp. 371-387). Berlin: trafo verlag dr. wolfgang weist.

Donellon, A., & Kolb, D. M. (1997). Constructive for whom? The fate of diversity disputes in organizations. In C. D. Dreu & E. V. d. Vliert (Eds.), *Using conflict in organizations* . London: Sage.

Doosje, B., Ellemers, N., & Spears, R. (1995). Perceived intragroup variability as a function of group status and identification. *Journal of Experimental Social Psychology, 31*(5), 410-436.

Dovidio, J. F., Validzic, A., & Gaertner, S. L. (1998). Intergroup Bias: Status, Differentiation and a common in-group identity. *Journal of Personality and Social Psychology, 75*(1), 109-120.

Drake, L. E. (1995). Negotiation styles in intercultural communication. *The International Journal of Conflict Management, 6*(1).

Druckman, D. (1986). Stages, turning points and crises: Negotiating military base rights, Spain and the United States. *Journal of Conflict Resolution, 30*(2), 327-360.

Druckman, D. (1991). Content analysis. In V. A. Kremenyuk (Ed.), *International negotiation. Analysis, approaches, issues* (pp. 244-264). San Francisco: Jossey Bass.

Dupont, C. (1991). International business negotiations. In V. A. Kremenyuk (Ed.), *International negotiation: Analysis, approaches, issues.* (pp. 331-342). San Francisco: Jossey Bass.

Eagly, A. H., & Chaiken, S. (1993). *The psychology of attitudes.* Ft. Worth, TX, USA: Harcourt Brace Jovanovich College Publishers.

Easton, D. (1965). *A systems analysis of political life.* New York: Wiley.

Eckes, T., & Six, M. (1996). Meta-Analysen in der Einstellungs-Verhaltens-Forschung. *Zeitschrift für Soziapsychologie, 27*(1), 7-17.

Eckes, T., & Six, M. I. (1994). Leugnung von Diskriminierung: Eine Skala zur Erfassung des modernen Sexismus. *Zeitschrift für Sozialpsychologie, 29*(3), 224-238.

Elias, N. (1992). *Studien über die Deutschen.* Frankfurt am Main: Suhrkamp.

Ellemers, N., Spears, R., & Doosje, B. (1997). Sticking together or falling apart: In-Group identification as a psychological determinant of group commitment versus individual mobility. *Journal of Personality and Social Psychology, 72*(3), 617-626.

Ellemers, N., Van Knippenberg, A., de Vries, A., & Wilke, H. (1988). Social identification and permeability of group boundaries. *European Journal of Social Psychology, 18*(6), 497-513.

Erev, I., Bornstein, G., & Galili, R. (1993). Constructive intergroup competition as a structural solution to the free rider problem: a field experiment. *Journal of Experimental Social Psychology, 29*, 463-478.

Falbe, C. M., & Yukl, G. (1992). Consequences for managers of using single influence tactics and combination of tactics. *Academy of Management Journal, 35*, 638-652.

Fant, L. M., & Grindsted, A. (1995). Responses to value mismatch in intercultural negotiation interaction. *Text, 15*(4), 561-588.

Faure, G. O., & Rubin, J. Z. (Eds.). (1993). *Culture and negotiation* . London: Sage Publications.

Faure, G. O., & Rubin, J. Z. (1993). Lessons for theory and research. In G. O. Faure & J. Z. Rubin (Eds.), *Culture and negotiation* (pp. 209-231). London: Sage Publications.

Fiedler, F. E. (1978). The contingency model and the dynamics of the leadership process. In L. Berkowitz (Ed.), *Advances in experimental social psychology* (Vol. 12, pp. 59-112). New York: Academic Press.

Fishman, J. A. (1956). An examination of the process and function of social stereotyping. *Journal of Social Psychology, 43*, 27-64.

Fiske, N., & Neuberg, S. L. (1990). A continuum of impression formation, from category-based to individuating processes: Influences of information and motivation on attention and interpretation. In M. P. Zanna (Ed.), *Advances inExperimental Social Psycholog* (Vol. 23,). New York: Random House.

Fiske, S. T. (1992). Thinking is for doing: Portraits of social cognotion from Daguerrotypes to laserphoto. *Journal of Personality and Social Psychology, 63*(6), 877-889.

Fitzpatrick, M. A. (1988). Negotiating, problem solving and conflict in various types of marriages. In P. Moller & M. A. Fitzpatrick (Eds.), *Perspectives on marital interaction* (pp. 245-270). Clevedon: Multilingual Matters.

Flanagan, J. C. (1954). The critical incident technique. *Psychological Bulletin*, *51*(4), 327358.

Francis, J. N. P. (1991). When in Rome? The effects of cultural Adaption on intercultural business negotiations. *Journal of International Business Studies*, *22*, 403-428.

Frank, J. D. (1983). Nuclear arms and prenuclear leaders: Sociopsychological aspects of the nuclear arms race. *Political Psychology*, *4*(2), 393-408.

Friedman, R. A. (1994). *Front Stage, Backstage. The dramatic structure of labor negotiations.* Cambridge, Massachussetts; London, England: The MIT Press.

Friedman, R. A., & Gal, S. (1991). Managing around roles: Building groups in labor negotiations. *Journal of Applied Behavioral Science*, *27*(3), 356-378.

Fussel, S. R., & Kraus, R. M. (1992). Coordination of knowledge in communication: Effects of speakers' assumptions about what others know. *Journal of Personality and Social Psychology*, *62*(3), 378-391.

Gabrieldis, C., Stephan, W. G., Ybarra, O., Dos Santos Pearson, V., & Villareal, L. (1997). Preferred styles of conflict resolution- Mexico and United States. *Journal of Cross-Cultural Psychology*, *28*(6), 661-677.

Gaertner, S., Dovidio, J. F., Anastasio, P. A., Bachevan, B. A., & Rust, M. C. (1993). The common ingroup identity model: recategorization and the reduction of intergroup bias. In W. Stroebe & M. Hewstone (Eds.), *European Review of social psychology* (Vol. 4, pp. 1-26). Chichester: Wiley.

Gaertner, S. L., Dovidio, J. F., & Bachmann, B. A. (1996). Revisting the contact hypothesis: the induction of a common ingroup identity. *International Journal of Intercultural Relations*, *20*(3/4), 271-290.

Gaertner, S. L., Mann, J., Murrell, A., & Dovidio, J. F. (1989). Reducing intergroup bias: the benefits of recategorization. *Journal of Personality and Social Psychology*, *57*, 239-249.

Gallois, C., Franklyn-Stokes, A., Giles, H., & Coupland, N. (1988). Communication accomodation in intercultral encounters. In Y. Y. Kim & W. B. Gudykunst (Eds.), *Theories in intercultural communication* (pp. 157-185). Newbury Park: Sage.

Giacobbe-Miller, J. K., Miller, D. J., & Victorov, V. I. (1998). A comparison of Russian and U.S. pay allocation decisions, distributive justice judgments and productivity under different payment conditions. *Personnel Psychology*, *51*, 137-163.

Giles, H., & Johnson, P. (1987). Ethnolinguistic identity theory: A social approach to language maintainance. *International Journal of Sociology of Language*, *68*, 69-91.

Giles, H., Mulac, A., Bradac, J. J., & Johnson, P. (1987). Speech accomodation theory: The next decade and beyond. In M. M. Laughlin (Ed.), *Communication Yearbook 10* (Vol. 13-48,). Beverly Hills: Sage.

Glasl, F. (1980). *Konfliktmanagement: Diagnose und Behandlung von Konflikten in Organisationen.* Bern: Haupt.

Glasl, F. (1994). *Konfliktmangement. Ein Handbuch für Führungskräfte und Berater.* Bern/Stuttgart.

Glenn, E. S., Witmeyer, D., & Stevenson, K. A. (1977). Cultural Styles of Persuasion. *International Journal of Intercultural Relations, 1*(3), 52-66.

Gollwitzer, P. M., Heckhausen, H., & Steller, B. (1990). Deliberative and implemental mind-sets: Cognitive tuning toward congruous thoughts and information. *Journal of Personality and Social Psychology, 59*(6), 1119-1127.

Gouldner, A. W. (1960). The norm of reciprocity: A preliminaey statement. *American Sociological Review, 25*(September), 161-179.

Gouldner, A. W. (1960). The norm of reciprocity: A preliminary statement. *American Sociological Review, 25*((September)), 161-179.

Gozman, L. (1993). *Von den Schrecken der Freiheit. Die Russen - ein Psychogramm.* Berlin: Rowohlt.

Gozman, L. (1997). Russian patriotism: Forward to the past. In D. B.-D. Tal & E. Straub (Eds.), *Patriotism in the Lives of individuals and nations* (pp. 293-308). Chicago: Nelson-Hall Publishers.

Graham, J. L. (1985a). The influence of culture in the process of business negotiations. *Journal of International Business Studies, Spring,* 79-94.

Graham, J. L. (1985b). Cross-Cultural marketing negotiations: A laboratory experiment. *Marketing Science*(Spring), 130-146.

Graham, J. L. (1993). The Japanese negotiation style: Characteristics of a distinct approach. *Negotiation Journal, 9*(2), 123-140.

Graham, J. L., & Andrews, D. (1987). A holistic analysis of cross-cultural business negotiations. *Journal of Business Communications, 24*(4), 63-77.

Graham, J. L., & Gronhaug, K. (1989). Ned Hall didn't have to get a haircut: Or why we haven't learned much about international marketing in twenty-five years. *Journal of Higher Education, 60*(2), 152-187.

Graham, J. L., & Herberger, R. A. (1983). Negotiators abroad-Don't shoot from the hip. *Harvard Business Review, July-August,* 160-168.

Graham, J. L., Kim, D. K., Lin, C.-Y., & Robinson, M. (1988). Buyer-seller negotiations around the Pacific Rim: Differences in Fundamental Exchange Processes. *Journal of Consumer Research, 15,* 48-54.

Graham, J. L., & Mintu-Wimsat, A. (1997). Culture's influence on business negotiations in four countries. *Group Decision and Negotiation, 6,* 483-502.

Groeben, N. (1986). *Handeln, Verhalten, Tun als Einheiten einer verstehenden Psychologie.* Tübingen: Francke.

Groeben, N., & Westmeyer, H. (1975). *Kriterien psychologischer Forschung.* München: Juventa.

Gudykunst, W. B., Gao, G., Schmidt, K. I., Nishida, T., Bond, M. H., Leung, K., Wang, G., & Barraclough, R. A. (1992). The influence of individualism-collectivism, self-monitoring and predicted outcome value on communication in ingroup and outgroup relationships. *Journal of Cross-Cultural Psychology, 23*(2), 196-213.

Gudykunst, W. B., & Ting-Toomey, S. (1990). Ethnic identity, language and communication breakdowns. In H. Giles & W. P. Robertson (Eds.), *Handbook of Language and Social Psychology* (pp. 309-323). Chichester: Wiley.

Gudylunst, W. B. (1993). Toward a theory of effective interpersonal and intergroup communication. An anxiety/uncertainty management (AUM) perspective. In R. L. Wiseman & J. Koester (Eds.), *Intercultural communication competence* (Vol. XVII,). Newbury Park, London, New Delhi: Sage Publications.

Haeger, G., Mummendey, A., Mielke, R., Blanz, M., & Kanning, U. (1996). Zum Zusammenhang negativer sozialer Identität und Vergleichen zwischen Personen und Gruppen. Eine Felduntersuchung in Ost- und Westdeutschland. *Zeitschrift für Sozialpsychologie, 27*(4), 259-277.

Hagendoorn, L., & Henke, R. (1991). The effect multiple category membership on intergroup evaluations in a North-Indian context: class, caste and religion. *British Journal of Social Psychology, 30*, 247-260.

Häger, G., Mummendey, A., Mielke, R., Blanz, M., & Kanning, U. (1996). Zum Zusammenhang von negativer sozialer Identität und Vergleichen zwischen Personen und Gruppen: Eine Felduntersuchung in Ost- und Westdeutschland. *Zeitschrift für Sozialpsychologie, 27*, 259-277.

Hager, W., & Westermann, R. (1983). Entscheidung über statistische und wissenschaftliche Hypothesen: Probleme bei mehrfachen Signifikanztests zur Überprüfung einer wissenschaftlichen Hypothese. *Zeitschrift für Sozialpsychologie, 14*, 106-117.

Hair, J. F., Jr., Anderseon, R. E., Tathan, R. L., & Black, W. C. (1995). *Multivariate data analysis with readings.* (4 ed.). London: Prentice-Hall International.

Hall, J. (1969). *Conflict Management Survey.* Conroe, Tex: Teleometrics International.

Halpin, A. W., & Winer, B. J. (1952). *The leadership behavior of the airplane commander.* Columbus: Ohio State University Research Foundation.

Hamilton, D. L., & Trolier, T. K. (1986). Stereotypes and Stereotyping: An overview of the cognitive approach. In J. F. Dovidio & S. L. Gaertner (Eds.), *Prejudice, Discrimination and racism* (pp. 127-163). New York and Orlando, FL: Academy Press.

Haslam, A., Turner, J. C., Oakes, P. J., McGarty, & Reynolds, K. J. (1998). The group as a basis for emergent stereotype consensus. (Vol. 8, pp. 203-239).

Haslam, A., Turner, J. C., Oakes, P. J., Reynolds, K. J., Eggins, N., & Tweedie (1998). When do stereotypes become really consensual? Investigating the group-based dynamics of the consensualizationprocess. *European Journal of Social Psychology, 28*, 755-776.

Haslam, S. A. (1997). Stereotyping and social influence: Foundations of stereotype consensus. In R. Spears, P. J. Oakes, & e. al. (Eds.), *The social psychology of stereotyping and group life* (pp. 119-143). Oxford, England: Blackwell Publishers.

Haslam, S. A., Oakes, P. J., Mc Garty, C., Turner, J. C., & al., e. (1996). Stereotyping and social influence: The mediation of stereotype applicability and sharedness by the views of in-group and out-group members. *British Journal of Social Psychology, 25*(5), 509-530.

Haslam, S. A., Turner, J. C., Oakes, P. J., & McGarty, C. (1992). Context-dependent variation in social stereotyping: I. The effects of intergroup relations as mediated by social change and frame of reference. *European Journal of Social Psychology, 22*(1), 3-20.

Heesen, U. (1994). *Identifizierung zentraler chinesischer Kulturstandards in der Interaktion zwischen deutschen Managern und VR Chinesen.* Diplomarbeit, Universität Regensburg.

Hewstone, M. (1989). Intergroup attribution: Some implications for the study of ethnic prejudice. In J. P. V. Oudenhoven & T. M. Willemsen (Eds.), *Ethnic minorities: Social psychological perspectives* (pp. 25-42). Amsterdam: Swets & Zeitlinger.

Hewstone, M., & Brown, R. J. (1986). Contact is not enough. An intergroup perspective on the "contact hypothesis". In M. Hewstone & R. Brown (Eds.), *Contact and conflict in intergroup encounters* (pp. 1-44). Oxford, England: Basil Blackwell.

Hewstone, M., Islam, M. R., & Judd, C. M. (1993). Models of crossed categorization and intergroup relations. *Journal of Personality and Social Psychology, 64*(5), 779-793.

Hewstone, M., & Ward, C. (1985). Ethnocentrism and causal attribution in Southeast Asia. *Journal of Personality and Social Psychology, 48*, 614-623.

Hocker, J. L., & Wilmot, W. W. (1985). *Interpersonal conflict.* (2 ed.). Dubuque, Iowa: William C. Brown.

Hofstede, G. (1993). *Interkulturelle Zusammenarbeit. Kulturen - Organisationen - Management.* Wiesbaden: Gabler.

Holtbrügge, D. (1995). *Personalmanagement multinationaler Unternehmungen in Osteuropa.* Wiesbaden: Gabler.

Holzkamp, K. (1964). *Theorie und Experimente in der Psychologie.* Berlin: Walter de Gruyter & Co.

Huyn, H., & Mandeville, G. K. (1979). Validity conditions in repeated measures design. *Psychological Bulletin, 86*, 964-973.

Iklé, F. C. (1964). *How nations negotiate.* New York: Harper & Row.

Iklé, F. C. (1965). *Strategie und Taktik des diplomatischen Verhandelns.* Gütersloh: Bertelsmann Verlag.

Insko, C. A., Schopler, J., Hoyle, R. H., Dardis, G. J., & Graetz, K. A. (1990). Individual-group discontinuity as a function of fear and greed. *Journal of Personality and Social Psychology, 58*, 68-79.

Iwanowa, E. (1996, Juni/Juli). Denn sie wissen nicht, was sie tun ... Typische Marketingfehler ausländischer Unternehmen und Manager. *Russland Intern*, pp. 36-38.

Jadow, W. A. (1999). Die Formierung der Sozialen Identität der Persönlichkeit - soziologische und sozialpsychologische Mechanismen. In H. Steiner & W. A. Jadow (Eds.), *Rußland - wohin? Rußland aus der Sicht russischer Soziologen* (Vol. 1, pp. 73-107). Berlin: trafo verlag dr. wolfgang weist.

Janssen, O., & Van de Vliert, E. (1996). Concern for the other' s goals: Key to (de-)escalation of conflict. *International Journal of Conflict Management*, *7*(99-120).

Jehn, K. (1997). Affective and cognitive conflict in work groups: Increasing performance through value-based intragroup conflict. In C. K. DeDreu & E. V. d. Vliert (Eds.), *Using conflict in organizations* (pp. 87-100). London: Sage.

Jehn, K. A. (1994). Enhancing effectiveness: An investigation of advantages and disadvantages of value-based intragroup conflict. *International Journal of Conflict Management*, *5*, 223-38.

Jehn, K. A. (1995). A multimethod examination of the benefits and detriments of intragroup conflict. *Administrative Science Quarterly*, *40*, 256-82.

Johnson, D. W., Johnson, R. T., & Smith, K. (1989). Controversy within decision making situations. In M. A. Rahim (Ed.), *Managing conflict: An interdisciplinary approach* (pp. 251-264). New York: Praeger.

Jones, E., Gallois, C., Barker, M., & Callan, W. (1994). Evaluation of interactions between students and academic staff: Influence of communication accomodation, ethnic group and status. *Journal of Language and Social Psychology*, *13*(2), 158-191.

Jönsson (1979). *Soviet bargaining behavior. The nuclear test ban case.* New York: Columbia University Press.

Jönsson, C. (1990). *Communication in international bargaining.* London: Pinters Publishers.

Judd, C. M., & Park, B. (1993). Definition and assessment of accuracy in social stereotypes. *Psychological Review*, *100*, 109-128.

Judd, C. M., Ryan, C. S., & Park, B. (1991). Accuracy in the judgment of in-group and out-group variability. *Journal of Personality and Social Psychology*, *61*, 366-379.

Kabanoff, B., & Van de Vliert, E. (1993). *Behavior symmetry in conflicting dyads and its relation to interpersonal power and conflict outcomes* (Unpublished manuscript No.). University of New South Wales, Australia, and University of Groningen, Netherlands.

Kanning, U., & Mummendey, A. (1993). Soziale Vergleichsprozesse und die Bewältigung "negativer sozialer Identität". Eine Feldstudie in Ostdeutschland. *Zeitschrift für Sozialpsychologie*, *24*(3), 211-217.

Kappel, G., Rathmayr, R., & Diehl-Zelonkina, N. (1994). *Verhandeln mit Russen.* Wien: Service Fachverlag.

Kappeler, A. (1993). Some remarks on Russian national identities (sixteenth to nineteenth centuries). *Ethnic Studies*, *10*(1-3), 147-155.

Karaganov, S. A., Kozhokin, Y. M., Malashenko, I. Y., & Fedorov, A. V. (1997). *The international image of Russia and Russian business community -Executive Summary* (Executive Summary No.). Council on Foreign and Defense Policy.

Karamzin, N. M. (1990). *Ob istorii gosudarstva rossiyskogo (Die Geschichte des russischen Staates).* Moskau: Prosveshenie.

Karlins, M., Coffman, T. L., & Walters, G. (1969). On the fading of social stereotypes: Studies in three generations of college students. *Journal of Personality and Social Psychology*, *13*, 1-16.

Kasjanowa, K. (1994). *K woprosu o russkom naziolnom charaktere Zur Frage über den russischen Nationalcharakter).* Moskwa.

Kattago, S. (1995). *Unification: Rethinking German national identity* . New School Social Research.

Katz, D. (1960). The functional approach to the study of stereotypes. *Public Opinion Quarterly, 61*, 448-456.

Katz, D., & Braly (1933). Racial stereotypes of one hundred college students. *Journal of Abnormal and Social Psychology, 28*, 280-290.

Keenan, P. A., & Carnevale, P. J. (1992). *Negotiation teams: Within-group and between-group negotiation* (Unpublished manuscript No.). Department of Psychology, University of Illinois.

Keil-Gurov, J., & Gnann, M. (1995). Konflikte erfolgreich lösen. Zusammenarbeit bei Russland Projekten. *Personalführung, 12*, 1014-1019.

Keller, M. (Ed.). (1985). *Russen und Rußland aus deutscher Sicht . 9.-17. Jahrhundert* (Vol. 1) . München: Wilhelm Fink Verlag.

Keller, M. (Ed.). (1987). *Russen und Rußland aus deutscher Sicht. 18. Jahrhundert: Aufklärung* (Vol. 2) . München: Wilhelm Fink Verlag.

Keller, M. (Ed.). (1991). *Russen und Rußland aus deutscher Sicht. 19. Jahrhundert: Von der Jahrhundertwende bis zur Reichsgründung* (Vol. 3) . München: Wilhelm Fink Verlag.

Kelley, H. H. (1966). A classroom study of the dilemmas in interpersonal negotiations. In K. Archibald (Ed.), *Stretegic Interaction and conflict: Original papers and discussion* . Berkeley, CA: Institute of International Studies.

Kelman, H. (1987). The political psychology of the Israeli-Palestinian conflict: How can we overcome barriers to a negotiated solution? *Journal of Political Psychology, 8*(3), 347-363.

Kelman, H. C. (1997). Negotiating national identity and self-determination in ethnic conflicts: The choice between pluralism and ethnic cleansing. *Negotiation Journal, 13*(4), 327-340.

Kim, M. S., & Hunter, J. E. (1993). Attitude-behavior relations: A meta-analysis of attitudinal relevance and topic. *Journal of Communication, 43*(1), 101-142.

Kim, M. S., & Hunter, J. E. (1993). Relationships among attitudes, behavioral intentions and behavior. A meta-analysis of past research: II. *Communication Research, 20*(3), 331-364.

Kim, U., Triandis, H. C., Kagitcibasi, C., Choi, S.-C., & Yoon, G. (Eds.). (1994). *Individualism and Collectivism. Theory, Method and Applications* . London: Sage Publications.

Kimmel, M. J., Pruitt, D. J., Magenau, J. M., Konar-Goldbrand, E., & Carnevale, P. J. (1980). Effects of trust, aspiration and gender on negotiation tactics. *Journal of Personality and Social Psychology, 38*, 9-23.

Kjaerbeck, S. (1998). The organization of discourse units in Mexican and Danish business negotiations. *Journal of Pragmatics, 30*(3), 347-362.

Komorita, S. S., & Lapworth, C. W. (1982). Cooperative choice among individuals versus groups in an n-person dilemma situation. *Journal of Personality and Social Psychology, 42*, 487-496.

Koopman, C., Snyder, J., & Jervis, R. (1989). American elite views of relations with the Soviet Union. *Journal of Social Issues, 45*(2), 119-139.

Kramer, R. M. (1991). Intergroup relations and organizational dilemmas: The role of categorization processes. In L. L. Cummings & B. M. Staw (Eds.), *Research in organizational behavior* (Vol. 13, pp. 191-228). Greenwich, CT: JAI Press.

Kramer, R. M., Newton, E., & Pommerenke, P. L. (1993). Self-enhancement biases and negotiator judgment: Effects of self-esteem and mood. *Organizational Behavior and Human Decision Processes, 56*, 110-133.

Kramer, R. M., Pommerenke, P., & Newton, E. (1993). The social context of negotiation. Effects of social identity and interpersonal accountability on negotiator decision making. *Journal of Conflict Resolution, 37*(4), 633-654.

Kraus, R. M., & Fussel, S. R. (1991b). Constructing shared communicative environments. In L. B. Resnick, J. M. Levine, & S. D. Teesley (Eds.), *Perspectives on socially shared cognition* (pp. 172-200). Washington: American Psychological Association.

Kraus, S. J. (1995). Attitudes and the prediction of behavior: A meta-analysis of the empirical literature. *Personality and Social Psychology Bulletin, 21*(1), 58-75.

Kremenyuk, V. A. (Ed.). (1991). *International negotiation: Analysis, approaches, issues* . San Francisco: Jossey Bass.

Kremenyuk, V. A. (1993). International Negotiation: Does Culture make a difference? A pluralistic viewpoint. In G. O. Faure & J. Z. Rubin (Eds.), *Culture and negotiation* . London: Sage Publications.

Kremenyuk, V. A. (1994). *Conflicts in and around Russia. Nation-building in difficult times* (Vol. 341). Westport, Connecticut - London: Greenwood Press.

Kruglanski, A. W., & Webster, D. M. (1991). Group members' reactions to opinion deviates and conformists at varying degrees of proximity to decision deadline and of environmental noise. *Journal of Personality and Social Psychology, 61*(2), 212-225.

Kurthen, H. (1995). Germany at the crossroads: national identity and the challenges of immigration. *International Migration Review, 29*(4 (112)), 914-938.

Landry, R., & Bourhis, R. Y. (1997). Linguistic landscape and ethnolinguistic vitality: An empirical study. *Journal of Language and Social Psychology, 16*, 23-49.

Lawrence, P. R., & Lorsch, J. W. (1967). *Organization and environment: Managing differentiation and integration.* Boston, Mass.: Harvard University Press.

Lax, D. A., & Sebenius, J. K. (1986). *The manager as a negotiator.* New York: Free Press.

Lee, Y.-T. (1996). Difference, not prejudice engenders intergroup tension. *American Psychologist, 51*(3), 267-268.

Leites, N. (1951). *The operational code of the politburo.* New York: McGraw -Hilll.

Leung, K. (1988). Theoretical advances in justice behavior. Some cross-cultural inputs. In M. H. Bond (Ed.), *The cross-cultural challenge to social psychology* (Vol. 11, pp. 218-229). Newbury Park, CA, USA: Sage Publications.

Leung, K., Bond, M. H., Carment, D. W., Krishnan, L., & Liebrand, W. B. G. (1990). Effects of Cultural Femininity on Preference für Methods of Conflict Processing: A Cross-Cultural Study. *Journal of Experimental Social Psychology, 26*, 373-388.

Leuschner, B. (1996). *Statusdifferenzierung und soziale Unzufriedenheit. Eine Studie zum ost-westdeutschen Vergleich* (Vol. 2). Münster.Dissertation: Lit.

Lewada, J. A. (1999). Der "Homo Sowjeticus" fünf Jahre danach: 1989-1994. In H. Steiner & W. A. Jadow (Eds.), *Rußland - wohin? Rußland aus der Sicht russischer Soziologen* (Vol. 1, pp. 54-66). Berlin: trafo verlag dr. wolfgang weist.

Lewicki, R. J., & Litterer, J. A. (1985). *Negotiation.* Homewood, Ill.: Irwin.

Lewicki, R. J., Saunders, D. M., & Minton, J. W. (1997). *Essentials of Negotiation.* (2 ed.). New York: Irwin-McGraw-Hill.

Leyens, J. P., Yzerbyt, V., & Schadron, G. (1994). *Stereotypes, social cognition and social explanation.* London: Sage.

Likert, R., & Likert, J. G. (1976). *New ways of managing conflict.* New York: McGraw Hill.

Link, J. (1993). La reunification allemande comme evenement symbolique. *Actes de la recherche en scienes sociales, 98*(June), 59-61.

Linskold, S., McElwain, D. C., & Wayner, M. (1977). Cooperation and the use of coercion by groups and individuals. *Journal of Conflict Resolution, 21*, 531-550.

Linville, P. W., Salovey, P., & Fischer, G. W. (1986). Stereotyping and perceived distributions of social characteristics: An application to ingroup-outgroup perception. In J. F. Dovidio & S. L. Gaertner (Eds.), *Prejudice, discrimination and racism* . New York and Orlando, FL: Academic Press.

Liutho, K. (1991a). *The impact of the Finnish and Soviet managerial culture on the Managerial culture of Finnish-Soviet Joint Ventures. In J. Nieminen: Foreign direct investment in the Soviet Union: Experiences and prospects for joint ventures* (Research Report No. B/1991, p. 57-93). Institute for East-West trade at the Turku School of Economics and Business Administration.

Liutho, K. (1991b). *The interaction of managerial cultures in Soviet-Finnish joint ventures* (Research Report No. 10/1991). Institute for East-West trade at the Turku School of Economics and Business Administration.

Liutho, K. (1991c). *The interaction of managerial cultures in Soviet-Finnish Joint Ventures. In: An enlarged Europe in the global economy.* Paper presented at the 17th Annual Conference of the European Business Association, Copenhagen.

Lopes, L. L. (1994). Psychology and economics: Perspectives on risk, cooperation and the marketplace. *Annual Review of Psychology, 45*, 197-227.

Maass, A., Montalcini, F., & Biciotti, E. (1998). On the (dis)confirmability of stereotypic attributes. *European Journal of Social Psychology, 28*(3), 403-421.

Magun, V. S. (in press). Job values and labor ethics in socialist and postsocialist Russia. In D. Shalin (Ed.), *Russian culture in transition* : Westview Press.

Magun, W. S. (1996). Trudovye tsennosti rissiyskogo naseleniya (Arbeitswerte der russischen Bevölkerung). *Voprosy ekonomiki*, *1*(1), 47-62.

Marcus-Newhall, A., Miller, N., Holtz, R., & Brewer, M. B. (1993). Cross-cutting category membership with role asignment: A means of reducing intergroup bias. *British Journal of Social Psychology*, *32*(2), 125-146.

McClintock, C. G., & Liebrand, W. B. G. (1988). The role of interdependence structure, individual value orientation and other's strategy in social decision making: A transformational analysis. *Journal of Personality and Social Psychology*, *55*, 396-409.

McGillicuddy, N. B., Pruitt, D. G., & Syna, H. (1984). Perceptions of firmness and strenght in negotiation. *Personality and Social Psychology Bulletin*, *10*(402--409).

McNamara, T. F. (1987). Language and social identity: Israelis abroad. *Journal of Language and Social Psychology*, *6*, 202-226.

Michener, H. A., Vaske, J. J., Schleifer, S. L., Plazewski, J. G., & Chapman, L. J. (1975). Factors affecting concession rate and threat usage in bilateral conflict. *Sociometry*, *38*, 62-80.

Mlicki, P. P. E., N. (1996). Being different or being better? National stereotypes and identifications of Polish and Dutch students. *European Journal of Social Psychology*, *16*(1), 97-114.

Mosely, P. E. (1951). "Some Soviet techniques of negotiation". In r. i. P. E. Mosely (Ed.), *The Kremlin and world politics* . New York: Vintage, 1960.

Müller, S., & Clarke, L. D. (1998). Political-economic context and sensitivity to equity: Differences between the United States and the transition economies of Central and Eastern Europe. *Academy of Management Journal*, *41*(3), 319-329.

Neuberg, S. L., & Fiske, S. T. (1987). Motivationale influences on impression formation: Outcome dependency, accuracy-driven attention and individuating processes. *Journal of Personality and Social Psychology*, *53*(3), 431-444.

Noelle-Neumann, E., & Köcher, R. (1987). *Die verletzte Nation: Über den Versuch der Deutschen, ihren Charakter zu ändern.* Stuttgart: Deutsche Verlags-Anstalt.

Noels, K. A., Pon, G., & Clément, R. (1996). Language, identity and adjustment: The role of linguistic self-confidence in the acculturation process. *Journal of Language and Social Psychology*, *15*, 246-264.

Oakes, P. J. (1987). The salience of social categories. In J. C. Turner, M. A. Hogg, P. J. Oakes, S. D. Reicher, & M. S. Wetherell (Eds.), *Rediscovering the social group. A self-categorization theory* . Oxford: Blackwell.

Oakes, P. J., Haslam, S. A., & Turner, J. C. (1994). *Stereotyping and social reality*. Oxford: Basil Blackwell.

Oakes, P. J., Turner, J. C., & Haslam, S. A. (1991). Perceiving people as group members: The role of fit in the salience of social categorizations. *British Journal of Social Psychology*, *30*, 125-144.

Oevermann, U. (1990). Zwei Staaten oder Einheit. *Merkur 2*.

Öhlschlegel-Haubrock, S. (1998). *Erfassung und inhaltliche Analyse von Intergruppenkategorisierungen in der Kommunikation zwischen sozialen Gruppen* (Vol. 4). Münster: LIT Verlag.

Park, B., Judd, C. M., & Ryan, C. S. (1991). Social categorization and the representation of variability information. In W. Stroebe & M. Hewstone (Eds.), *European Review of Social Psychology* (Vol. 2,). Chichester: Wiley.

Park, B., & Rothbart, M. (1982). Perceptions of out-group homogeneity and levels of social categorization: Memory for the subordinate attributesof in-group and out-group members. *Journal of Personality and Social Psychology, 42*, 1051-1068.

Pawlowskaja, A. W. (1994). Stereotipy i wosprijatija Rossii i Russkich na Zapad'e. , *Rossia i Zapad. Dialog kultur* (pp. 18-30). Moskau.

Pearson, V. M. S., & Stephan, W. G. (1998). Preferences of styles of negotiation: A comparison of Brasil and the US. *International Journal of Intercultural Relations, 22*(1), 67-83.

Peirce, R. S., Pruitt, D. G., & Czaja, S. J. (1991). *Complaint-respondent differences in procedural choice* . Department of Psychology, State University of New York.

Piontkowski, U., & Öhlschlegel, S. (1999). *Ost und West im Gespräch* (Vol. 1). Münster: LIT Verlag.

Poortinga, Y. H., & Hendriks, E. C. (1989). Culture as a factor in international negotiations: A proposed research project from a psychological perspective. In F. Mautner-Markhof (Ed.), *Processes of international negotiations* (pp. 203-212). Boulder, CO: Westview.

Prein, H. C. M. (1976). Stijlen of conflicthantering (Styles of conflict management). *Nederlandstijdschrift voor de Psychologie, 31*, 321-346.

Prothro, E. T., & Melikian, L. H. (1955). Studies in stereotypes: V. Familiarity and the kernel of truth hypothesis. *Journal of Social Psychology, 41*, 11-17.

Pruitt, D. G. (1968). Reciprocity and credit building in a laboratory dyad. *Journal of Personality and Social Psychology, 8*, 143-147.

Pruitt, D. G. (1991). Strategy in negotiation. In V. A. Kremenyuk & e. al. (Eds.), *International negotiation. Analysis, approaches, issues* (pp. 78-89). San Francisco: Jossey-Bass.

Pruitt, D. G., & Carnevale, P. J. (1993). *Negotiation in social conflict.* Buckingham: Open University Press.

Pruitt, D. G., Carnevale, P. J., Ben-Yoav, O., Nochajski, T. H., & Van Slyck, M. (1983). Incentives for cooperation in integrative bargaining: A process perspective. In R. Tietz (Ed.), *Aspiration levels in bargaining and economic decision making* (pp. 22-34). Berlin: Springer.

Pruitt, D. G., & Kimmel, M. J. (1977). Twenty years of experimental gaming: Critique, synthesis and suggestions for the future. *Annual Review of Psychology, 28*, 363-392.

Pruitt, D. G., & Lewis, S. A. (1975). Development of integrative solution in bilateral negotiation. *Journal of Personality and Social Psychology, 31*(4), 621-633.

Pruitt, D. G., & Rubin, J. Z. (1986). *Social Conflict: Escalation, stalemate and settlement.* New York: Random House.

Putnam, L. L., & Jones, T. S. (1982). Reciprocity in negotiations: An analysis of bargaining interaction. *Communication Monographs, 49*(September), 171-191.

Putnam, L. L., & Poole, M. E. (1987). Conflict and negotiation. In F. M. Jablin, L. L. Putnam, & L. W. Porter (Eds.), *Handbook of organizational communication: An interdisciplinary perspective* . Newbury Park, CA: Sage.

Putnam, L. L., & Wilson, C. E. (1982). Communicative strategies in organizational conflicts: Reliability and validity of a measurement scale. In M. Burgoon (Ed.), *Communication Yearbook* (Vol. 6, pp. 629-652). Beverly Hills, Calif.: Sage.

Pye, L. W. (1982). *Chinese negotiating styles.* Cambridge, MA: Oelgeschlager, Gunn and Hain.

Pye, L. W. (1986). The China trade: Making the deal. *Harvard Business Revue, 64*, 74-80.

Radaew, W. (1993). Nowoe predprinimatelstwo w Rossii (Neues Unternehmenrtum in Rußland). Moskau.

Rahim (1983a). *Rahim organuzational conflict inventories.* Palo Alto, Calif.: Consulting Psychologists Press.

Rahim, M. A. (1983b). A measure of handling interpersonal conflict. *Academy of Management Journal, 26*, 368-376.

Rahim, M. A. (Ed.). (1986). *Managing conflict in organizations* . New York: Praeger.

Rahim, M. A. (1992). *Managing conflict in organizations.* (2 ed.). Westport, Conn.: Praeger.

Raiffa, H. (1991). Contributions of applied systems analysis to international negotiation. In V. A. Kremenyuk (Ed.), *International negotiations. Analysis, approaches, issues* . San Francisco: Jossey-Bass.

Rajan, M. N., & Graham, J. L. (1991). Nobody's grandfather was a merchant: Understanding the soviet commercial negotiation process and style. *California Management Review*, 40-57.

Ropers, N. (1995). *Friedliche Einmischung. Strukturen, Prozesse und Strategien zur konstruktiven Bearbeitung ethnopolitischer Konflikte* (Berghof Report No. 1). Berghof Forschungszentrum für konstruktive Konfliktbearbeitung.

Rose, R. (1985). National pride in cross-national perspective. *International Social Science Journal, 37*(1), 85-96.

Rosnow, R. L., & Rosenthal, R. (1989). Definition and interpretation of interaction effects. *Psychological Bulletin, 105*, 143-146.

Ross, R. G., & DeWine, S. (1988). Assesssing the Ross-DeWine management conflict message style (CMMS). *Management Communication Quarterly, 1*, 389-413.

Ross, W., & Lacroix, J. (1996). Multiple meanings of trust in negotiation theory and research: A literature review and integrative model. *International Journal of Conflict Management, 7*(4), 314-360.

Rubin, J. Z., Pruitt, D. G., & Kim, S. H. (1994). *Social Conflict: Escalation, stalemate and settlement.* New York: McGraw-Hill.

Rubin, J. Z., Kim, S.-H., & Peretz, N. M. (1990). Expectancy effects and negotiation. *Journal of Social Issues, 46*(2), 125-139.

Rubin, J. Z., & Sander, F. E. A. (1991). Culture, negotiation and the eye of the beholder. *Negotiation Journal, 7*, 249-254.

Ruble, T. L., & Thomas, K. W. (1976). Support for a two-dimensional model of conflict behavior. *Organizational Behavior and Human Performance, 16*, 143-155.

Russische Industrie- und Handelkammer (Torgogo Promyschlennaja. Palata) (1997). *Nazional'naja programma "Rossijskaja delowaja kul'tura"*. Moskwa: Torgowo-promyschlennaja palata.

Russische Industrie- und Handelkammer (Torgogo Promyschlennaja. Palata) (1998). *Rossijskaja delobaja kul'tura: istorija, tradizija, praktika.* Moskwa: Torgogo-promyschlennaja palata.

Ryan, C. S., Judd, C. M., & Park, B. (1996). Effects of racial stereotypes on judgments of individuals: The moderating role of perceived group variability. *Journal of Experimental Social Psychology, 32*(1), 71-103.

Salacuse, J. W. (1988). Making deals in strange places: A beginner's guide to international business negotiations. *Negotiation Journal, 4*, 5-13.

Salacuse, J. W. (1991). *Making global deals: Negotiating in the international market-place.* Boston: Houghton Mifflin.

Salacuse, J. W. (1993). Analysis: Implication for practitioners. In G. O. Faure & J. Z. Rubin (Eds.), *Culture and negotiation* (pp. 199-208). London: Sage Publications.

Salacuse, J. W. (1998). So, what is the deal anyway? Contracts and relationships as negotiating goals. *Negotiation Journal, 14*(1), 5-12.

Samberger, E. (1994). *Identifikation zentraler chinesischer Kulturstandards, analysiert an deutschen Fremdsprachendozenten.* Diplomarbeit, Universität Regensburg.

Sande, G. N., Goethals, G. R., Ferrari, L., & Worth, L. T. (1989). Value-guided attributions: Maintaining the moral self-image and the diabolical enemy image. *Journal of Social Issues, 45*(2), 91-118.

Saslawskaja, T. A. (1999). Die Business-Schicht der russischen Gesellschaft. In H. Steiner & W. A. Jadow (Eds.), *Rußland - wohin? Rußland aus der Sicht russischer Soziologen* (Vol. 1, pp. 127-153). Berlin: trafo verlag dr. wolfgang weist.

Schaap, C., Buunk, B. P., & Kerkstra, A. (1988). Marital conflict resolution. In P. Noller & M. A. Fitzpatrick (Eds.), *Perspectives on marital interaction* (pp. 203-244). Clevedon: Multilingual Matters.

Schkataran, O. I., & Radaew, W. W. (1995). Sozialnaja stratifikazia. Moskwa: Moskau.

Schmidt, H. (1996). Länderbericht Rußland: Der langfristige Erfolg deutscher Investoren hängt auch von ihrem Auftreten ab. Eine Anleitung zu guter Kooperation. *Unternehmer Magazin*, pp. 10-15.

Schopler, J., Insko, C. A., Graetz, K. A., Drigotas, S. M., & Smith, V. A. (1991). The generality of individual-group discontinuity effect: Variations in positivity-negativity of outcomes, players' relative power and magnitude of outcomes. *Personality and Social Psychology Bulletin, 17*(612-624).

Seibt, N. (1987). *Struktur und Dynamik von Gesprächen. Vom Beschreibungsmodell zur konkreten Analysen.* Frankfurt am Main: Peter Lang.

Semin, G. R., & Fiedler, K. (1991). The linguistic category model, its bases, applications and range. In W. Stroebe & M. Hewstone (Eds.), *European Review of Social Psychology* (Vol. 2, pp. 1-50). Chichester: John Wiley.

Senghaas, D. (1992). *Friedensprojekt Europa.* Frankfurt a. M.

Shapiro, D. L., & Rognes, J. (1996). Can a dominating orientation enhance the integrativeness of negotiated agreements? *Negotiation Journal, 12*(1), 81-90.

Sharkansky, I. (1970). Environment, policy, output and impact: Problems of theory and method in the analysis of public policy. In I. Sharkansky (Ed.), *Policy analysis in political science* . Chicago: Markham.

Simon, B. (1992). The perception of ingroup and outgroup homogeneity. Reintroducing the intergroup context. In W. Stroebe & M. Hewstone (Eds.), *European Review of Social Psychology* (Vol. 3,). Chichester: Wiley.

Simon, B. (1993). On the asymmetry in the cognitive construal of ingroup and outgroup: A model of egocentric social categorization. *European Journal of Social Psychology, 23*(131-147).

Simon, B., & Brown, R. (1987). Perceived intragroup homogeneity in minority-majority contexts. *Journal of Personality and Social Psychology, 53*, 703-711.

Simon, B., Glässner-Bayerl, B., & Stratenwerth, I. (1991). Stereotyping and self-stereotyping. *Social Psychology Quarterly, 54*(3), 252-266.

Simon, B., & Hamilton, D. L. (1994). Self-stereotyping and social context: The effects of relative ingroup size and ingroup status. *Journal of Personality and Social Psychology, 66*, 699-711.

Simon, B., Hastedt, C., & Aufderheide, B. (1997). When self-categorization makes sense: The role of meaningful social categorization in minority and majority members' self-perception. *Journal of Personality and Social Psychology, 73*, 310-320.

Simon, B., & Massau, C. (1991). Soziale Identifikation, Eigengruppen-Favorisierung und Selbst-Stereotypisierung: Der Fall Oskar Lafontaine und die Saarländer. *Zeitschrift für Sozialpsychologie, 22*(3), 193-207.

Simon, B., Pantaleo, G., & Mummendey, A. (1995). Unique individual or interchangeable group member? The accentuation of intragroup differences versus similarities as an indicator of the individual self versus the collective self. *Journal of Personality and Social Psychology, 69*(1), 106-119.

Simon, B., & Pettigrew, T. F. (1990). Social identity and perceived group homogeneity: Evidence for the ingroup homogeneity effect. *European Journal of Social Psychology, 20*, 269-286.

Simon, G., & Dorosz, J. (1994). Russia Restoration of the empire or the beginning of a European nation state? *Polish Western Affairs, 35*(1), 17-29.

Sinha, A. K. P., & Upadhaya, O. P. (1960). Change and persistence in the stereotypes of university students towards different ethnic groups during Sino-Indian border dispute. *Journal of Social Psychology, 52*(31-39).

Sloss, L., & Davis, S. M. (1987). The Soviet Union: the pursuit of power and influence through negotiation. In H. Binnendijk (Ed.), *National negotiating styles* . Arlington, Virginia - Washington, D.C.: Department od State Publication - Foreign Service Institute - Center for the Study of Foreign Affairs.

Smith, P. B., Dugan, S., Peterson, M. F., & Leung, K. (1998). Individualism, collectivism and the handling disagreement. A 23 country study. *International Journal of Intercultural Relations, 23*(3), 351-367.

Smith, P. B., Dugan, S., & Trompenaars, F. (1996). National culture and the values of employees: A dimensional analysis across 43 nations. *Journal of Cross-Cultural Psychology, 27*(2), 231-264.

Smith, R. F. (1989). *Negotiating with the Soviets.* Bloomingtin, Indianapolis: Indiana University Press.

Smyth, L. F. (1994). Intractable conflicts and the role of identity. *Negotiation Journal, 10*(4), 311-321.

Solomon, R. H. (1987). China: Friendship and obligation in Chinese negotiation style. In H. Binnendijk (Ed.), *National negotiating styles* (pp. 1-16). Washington, DC: Foreign Service Institute.

Spears, R., Dossje, B., & Ellemers, N. (1997). Self-stereotyping in the face of threats to group status and distinctiveness: The role of group identification. *Personality and Social Psychology Bulletin, 23*(5), 538-553.

Steiner, H., & Jadow, W. A. (Eds.). (1999). *Rußland - wohin? Rußland aus der Sicht russischer Soziologen* (Vol. I) (1 ed.). Berlin: trafo Verlag dr. wofgang weist.

Stephan, W., Ageyev, V., Stephan, C. W., & Abalakina, M. A. (1993). Measuring stereotypes: A comparison of methods using Russian and American samples. *Social Psychology Quarterly, 56*(1), 54-64.

Stephan, W. S., & Abalakina-Paap, M. (1996). Russia and the West. Intercultural relations. In D. Landis & R. S. Bhagat (Eds.), *Handbook of Intercultural Training* (pp. 366-382). London, New Delhi: Sage Publications.

Sternberg, R. J., & Dobson, D. M. (1987). Resolving interpersonal conflicts: An analysis of stylistic consistency. *Journal of Personality and Social Psychology, 52*, 794-812.

Sternberg, R. J., & Soriano, L. J. (1984). Styles of conflict resolution. *Journal of Personality and Social Psychology, 47*(115-126).

Stevens, J. (1986). *Applied multivariate statistics for the social sciences.* Hillsdale, NJ: Erlbaum.

Stroebe, W., & Insko, C. A. (1989). Stereotype, prejudice and discrimination. Changing conceptions in theory and research. In D. Bar-Tal, C. F. Graumann, A. W. Kruglanski, & W. Stroebe (Eds.), *Stereotyping and prejudice: Changing conceptions* (pp. 3-34). New York and London: Springer Verlag.

Stromberg, C., & Boehnke, K. ((in press)). Is there anything like unique Russian values? A comparison of Russians, Germans and Russian Jewish immigrants. In G. Akopov (Ed.), *Russian consciosness: A view from outside* .

Struch, N., & Schwartz, S. H. (1989). Intergroup aggression: Its predictors and distictness from ingroup bias. *Journal of Personality and Social Psychology, 56*(3), 364-373.

Svedberg, E. (1996). The meeting in east-west negotiation in post-soviet Russia. *International Negotiation, 1*(3).

Svedberg, E. (1997). *The meeting in east-west negotiations in post-soviet Russia.* Paper presented at the International Conference of Conflict Management, Bonn.

Tajfel, H. (Ed.). (1978). *Differentiation between social groups: studies in the social psychology of intergroup relations*. London: Academic Press.

Tajfel, H. (1981). *Human Groups and Social Categories: Studies in Social Psychology.* Cambridge: Cambridge University Press.

Tajfel, H., Flament, C., Billig, M. G., & Bundy, R. F. (1971). Social categorization and intergroup behavior. *European Journal of Social Psychology, 1*, 149-177.

Tajfel, H., & Turner, J. C. (1986). The Social Identity Theory of Intergroup Behavior. In S. Worchel & W. G. Austin (Eds.), *Psychology of Intergroup Relations* (pp. 7-24). Chicago: Nelson-Hall.

Taylor, R. (1996). The double-headed eagle: Russia - East or West? In R. Bideleux & R. Taylor (Eds.), *European integration and disintegration. East and West* (pp. 252-280). London: Routledge.

Thayer, N. B., & Weiss, S. E. (1987). Japan: The changing logic of a former minor power. In H. Binnendijk (Ed.), *National negotiating styles* (pp. 45-74). Washington, DC: Foreign Service Institute.

Thomas, A. (1996). Analyse der Handlungswirksamkeit von Kulturstandards. In A. Thomas (Ed.), *Psychologie interkulturellen Handelns* (pp. 107-135). Göttingen: Hogrefe.

Thomas, A. (1998). Scientific and practical aspects of cross-cultural cooperation and management in the context of European integration. *Studia Psychologica, 40*(1-2), 69-78.

Thomas, A., & Schenk, E. (1996). *Abschlussbericht zum Forschungsprojekt "Handlungswirksamkeit zentraler Kulturstandards in der Interaktion zwischen Deutschen und Chinesen* (University Reports No. 25). Univerität, Institut für Psychologie.

Thomas, K. W. (1979). Organizational conflict. In S. Kerr (Ed.), *Organizational Behavior* (pp. 151-181). Columbus, Ohio: Grid Publications.

Thomas, K. W. (1992). Conflict and conflict management. In M. Dunnette & L. M. Hough (Eds.), *Handbook of Industrial and Organizational Psychology* (Vol. 3, pp. 651-717). Palo Alto: Consulting Psychology Press.

Thomas, K. W., & Kilmann, R. H. (1974). *The Thomas-Kilmann conflict mode instrument.* Tuxedo, NY: Xicom.

Thompson, A. G. (1996). Compliance with agreements in cross-cultural transactions. Some analytical issues. *Journal of International Business Studies, 27*(1), 375-390.

Thompson, L. (1990a). The influence of experience on negotiation performance. *Journal of Experimental Social Psychology, 26*(6), 528-544.

Thompson, L. (1990b). An examination of naive and experienced negotiators. *Journal of Personality and Social Psychology, 59*(1), 82-90.

Thompson, L., & DeHarpport, T. (1994). Social judgment, feedback and interpersonal learning in negotiation. *Organizational Behavior and Human Decision Processes, 58*(3), 327-345.

Tjosvold, D. (1988). Cooperative and competitive dynamics within and between organizational units. *Human Relations, 41*, 425-436.

Tjosvold, D., & De Dreu, C. K. W. (1997). Managing conflict in Dutch organizations: A test of the relevance of Deutsch's cooperation theory. *Journal of Applied Social Psychology, 27*(24), 2213-2227.

Triandis, H. C. (1995). *Individualism & Collectivism*. Boulder, Co, USA: Westview Press.

Triandis, H. C., Bontempo, R., Villareal, M. J., & Asai, M. (1988). Individualism and collectivism: Cross-cultural perspectives on self-ingroup relationships. *Journal of Personality and Social Psychology, 54*(2), 323-338.

Triandis, H. C., McCusker, C., & Hui, C. H. (1990). Multimethod probes of individualism and collectivism. *Journal of Personality and Social Psychology, 59*(5), 1006-1020.

Trubisky, P., Ting-Toomey, S., & Lin, S.-L. (1991). The influence of individualism-collectivism and self-monitoring on conflict styles. *International Journal of Intercultural Relations, 15*(1), 65-84.

Tschirikowa, A. E. (1997). *Lidery rossijskogo predprinimatel'stwa: mentalitet, smysly, zennosti.* Moskwa: Institut Soziologii RAN.

Turner, J. C. (1982). Towards a cognitive redefinition of the social group. In H. Tajfel (Ed.), *Social Identity and Intergroup relations* . Cambridge: Cambridge University Press.

Turner, J. C. (1985). Social categorization and the self-concept: A social-cognitive theory of group behavior. In E. J. Lawler (Ed.), *Advances in group-processes* (Vol. 2,). Greenwich, CT: JAI Press.

Turner, J. C. (1991). *Social Influence*. Milton Keynes: Open University Press.

Turner, J. C., & Giles, H. (1981). *Intergroup behavior.* Oxford: Basil Blackwell.

Turner, J. C., Hogg, M. A., Oakes, P. J., Reicher, P. J., & Wetherell, M. S. (1987). *Rediscovering the social group. A self-categorization theory*. Oxford: Basil Blackwell.

Tutzauer, F., & Roloff, M. E. (1988). Communication processes leading to integrative agreements: Three paths to joint benefits. *Communication research, 15*, 360-380.

Ulijn, J. M., & Xiangling, L. (1995). Is interrupting impolite? Some temporal aspects of turn-taking in Chinese-Western and other intercultural business encounters. *Text, 15*(4), 589-627.

Underdal, A. (1991). The outcomes of negotiation. In V. A. Kremenyuk (Ed.), *International negotiation. Analysis Approaches, Issues* (pp. 100-116). San Francisco, Oxford: Jossey-Bass Publications.

Van de Vliert, E. (1997). *Complex interpersonal conflict behavior. Theoretical frontiers.* London: Psychology Press.

Van de Vliert, E., & Prein, H. C. M. (1989). The difference in the meaning of forcing in the conflict management of actors and observers. In M. A. Rahim (Ed.), *Managing conflict: an interdisciplinary approach* (pp. 51-63). New York: Praeger.

Van Lange, P. A. M., & Kuhlman, D. M. (1994). Social value orientations and impressions of partner's honesty and intelligence: A test of the might versus morality effect. *Journal of Personality and Social Psychology, 67*(1), 126-141.

Van Lange, P. A. M., & Liebrand, W. M. (1989). On perceiving morality and potency: Social values and the effects of person perception in a give-some dilemma. *European Journal of Personality, 3*(3), 209-225.

Van Oudenhoven, J. P., Mechelse, L., & de Dreu, C. K. W. (1998). Managerial conflict management in five European countries: The importance of power distance, uncertainty avoidance and masculinity. *Journal of Applied Psychology. An international Review, 83*(3), 439-455.

Vanbeselaere, N. (1991). The different effects of simple and crossed categorizations: a result of the category differentiation process or differential category salience. In W. Stroebe & M. Hewstone (Eds.), *European Review of Social Psychology* (Vol. 2, pp. 247-278). Chichester: Wiley.

Vanbeselaere, N. (1991). The impact of in-group and out-group homogeneity/heterogeneity upon intergroup relations. *Basic and Applied Psychology, 14*(4), 385-400.

Walton, R. E., & McKersie, R. (1965). *A behavioral theory of labor negotiations: An analysis of a social interaction system.* New York: McGraw-Hill.

Webster, D. M., & Kruglanski, A. W. (1998). Cognitive and social consequences of the need for closure. In W. Stroebe, M. Hewstone, & e. al. (Eds.), *European Journal of Social Psychology* (Vol. 8, pp. 133-173). Chichester, UK: John Wiley & Sons.

Weider-Hatfield, D. (1988). Assessing the Rahim Organizational Conflict Inventory-II (ROCI-II). *Management Communication Quarterly, 1*(350-366).

Weinfurt, K. P. (1997). Multivariate analysis of variance. In L. G. Grimm & P. R. Yarnold (Eds.), *Reading and understanding multivariate statistics* . Washington, DC: American Psychological Association.

Weiss, S. E. (1993). Analysis of complex negotiations in international business: The RBC perspective. *Organization Science, 4*(2), 269-300.

Weiss, S. E. (1994a). Negotiating with the "Romans": A range of culturally-responsive strategies. *Sloan Management Review, 35*(1), 51-56.

Weiss, S. E. (1994b). Negotiating with "Romans": A range of culturally responsive strategies. *Sloan Management Review, 35*(2), 1-16.

White, R. K. (1983). Empathizing with the rulers of the USSR. *Political Psychology, 4*(1), 121-137.

Williams, G. R. (1983). *Legal negotiation and settlement.* St. Paul, Minn.: West.

Williams, G. R. (1993). Style and effectiveness in negotiation. In L. Hall (Ed.), *Negotiation: Strategies for mutual gain* (pp. 151-174). Newbury Park, Calif.: Sage.

Wilson, S. R., & Waltman, M. S. (1988). Assessing the Putnam-Wilson Organizational Communication Instrument (OCCI). *Management Communication Quarterly, 1*, 367-388.

Winham, G. R. (1977). Complexity in international negotiations. In D. Druckman (Ed.), *Negotiations: Social-psychological perspectives* . Beverly Hills, Calif.: Sage.

Yatani, C., & Bramel, D. (1989). Trends and patterns in Americans' attitudes toward the Soviet Union. *Journal of Social Issues, 45*(2), 13-32.

Young, O. R. (1979). *Compliance and public authority*. Baltimore, Md: John Hopkins University Press.

Yukl, G., Falbe, C. M., & Young Young, J. (1993). Patterns of influence behavior for managers. *Group & Organization Management, 18*, 5-28.

Zartman, I. W. (Ed.). (1976). *The 50 % solution* . New Haven, Conn.: Yale University Press.

Zartmann, I. W. (1993). International Negotiation: Does Culture make a difference? A sceptic's view. In G. O. Faure & J. Z. Rubin (Eds.), *Culture and negotiation* (pp. 17-21). London: Sage Publications.